Aktiv werden in der Politik

HEINI LÜTHY

Aktiv werden in der Politik

Gemeinderat, Kommission, Schulrat – vor Ort etwas bewegen

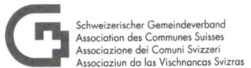

Beobachter-Edition
© 2016 Ringier Axel Springer Schweiz AG, Zürich
Alle Rechte vorbehalten
www.beobachter.ch

Herausgeber: Der Schweizerische Beobachter, Zürich,
in Zusammenarbeit mit dem Schweizerischen Gemeindeverband
Lektorat: Käthi Zeugin, Zürich
Illustrationen: illumueller.ch
Reihenkonzept: buchundgrafik.ch
Layout: fraufederer.ch
Druck: Grafisches Centrum Cuno GmbH & Co. KG, Calbe

ISBN 978-3-85569-994-0

Mit dem Beobachter online in Kontakt:

 www.facebook.com/beobachtermagazin

 www.twitter.com/BeobachterRat

Inhalt

Vorwort: Das Sozialkapital unseres Landes 11

1 Das Musterland der Demokratie 13

Die Schweizer Demokratie: lebendig dank viel Engagement 14
Föderalismus, direkte Demokratie und Konkordanz 15
Grosse Kompetenzen für die Kantone 17
Starke Position der Gemeinden 18

Immer weniger Leute wollen sich engagieren 23
Ein Problem vor allem für kleine Gemeinden 23
Weshalb sich immer weniger Leute engagieren 24
Die Parteien ziehen sich aus den Gemeinden zurück 26
Soziale Bewegungen entstehen – und verschwinden meist wieder 27
Die Rolle der Vereine 28

«Ein Milizamt verlangt eine gewisse Selbstlosigkeit.»
Reto Lindegger, Direktor des Schweizerischen Gemeindeverbands 29

Neue Verwaltungsmodelle: Milizsystem light 32
Professionalisierung und mehr Lohn helfen 32
Gemeinderat soll ein attraktiver Titel sein 33

Über Gemeindegrenzen hinaus: Zusammenarbeit und Fusionen 36
Weitverbreitet: interkommunale Zusammenarbeit 36
Selten begrüsst, aber oft sinnvoll: Fusionen und Eingemeindungen 37
Fusion: eine Lösung für kleine Gemeinden 40
Die Gretchenfrage: Was bringts? 42

«Man weiss ja etwa, wer ein Amt gut ausüben kann.»
Martin Ph. Rittiner, Gemeindepräsident von Simplon VS 44

2 Wo die Schweiz tatsächlich ein Sonderfall ist 47

Kompromiss und Konkordanz statt Regierung und Opposition 48
Der Gesetzgebungsprozess 48
Im Zentrum der Macht: Wirtschaftsverbände 51
Interessengruppen für den Verkehr, für und gegen Europa 53
In den Kantonen haben die grossen Städte viel Einfluss 53
Die stärksten Volksrechte: Referendum und Initiative 55

Unterstützung für Milizpolitiker: Verwaltungen und Kommissionen 58
Verwaltungen: sehr gross bis inexistent 59
Fällen viele Entscheide in Sachfragen: Kommissionen 61

«Die Professionalität muss von der Verwaltung gewährleistet werden.»
Stephan Ochsenbein, Stadtverwalter von Nidau BE 62

Subsidiaritätsprinzip: Kompetenzdelegation von oben nach unten 64
Die Kantone dürfen beim Bund mitreden 64
Vollzug der Bundespolitik – eine wichtige Aufgabe der Kantone 67
Starke Stellung der Kantone dank dem Zweikammersystem 69

Kleine Gemeinden, grosser Einfluss 72
Das Gemeindegesetz: detaillierte Regelungen 72
Aufsicht über die Gemeinden: je nach Kanton anders 74
Die Gemeindebehörden 76
Strategien für grosse Aufgaben 77

Wie es anfing – ein Blick zurück in die Geschichte 79
Zu Beginn kaum Kompetenzen für den Bund 79

«Man steht im Rampenlicht – egal, ob es gut oder schlecht läuft.»
Beatrix Kesselring, Vize-Gemeindepräsidentin von Bussnang TG 82

3 Die Gemeinde: ein Staat im Kleinen 85

Gemeinderat: ein Amt mit Bürde, aber auch mit Würde 86
Die Exekutive: der Gemeinderat 86
Vier Modelle am Beispiel Luzern 87
Erfahrungen im Kanton Luzern 93
Ressortsystem: Vor- und Nachteile 95

«Das Wichtigste ist gesunder Menschenverstand.»
Anita Panzer, Gemeindepräsidentin von Feldbrunnen-St. Niklaus SO 97

Oberste Instanz: die Stimmberechtigten 100
Gemeindeversammlung oder Gemeindeparlament – die Legislative 100
Gemeindeversammlungen vor allem in der Deutschschweiz 101
Gemeindeparlamente in der Westschweiz auch in kleinen Gemeinden ... 105
Versammlung oder Parlament, was ist besser? 106
Leisten viel Arbeit im Hintergrund: Kommissionen 107

Wo Gemeinden zusammenarbeiten: Zweckverbände 109
Zusammenarbeit bei einem Drittel aller Aufgaben 110
Formen von Zweckverbänden 112
Zweckverbände und Demokratie 112

«Die Mission ist mir mehr unter die Haut gegangen,
als ich gedacht hatte.»
Beat Roeschlin, Gemeindepräsident von Tujetsch GR 114

4 Ein Gemeinderatsamt ist eine Managementfunktion 117

Das Milizsystem: offen für (fast) alle 118
Der Gemeindepolitiker, die Gemeindepolitikerin 118
Ausbildungsmöglichkeiten 120

Was sollte ein Gemeinderatsmitglied können? 122
Anforderungen konkret 123
Gemeinderat ist eine Leitungsfunktion 124

Breites Aufgabenspektrum 125
Zusätzliche Anforderungen für die einzelnen Bereiche 130
Ein Milizamt soll mit gesundem Menschenverstand zu bewältigen sein ... 133
Professionalität wird immer wichtiger 134
Denken Sie über Ihre Politikkarriere hinaus 136

«Ich habe als Dienstleister mehr Selbstsicherheit gewonnen.»
Bernhard Demmler, Geschäftsleiter der Gemeinde Twann-Tüscherz BE 137

Auch Parteilose haben Platz im Milizsystem 140
Zofingen und Baden: zwei Beispiele 140
Von der Bewegung zur Partei 142

5 Kommunikation ist in der Politik (fast) alles 145

Die Formen der Kommunikation ändern sich immer rascher 146
Das zeichnet gute Kommunikation aus 147
Das gehört in ein Kommunikationskonzept 148
Je grösser das Projekt, desto wichtiger die Kommunikation 150
Kanäle zur Kommunikation mit Bürgerinnen und Bürgern 152

«Durch Zuschauen und Zuhören lernt man, wie die Welt
der Politik funktioniert.»
Jolanda Urech, Stadtpräsidentin von Aarau 154

Die klassischen Medien sind nach wie vor wichtig 156
Lokal- und Regionalzeitungen interessieren sich für ihr Gebiet 157
Ebenfalls regional verankert: Radio- und TV-Stationen 158
Radio und Fernsehen brauchen Stimmen und Bilder 159
Medienmitteilung und Medienkonferenz 162
So sind Sie für die Medien attraktiv 164
Regeln für eine gute Medienmitteilung 165
Vom Umgang mit Medienschaffenden 168
Wie Sie sich gegen Medienberichte wehren 170

Websites und Social Media 172
Die Website 173

Twitter und Facebook sind am wichtigsten 174
Facebook-Präsenz von Gemeinden 176

«Von einer neuen Zivilgesellschaft in den Gemeinden
ist nichts zu sehen.»
Andreas Ladner, Gemeindeforscher 179

Eine besondere Situation: der Wahlkampf 180
Trends im Wahlkampf 180
Social Media werden im Wahlkampf intensiv genutzt 183
Allgemeine Regeln für den Wahlkampf 186
Wahlkampf: die Eckpunkte 188
Neue Formen im Wahl- und Abstimmungskampf 190

Kommunikation in Krisensituationen 192
Reagieren Sie rasch, aber mit Bedacht 192
Krisenkonzept: Bereiten Sie sich vor 194

6 Neue Leute braucht das Land 199

Besseres Personalmanagement für mehr Attraktivität 200
Politische Ämter besser vermarkten 200
Neue Leute gegen die Durchsetzungsinitiative 201

Die Frauen sind nach wie vor untervertreten 204
Kaum mehr Frauenbonus in den bürgerlichen Parteien 205
Lösungsansätze 206

Wo junge Leute Demokratie üben können 207
Klassenräte, Schülerräte 207
Schon fast richtige Politik: Jugendparlamente 209
Schnuppern im Bundeshaus: eidgenössische Jugendsession 210
Einstieg bei einer Jungpartei oder einer Bewegung 211

«Politik betrifft uns alle im Alltag.»
Sabina Stör, Gemeinderätin von Interlaken BE 213

Ausländer: ein kaum genutztes Reservoir für Milizämter 216
Ein Viertel der Bevölkerung ist ausgeschlossen 216
In 2 Kantonen und 600 Gemeinden mit dabei 217
Das passive Wahlrecht für Ausländer besser bekannt machen 220
Einbürgerung erleichtern 221

7 Die Parteien stellen sich vor 225

BDP – Bürgerlich-Demokratische Partei 226
Christlichdemokratische Volkspartei der Schweiz CVP 229
Evangelische Volkspartei der Schweiz EVP 233
FDP.Die Liberalen 236
Grüne Partei Schweiz 240
Grünliberale Schweiz 243
SP Schweiz 246
Schweizerische Volkspartei SVP 250

Nachwort des Mitherausgebers 255

Anhang 257

Glossar 258
Quellen, weiterführende Literatur 262
Stichwortverzeichnis 265

■■■ VORWORT

Das Sozialkapital unseres Landes

Kein anderes Land leistet sich ein so feinmaschiges Netz von Gemeinden mit weitreichenden Kompetenzen wie die Schweiz. Entsprechend gross ist der Bedarf an Frauen und Männern, die ein politisches Amt übernehmen und sich bemühen, die zahlreichen kommunalen Aufgaben zu erfüllen und die Geschicke der Gemeinde im Dienste aller zu lenken. Dieses Engagement ist das eigentliche Sozialkapital unseres Landes und Ausdruck einer lebendigen Zivilgesellschaft.

Allerdings ist seit Jahren festzustellen, dass es – von den grössten Gemeinden abgesehen – immer schwieriger wird, für die zahlreichen Ämter genügend geeignete Personen zu finden. In vielen Gemeinden stellen sich gerade noch so viele Kandidatinnen und Kandidaten zur Verfügung, wie Sitze zu vergeben sind. Die Gründe sind längst erkannt: höhere fachliche und zeitliche Anforderungen, die stärkere Einspannung in Beruf, Familie und Freizeit, aber auch die geringere Wertschätzung, die den Amtsinhabern entgegengebracht wird.

Entsprechend zahlreich sind die Anstrengungen, das Milizsystem wieder attraktiver zu machen. Zur Diskussion stehen neue Führungsmodelle, die die Politikerinnen und Politiker entlasten, verbesserte Rekrutierungsmodelle oder höhere Entschädigungen.

Dieser Ratgeber leistet einen willkommenen Beitrag zur Erhaltung des Milizsystems. Er zeigt, was einen erwartet, wenn man ein Amt übernimmt, und gibt Ratschläge, wie die Herausforderungen zu bewältigen sind. Darüber hinaus vermittelt er das notwendige Wissen, dank dem sich Neulinge im Amt schnell kompetent und wohl fühlen. Ich bin überzeugt, dass dem einen oder der anderen der Entscheid für eine Kandidatur damit leichter fallen wird. Auch bestandene Amtsinhaber werden im Buch viel Wissenswertes und wertvolle Anregungen finden.

Andreas Ladner
im September 2016

Andreas Ladner ist Professor am Institut IDHEAP der Universität Lausanne. Die Forschung zur Gemeindepolitik ist eines seiner Spezialgebiete.

1

Das Musterland der Demokratie

Die Schweiz gilt als Musterland der Demokratie. Nicht zu Unrecht: In keinem anderen Land der Welt hat das Volk so viele Rechte und Möglichkeiten, die Politik mitzubestimmen. Einzigartig ist auch die starke Stellung der Gemeinden und Kantone. Ein grosser Teil der politischen Führungsarbeit auf diesen Ebenen wird nebenberuflich oder ehrenamtlich erledigt – aber es wird immer schwieriger, genügend Leute dafür zu finden. Wie lässt sich dies ändern, damit unser System weiterhin funktioniert?

Die Schweizer Demokratie: lebendig dank viel Engagement

Die Schweiz zählt 2300 Gemeinden, in deren Exekutiven – meist als Gemeinderat bezeichnet – etwa 15 000 Personen sitzen. Rund ein Fünftel der Gemeinden hat ein Gemeindeparlament; diese haben zusammen noch einmal etwa gleich viele Mitglieder. Hinzu kommen Institutionen wie Schulpflegen, Sozialbehörden und verschiedenste Kommissionen, die ebenfalls besetzt werden müssen, dazu die Ämter in den Kantonen. Insgesamt kommt man so auf einen Bedarf von über 100 000 Personen, die sich gegen eine meist bescheidene Entschädigung dafür zur Verfügung stellen, die politische Schweiz in Betrieb zu halten.

Zuerst ein paar gute Nachrichten: Die Schweizerinnen und Schweizer haben höchstes Vertrauen in die politischen Institutionen und die Leute, die darin sitzen. In internationalen Untersuchungen nehmen wir in dieser Hinsicht regelmässig Spitzenpositionen ein. Und in wohl keinem anderen Land der Welt hat ein so hoher Anteil der Bevölkerung Erfahrung mit politischen Tätigkeiten und Funktionen wie bei uns.

«Um Werbung für die Politik zu machen, würde ich sagen: Ich finde es erstaunlich, was man bewegen kann. Das erlebe ich oft bei Gemeindeversammlungen. Es ist beeindruckend, wie wir über gewaltige Projekte abstimmen und wie zwei, drei überzeugend vorgebrachte Meinungsäusserungen weitreichende Geschäfte im Dorf beeinflussen können.»
Eva Hauser, Sozialbehörde Männedorf ZH, SP

Besonders die Gemeinde als die unterste und fassbarste Ebene ist den meisten Bürgerinnen und Bürgern wichtig, und in der Regel sind sie zufrieden, wie ihre Gemeinde und die Demokratie dort funktionieren. Untersuchungen zeigen nicht überraschend, dass Personen, die gute Erfahrungen mit der lokalen Politik gemacht haben, gegenüber der Demokratie allgemein positiver eingestellt sind als andere.

Es gibt aber auch weniger gute Nachrichten: So ist festzustellen, dass das Interesse an der Gemeindepolitik in der jüngeren Vergangenheit tendenziell abgenommen hat. In den letzten dreissig Jahren ist die Beteiligung an Gemeindeversammlungen um fast die Hälfte gesunken; sie beträgt im Durchschnitt heute nicht einmal mehr zehn Prozent. In den kleinsten Gemeinden ist die Beteiligung zwar noch etwa doppelt so hoch, in den grösseren aber deutlich tiefer.

Festzustellen ist auch, dass sich die Parteien mehr und mehr aus der Lokalpolitik zurückziehen; rund 40 Prozent aller Exekutivpolitiker in den Gemeinden sind parteilos. Und in vielen Gemeinden sind Wahlen in die Exekutive heute keine Aus-Wahlen mehr: Es stellen sich nicht mehr Personen zur Wahl, als Sitze zu vergeben sind.

DER NEGATIVREKORD: An der Gemeindeversammlung 2013 im bernischen Wachseldorn, einem Ort mit 240 Einwohnern zwischen Emmental und Thunersee, erschien nur gerade ein einziger Bürger. Der Gemeindepräsident sagte nachher gegenüber der Berner Zeitung, praktischerweise habe er den Besucher bei der Diskussion gleich persönlich fragen können, ob etwas unklar sei. Und auch das Stimmennachzählen habe sich erübrigt.

Föderalismus, direkte Demokratie und Konkordanz

Noch funktioniert das politische System der Schweiz gut. Dies dank den drei Elementen Föderalismus, direkte Demokratie und Konkordanz. Sie werden oft als die drei Säulen des politischen Systems in der Schweiz bezeichnet und sind charakteristisch dafür im Vergleich mit anderen Staaten.

Auch diese drei Elemente werden von der Bevölkerung sehr geschätzt, besonders die Volksrechte: 80 Prozent der Bevölkerung halten eine starke Beteiligung an den demokratischen Prozessen, vor allem an Wahlen und Abstimmungen, für wichtig und bezeichnen diese Mitspracheformen als wesentliche Kontroll- und Korrekturinstrumente gegenüber den Entscheiden von gewählten Vertretern.

Ein weiteres wichtiges Element, das zum Schweizer Politikmodell gehört, ist das Milizsystem. Die Tatsache also, dass – zumindest auf den unteren Ebenen – die vom Volk gewählten Vertreterinnen und Vertreter ihre Tätigkeit in den politischen Gremien nur teilzeitlich ausüben und daneben und zum Bestreiten des Lebensunterhalts einem zivilen Beruf

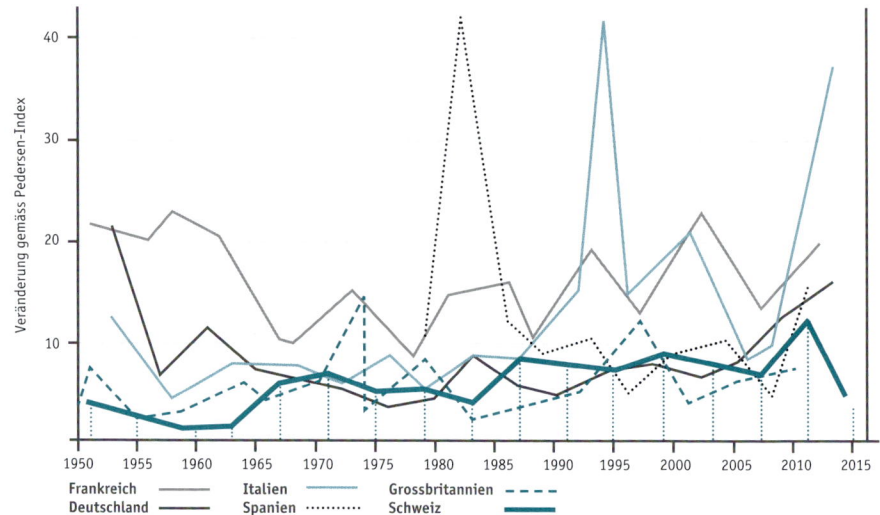

DAS SCHWEIZER POLITSYSTEM: GROSSE STABILITÄT

Der Pedersen-Index beschreibt die Veränderungen der Wähleranteile der Parteien. In der Schweiz sind diese verhältnismässig gering – im Gegensatz zu anderen europäischen Ländern. In Spanien beispielsweise verlor die regierende UDC 1982 28 Prozent Wähleranteil. In Italien gewann die Bewegung Cinque Stelle 2013 25 Prozent.

Quelle: Tages-Anzeiger/KU Leuven

nachgehen. Das verhindert, dass sich eine eigentliche, von der Bevölkerung abgehobene Politikerkaste bildet.

Die politische Landschaft der Schweiz zeichnet sich schliesslich durch eine relativ grosse Stabilität aus, Veränderungen in den Stärkeverhältnissen der verschiedenen Parteien passieren eher langsam.

INFO *Die Begriffe Miliz und Militär gehen auf den gleichen lateinischen Stamm zurück (miles). Miliz ist heute noch eine Bezeichnung für nicht offizielle Armeen. In der Schweiz hat sich der Begriff vor etwa zweihundert Jahren aus der Verbindung von Bürger und Soldat durch die allgemeine Wehrpflicht auf den politischen Bereich ausgeweitet und wird für die nebenberufliche Ausübung von politischen Ämtern verwendet.*

Was Föderalismus und Konkordanz bewirken

Die beiden zentralen Elemente der Schweizer Politik, Föderalismus und ausgebaute Volksrechte, haben den Ruf, die Staatstätigkeit und die Staatsausgaben zu bremsen oder zu begrenzen. Das trifft tatsächlich zu: Untersuchungen zeigen, dass die öffentlichen Ausgaben in denjenigen Kantonen höher sind, in denen es schwieriger ist, ein Finanzreferendum zu ergreifen, und in denen dieses tatsächlich seltener ergriffen wird, als in anderen. Ebenso sind die Ausgaben umso tiefer, je mehr die gesamte Organisation und das Steuerwesen dezentralisiert sind. Konkret heisst dies etwa, dass in Kantonen mit ausgeprägter Gemeindeautonomie die Steuern allgemein tiefer sind, ebenso aber auch die Ausgaben für die Bildung und das Gesundheitswesen.

Umgekehrt zeigt sich, dass sich eine höhere Konkordanz in höheren Staatsausgaben auswirkt: Je stärker die Politik parteipolitisch geprägt ist und je mehr die Lösungen gesellschaftlicher Konflikte institutionell geregelt sind, desto höher sind die Ausgaben, etwa im Sozialbereich.

Grosse Kompetenzen für die Kantone

Im Vergleich zu anderen Ländern haben in der Schweiz die Gliedstaaten, die Kantone, grosse Kompetenzen und Rechte und können vieles selber bestimmen. Dies geht zurück auf die Gründung des Bundesstaats mit der ersten Verfassung von 1848 (siehe Seite 79), und diese Stellung wurde zuletzt 1999 in der totalrevidierten Bundesverfassung geschützt: Die Kantone haben ihre eigenen Territorien, ihre eigenen Gliederungen der politischen Institutionen und die weitgehende Kompetenz, Gesetze zu erlassen sowie Steuern festzulegen und einzutreiben. Dies sind eigentliche Merkmale von Staaten. Der Begriff Bundesstaat, der bis heute gilt, drückt es aus: Die Schweiz ist nach wie vor ein Bund von einzelnen «Staaten» mit vielen Kompetenzen. Im Volksmund wird für die Kantone noch oft der Begriff «Staat» verwendet. Und die Einkommenssteuer, die die Kantone erheben, bezeichnen diese offiziell als «Staatssteuer».

Zwar hat der Bund in den letzten Jahrzehnten immer mehr Aufgaben übernommen, aber noch immer sind die Kantone sehr selbständig. Dies betrifft auch die Umsetzung von Bundeserlassen, die weitgehend von den Kantonen gestaltet werden kann.

DIE STARKE STELLUNG DER KANTONE gegenüber dem Bund ist weltweit einzigartig. Am ehesten vergleichbar ist noch diejenige der US-amerikanischen Bundesstaaten. Wie die Kantone haben auch sie eigene Gesetzgebungen, eigene unabhängige politische Systeme mit Verfassungen, einem direkt gewählten Gouverneur und einem Parlament sowie einer eigenen Verwaltung. Und einige haben ausgebaute Volksrechte: In Kalifornien entschied die Stimmbevölkerung 1978, dass Steuererhöhungen künftig nur noch mit Zweidrittelmehrheit in beiden Kammern des Parlaments möglich sein dürfen. Seither sind die Steuern nie mehr gestiegen, die Ausgaben aber schon, sodass Kalifornien in den vergangenen Jahren bereits mehrmals der Bankrott drohte.

Strukturelle Unterschiede zwischen Bund und Kantonen
Trotz vieler Gemeinsamkeiten in den Systemen des Bundes und der Kantone gibt es ein paar wesentliche Unterschiede. Ein wichtiger ist der Wahlmodus der Regierung: Der Bundesrat wird vom Parlament gewählt, die Regierungsräte und Gemeinderäte in allen Kantonen vom Volk. Die kantonalen Parlamente befinden sich aus diesem Grund gegenüber den Regierungen in einer weniger starken Position als das Bundesparlament.

Ein weiterer grosser Unterschied ist der, dass das eidgenössische Parlament zwei Kammern hat, wobei der Ständerat explizit die Interessen der unteren Ebene, also der Kantone, vertreten soll. In den Kantonen gibt es nichts Entsprechendes. In den Kantonsparlamenten werden die Interessen der Gemeinden von deren gewählten Vertretern wahrgenommen – von Gemeinderatsmitgliedern, die gleichzeitig im Kantonsparlament sitzen.

Starke Position der Gemeinden

Die Gemeinden haben wie die Kantone im schweizerischen Politiksystem eine starke Position. Die Bundesverfassung garantiert ihre Autonomie im Rahmen der kantonalen Regelungen: Die Kantone geben den Gemeinden einen Rahmen vor, innerhalb dessen sich diese selber organisieren können.

Die Kantone bestimmen auch, welche anderen Gemeinde-Formen neben den Einwohnergemeinden möglich sind, beispielsweise Schulgemeinden, Kirchgemeinden, Bürgergemeinden. Etwa die Hälfte der Kantone

> **BUNDESVERFASSUNG ARTIKEL 50**
> ¹ Die Gemeindeautonomie ist nach Massgabe des kantonalen Rechts gewährleistet.
> ² Der Bund beachtet bei seinem Handeln die möglichen Auswirkungen auf die Gemeinden.

kennen zusätzliche Verwaltungseinheiten über den Gemeinden, als Bezirk oder Amtei beziehungsweise Amt bezeichnet. Diese haben meist nur sehr beschränkte Kompetenzen.

Gemeindegesetz oder Verfassung

Den rechtlichen Rahmen setzen die Gemeindegesetze – zumindest in den Kantonen, die ein solches kennen. Dasjenige des Kantons Aargau hält beispielsweise in Artikel 20 fest, dass die Gemeindeversammlung das oberste Organ der Gemeinde ist, beziehungsweise der Einwohnerrat – also das Gemeindeparlament –, falls es einen solchen gibt. Es schreibt auch vor, dass der Gemeinderat aus Gemeindeammann, Vizeammann und weiteren drei, fünf oder sieben in der Gemeinde wohnhaften Mitgliedern bestehen muss (Artikel 35). Die Gemeinde ist zudem verpflichtet, sich eine Gemeindeordnung zu geben, in der sie ihre Organisation selber bestimmen kann, die aber vom Regierungsrat genehmigt werden muss, der auch deren Einhaltung kontrolliert.

Gemeindegesetze können auch festschreiben, dass bestimmte Ämter mit anderen nicht vereinbar sind, dass enge Verwandte nicht gleichzeitig in gewissen Gremien einsitzen dürfen, dass Behördenmitglieder bei bestimmten Geschäften in den Ausstand treten müssen, was bei Gemeindeversammlungen und Sitzungen protokolliert werden muss, und vieles mehr.

Es gibt noch ein paar Kantone, die kein Gemeindegesetz kennen, unter anderem Uri. Hier sind die Aufgaben der Gemeinden in der Kantonsverfassung festgeschrieben, allerdings ungenau und lückenhaft. Jetzt muss der Regierungsrat in Uri gemäss Auftrag des Landrats von 2014 ein solches

> «Ich hatte vor dem Eintritt in die Politik Bedenken, dass dort ein Parteigeplänkel herrschen würde. Jetzt merke ich, dass dies auf der Lokalebene meist nicht der Fall ist. Es geht um die Sache, man strebt nicht nach den Wolken, sondern leistet pragmatische Arbeit. Das schätze ich sehr.»
>
> *Corinne Strebel Schlatter, Präsidentin Schulpflege Rorbas-Freienstein-Teufen ZH, parteilos*

Gesetz ausarbeiten. Es soll einen Rahmen festsetzen, welche Rechte und Pflichten die Gemeinden haben. So sollen sie eine Gemeindeordnung erlassen und festlegen, was die Stimmberechtigten als oberste Instanz an der Gemeindeversammlung und was an der Urne entscheiden dürfen.

Gross neben klein
Die Gemeindelandschaft der Schweiz ist wie ihre Topografie sehr vielfältig: Der Kanton Bern zählt 352 Gemeinden, die Waadt 318, das sind über 100 mehr als der Aargau, der mit 213 am drittmeisten hat. Basel-Stadt und Glarus – nach der Fusion 2011 – haben nur je 3 Gemeinden, Appenzell Innerrhoden deren 6. In Graubünden haben über die Hälfte der Gemeinden weniger als 500 Einwohnerinnen und Einwohner, im Jura ist es fast die Hälfte; die drei Glarner Gemeinden haben je 10 000 bis 18 000 Einwohner. Im Jura hat eine Gemeinde durchschnittlich etwas über 1000 Einwohner, in Zug und Genf fast 11 000. Der Median der Gemeindegrösse liegt bei etwas über 1000 Einwohnerinnen und Einwohnern, das heisst: Die Hälfte aller Gemeinden liegt darunter. Die kleinste Gemeinde der Schweiz ist Corippo mit 13, die grösste bekanntlich Zürich mit 410 000 Einwohnern (Stand 2016).

> **INFO** *Die kleinste Gemeinde der Schweiz ist Corippo im Tessiner Verzascatal, sie zählt 13 Einwohner. Immerhin können sich fast alle aktiv politisch engagieren: Nur eine Person besitzt keinen Schweizer Pass. Schwierig ist es mit dem Nachwuchs: Acht Bürger sind über 65 Jahre alt. Wie lange Corippo seinen Ehrenplatz noch behält, ist ungewiss. 2013 scheiterte eine Fusion mit den anderen Ortschaften des Tals zur Gemeinde Verzasca.*

Gemeindeversammlung und Gemeindeparlament
Die Legislative, also die gesetzgebende und somit höchste Instanz, gibt es auf Gemeindeebene in zwei Formen: In vier von fünf Gemeinden wird sie durch die Gemeindeversammlung gebildet, an der alle Bürgerinnen und Bürger teilnehmen dürfen. Die übrigen Gemeinden haben ein Parlament, dessen Mitglieder von den Bürgerinnen und Bürgern gewählt werden. In der Deutschschweiz ist dies meist nur in grösseren Orten und Städten der Fall, während in der Romandie und im Tessin auch viele kleinere Orte ein Gemeindeparlament haben.

GEMEINDEGRÖSSEN IN DEN KANTONEN

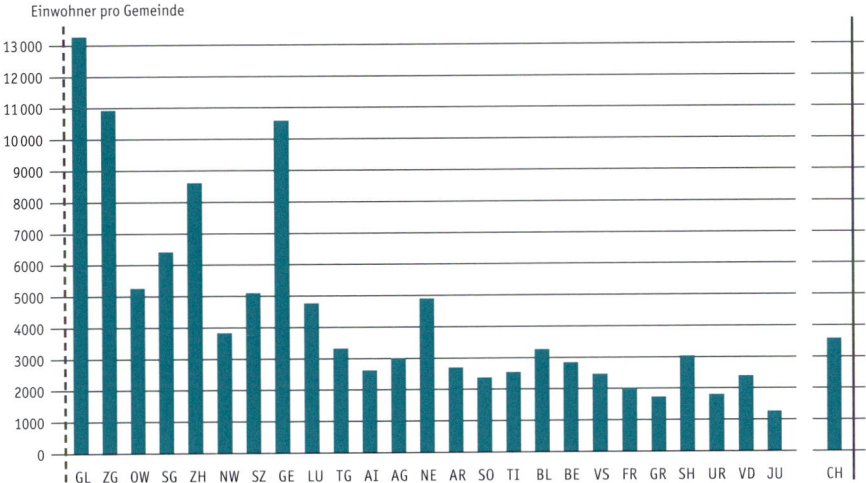

Die Grafik zeigt, wie viele Einwohner die Gemeinden in den einzelnen Kantonen durchschnittlich haben.

Quelle: Avenir Suisse/Bundesamt für Statistik

Über die Beteiligung an Gemeindeversammlungen gibt es wenige aussagekräftige Untersuchungen; ein Grund dafür ist, dass weder die Gemeinden noch die Kantone darüber Zahlen erheben oder veröffentlichen. Doch die Beteiligung geht tendenziell zurück: Gesamtschweizerische Untersuchungen aus den Achtziger- und Neunzigerjahren ergaben, dass an den Versammlungen im Durchschnitt rund 17 Prozent der Stimmberechtigten teilnahmen. Eine Erhebung im Kanton Zürich ergab für 2008 noch 4,5 Prozent – wobei diese Zahlen nicht direkt miteinander verglichen werden können, sondern nur einen Trend aufzeigen.

Die Wahlbeteiligung geht zurück

Die Beteiligung an Gemeindewahlen geht ebenfalls eher zurück, auch wenn sie im Vergleich zu derjenigen an kantonalen und nationalen Wahlen eher hoch ist; im Durchschnitt liegt sie bei rund 50 Prozent. Im Ausland ist dies anders, dort stossen in der Regel nationale Wahlen auf grösseres Interesse.

Dies zeigt den Stellenwert, der in der Schweiz der Gemeinde und der Gemeindepolitik zugemessen wird (mehr zur Gemeindeversammlung auf Seite 101).

Allgemein lässt sich sagen: Die aktive Beteiligung an der Gemeindepolitik ist höher in kleineren Gemeinden und tiefer in grösseren. Höher ist sie auch in ländlichen und landwirtschaftlich sowie kleingewerblich geprägten Gemeinden und in solchen mit vielen alteingesessenen Bürgerinnen und Bürgern sowie Einfamilienhausfamilien. Tiefer hingegen ist die Beteiligung in grösseren Ortschaften der städtischen Agglomerationen mit vielen unselbständig Beschäftigten und vielen Bewohnern mit tiefem und mittlerem Bildungsniveau.

«Auf der lokalen Ebene haben die Parteien oft keine grosse Auswahl an Personen, um die Milizfunktionen zu besetzen. Deshalb kann es einem passieren, dass man bei der einen Partei mit viel offeneren Armen empfangen wird als bei der anderen, weil diese gerade besonders dringend Leute braucht.»

Ursina Schärer, GL-Mitglied Junge Grüne Zürich, Präsidentin Grüne Bezirk Pfäffikon ZH

Eine höhere Beteiligung an der Gemeindedemokratie bedeutet allerdings nicht, dass die Auseinandersetzungen lebhafter sind: In kleineren und ländlicheren Gemeinden nehmen die Bürgerinnen und Bürger zwar mehr am politischen Leben teil, aber sie sind sich untereinander auch eher einig, unter anderem wegen der stärkeren sozialen Kontrolle. In grösseren Orten halten sie sich eher von der Politik fern, wenn sie sich doch beteiligen, dann eher kontroverser und diskussionsfreudiger.

Daraus lässt sich folgern, dass es weniger darauf ankommt, wie viele Personen sich aktiv an der Gestaltung der Politik beteiligen, als darauf, ob diejenigen, die sich engagieren wollen, dies auch tatsächlich tun können.

Immer weniger Leute wollen sich engagieren

Da in der Schweiz alle Gemeinden grundsätzlich ihre Politik selber bestimmen, brauchen sie viel Personal. Leute für Milizämter zu finden, wird jedoch schwieriger. Besonders in kleinen und kleinsten Gemeinden.

Die Anzahl Stellen, die in der Gemeindepolitik zu besetzen sind, ist keineswegs proportional zur Einwohnerzahl. Selbst in Orten mit 100 oder weniger Einwohnern – davon gibt es in der ganzen Schweiz noch immer gegen 100 – müssen bis zu 20 Posten besetzt werden: im Gemeinderat, in weiteren Behörden wie der Feuerwehr, in Kommissionen wie der Rechnungsprüfungskommission und so weiter. In diesen sehr kleinen Gemeinden können also gut und gern 20 Prozent der Bewohnerinnen und Bewohner ein Amt ausüben. Besser gesagt: noch mehr, da ja nicht alle stimmberechtigt sind, denn Kinder und Jugendliche sowie Ausländer zählen auch zu den Bewohnern. Die Posten sind zu über 90 Prozent Teilzeitbeschäftigungen von 50 Prozent und weniger. Nur rund ein Viertel sind von Frauen besetzt; das Durchschnittsalter der Amtsinhaber liegt bei 50 Jahren.

Je grösser die Gemeinde, desto weniger angespannt die Situation. Orte mit 500 Einwohnern müssen rund 40 Posten besetzen, das entspricht rund 8 Prozent der Bevölkerung; Orte mit 1000 Einwohnern brauchen etwa gleich viel Personal, das sind dann weniger als 5 Prozent.

Ein Problem vor allem für kleine Gemeinden

Deshalb ist es nicht überraschend, dass es immer schwieriger wird, alle politischen Ämter zu besetzen. Rund zwei Drittel aller Gemeinden – vor allem kleine und kleinste – haben Mühe, genügend Leute für ihre Exekutive zu finden. Und diese Entwicklung verschärft sich seit Jahren. Die Gemeindeschreiberbefragungen, die der Politologieprofessor Andreas

Ladner vom Institut IDHEAP in Lausanne seit 1988 in Abständen immer wieder durchführt, zeigen: In jeder zweiten Gemeinde stellen sich für die Wahlen in politische Gremien jeweils nur gerade so viele Personen zur Verfügung, wie Sitze zu vergeben sind. Was heisst, dass die Wählerinnen und Wähler gar keine Auswahl haben. Erst ab einer Grösse von rund 10 000 Einwohnern ist dies in der Regel nicht mehr der Fall. In kleinen Gemeinden kommt es zudem immer wieder vor, dass Personen in den Gemeinderat gewählt werden, die gar nicht kandidiert haben.

Amtszwang
Mehrere Kantone kennen den Amtszwang. Das heisst: Wer in ein politisches Amt gewählt wird, muss dieses auch antreten.

DAS WALLIS IST EINER DER KANTONE, die den Amtszwang kennen: Der Gemeindepräsident von Simplon beispielsweise sagt, dass er gegen seinen Willen gewählt wurde. Doch er habe die Verantwortung übernommen mit dem Willen, seine Arbeit so gut wie möglich zu machen. Mittlerweile habe er sich mit seinem Amt angefreundet (siehe Interview auf Seite 44).
IM URNERISCHEN BAUEN wurden vor einigen Jahren drei Personen gegen ihren Willen und teilweise in Abwesenheit von der Gemeindeversammlung in den Gemeinderat gewählt. Weil auch Uri einer der Kantone mit Amtszwang ist, hätten sie die Ämter antreten müssen. Um dies zu vermeiden, zogen alle drei aus der Gemeinde weg. Damit zählte der Gemeinderat nur noch zwei Mitglieder, was die Zwangsverwaltung durch den Kanton bedeutet hätte. In letzter Minute stellten sich dann doch noch weitere Personen zur Verfügung, womit die Exekutive funktionsfähig blieb.

Weshalb sich immer weniger Leute engagieren

Was sind die Ursachen dafür, dass sich weniger Leute für politische Ämter zur Verfügung stellen? Ein wichtiger Grund ist sicher, dass die Anforderungen an diese Ämter und ihre Träger in letzter Zeit zugenommen haben und immer weiter zunehmen. Verantwortlich dafür sind einerseits die wachsenden Aufgaben, die den Gemeinden vom Bund und den Kantonen übertragen werden. Dies führt dazu, dass mehr Beschlüsse gefällt und dass diese komplexer vorbereitet und ausgearbeitet werden müssen, dass es mehr Regeln zu beachten gibt als früher.

Anderseits wird die Öffentlichkeit – also der Souverän, die Bürgerinnen und Bürger – kritischer, und die Leute sind besser informiert. Die Medien sind aufmerksamer geworden gegenüber tatsächlichen oder vermeintlichen Fehlleistungen von Amtspersonen und können diese mit Kampagnen im lokalen und regionalen Rahmen unter Druck setzen. Deshalb müssen politische und administrative Entscheide immer besser begründet und kommuniziert werden. Dies erfordert logischerweise mehr Zeit – und eine dicke Haut, wenn die Kritik aus Bevölkerung oder Medien auf einen einprasselt.

«Ich habe etwas Angst um das Milizsystem. Die Anforderungen werden immer höher. Ich befürchte, dass es Richtung Profipolitiker geht – und dann wirds gefährlich: Profipolitiker tendieren dazu, Macht zu erhalten, das ist ja ihre Arbeit, ihre Einkommensquelle. Dabei rückt die Sache leider oft in den Hintergrund. Für mich ist es Bürgerpflicht, ein solches Milizamt zu übernehmen. Wenn wir es nicht mehr schaffen, in den kleinen Dörfern Gemeinderäte und Kommissionsmitglieder zu stellen, haben wir ein Problem.»

Marc Häusler, Regierungsstatthalter Verwaltungskreis Oberaargau BE, SVP

Viel Arbeit, wenig Lohn?

Zudem stellt sich die Frage, ob die Bezahlung für solche verantwortungsvollen Positionen angemessen ist. Politische Vollämter in grossen Gemeinden und Städten werden in der Regel mit Jahreslöhnen von deutlich über hunderttausend Franken entschädigt. Da kann man durchaus ein gewisses Verständnis dafür aufbringen, dass die Trägerinnen und Träger auch mal Kritik einstecken oder gelegentlich bis spätabends und am Wochenende arbeiten müssen – ein solcher Lohn beinhaltet eine «Schafseckelzulage», wie es ein volkstümlicher Begriff bezeichnet.

In kleinen Gemeinden sieht die Sache anders aus: Eine Untersuchung des Zentrums für Demokratie in Aarau, publiziert im Buch «Demokratie in der Gemeinde», hat in verschiedenen Kantonen die Entschädigungen von nebenamtlichen Gemeinderäten erhoben. Resultat: In Gemeinden bis etwa 5000 Einwohnern liegen die Stundenlöhne in der Regel bei rund 40 Franken oder tiefer.

Die Parteien ziehen sich aus den Gemeinden zurück

Ein wichtiger Grund dafür, dass das politische Engagement in den Gemeinden zurückgeht, ist die schwächere Präsenz der Parteien in der Lokalpolitik. Traditionell waren sie früher stark engagiert auf dieser Ebene. Sie organisierten und motivierten die Bürgerinnen und Bürger zur Teilnahme an den politischen Prozessen und unterstützten sie bei der Übernahme von Funktionen sowie während ihrer Amtstätigkeit. Dadurch prägten und trugen sie das Funktionieren der Politik auf allen Ebenen von der Gemeinde bis zum Bund.

Seit einiger Zeit jedoch kann man von einem Erosionsprozess sprechen: Zwar gibt es keine verlässlichen Untersuchungen über die Mitgliederzahlen der Parteien – aus verschiedenen Gründen: So kennen nicht einmal alle Parteien ein eigentliches Mitgliedersystem, zudem sind sie wie die Politik generell föderal organisiert, was eine Übersicht erschwert. Aber es ist klar, dass die Mitgliederzahlen sinken; die Parteien finden immer weniger Kandidierende für Ämter, und Ortsparteien werden aufgelöst. Der Politikberater Mark Balsiger schätzt, dass die Orts- und Kantonalparteien in den letzten zwanzig Jahren bis zu einem Drittel ihrer Mitglieder verloren haben. Der Schweizerische Gemeindeverband geht davon aus, dass heute 40 Prozent der Exekutivmitglieder in den Gemeinden parteilos sind, wobei es zwischen den Kantonen grosse Unterschiede gibt.

Das ist deshalb von Bedeutung, weil die Mitgliedschaft in einer Partei in der Regel dazu führt, dass sich jemand länger und nachhaltiger politisch engagiert als parteiungebundene Personen.

«Ich höre immer wieder Leute sagen, sie träten keiner Partei bei, weil keine ihnen entspreche. Ihnen antworte ich jeweils: Geh in die, die dir am besten entspricht, und gestalte sie mit. Ich bin durchaus nicht mit allem einverstanden, was meine Partei auf Bundesebene tut. Aber solche Diskussionen muss eine Partei aushalten, die machen es ja erst spannend.»

Karin Weyermann, Gemeinderätin Zürich, Fraktionspräsidentin CVP

Soziale Bewegungen entstehen – und verschwinden meist wieder

Neben den Parteien gibt es auch andere Gruppierungen, die sich in die Politik einmischen, sich engagieren. Man kann sie als soziale Bewegungen bezeichnen. Sie sind nichts Neues: Die bedeutendste, die Arbeiterbewegung, entstand im vorletzten Jahrhundert. Aus ihr sind die Sozialdemokratische Partei und die Gewerkschaften hervorgegangen.

Gegen Ende des letzten Jahrhunderts bildeten sich neue Bewegungen, vor allem gegen die traditionelle Politik: zum Beispiel die Friedensbewegung, die Umwelt- und die Antiatombewegung, die Feministinnen, Dritt-Welt-Gruppen. Später entstanden auch Bewegungen auf der anderen Seite des politischen Spektrums, etwa die Aktion für eine unabhängige und neutrale Schweiz (Auns).

Auch auf lokaler Ebene gibt es immer wieder Zusammenschlüsse von Bürgerinnen und Bürgern, die sich für oder gegen ein bestimmtes Projekt, eine bestimmte Entwicklung einsetzen, etwa gegen zu viel Strassenverkehr oder Lärm oder für mehr Geld für Kultur. In der Regel bleiben diese Gruppierungen ausserhalb der etablierten politischen Strukturen, und viele verschwinden wieder, wenn sich ihr Anliegen erledigt hat. Eine Ausnahme ist die Grüne Partei: Sie ist entstanden aus dem Engagement einer Gruppe in Neuenburg, die Ende der Sechzigerjahre eine Petition dagegen lancierte, dass die Autobahn N5 den See entlang durch die Stadt führen sollte (siehe Seite 142).

Das jüngste Beispiel: Gegen die Durchsetzungsinitiative der SVP formierte sich im Winter 2015/2016 «Operation Libero», eine spontane Bewegung, die erreichte, dass die Zustimmung zur Initiative innert einiger Wochen von prognostizierten zwei Dritteln Ja zur Ablehnung mit fast 60 Prozent Nein kippte. Auch diese Bewegung organisierte sich zu einem wesentlichen Teil neben den etablierten Politstrukturen, konnte sich aber zunehmend mit diesen vernetzen. Ob sie weiterbestehen beziehungsweise wieder aktiv werden wird und wenn ja, wie, ist offen.

Die Rolle der Vereine

In der kleinen Welt des Lokalen gibt es neben den Parteien – oder anstelle von ihnen – auch andere Interessengruppen mit viel Macht. Beispielsweise die Vereine: Ihre Mitglieder treffen sich regelmässig und betreiben gemeinsam Aktivitäten – wenn auch nicht unbedingt politische. Dies schafft ein Gemeinsamkeits- und Zusammengehörigkeitsgefühl.

Häufig sind die politischen Entscheidungsträger auch Vereinsmitglieder. Deshalb verlaufen Kontakte und Informationen unter ihnen dort manchmal persönlich, direkt und informell. Zudem sind die Vereine oft Benützer der kommunalen Infrastruktur, etwa von Gemeindesälen oder Sportanlagen. Wenn es bei gemeindepolitischen Entscheidungen um solche Themen geht, fordern und erhalten die Vereine in der Regel eine Mitsprache und können durchaus Einfluss auf die Entscheidungen nehmen. Schliesslich sind sie in der Gemeinde verankert und werden in einem gewissen Mass als deren Vertreter wahrgenommen.

> **TIPP** *Das heisst für Lokalpolitiker – für aktive wie zukünftige –, dass es sich lohnt, sich am Vereinsleben zu beteiligen oder es mindestens wohlwollend zu betrachten und zu begleiten. Die Unterstützung durch Vereinsmitglieder bei einem Wahlkampf kann über Sieg oder Niederlage entscheiden (siehe Seite 140).*

Wer bestimmt?
In grossen Gemeinden und Städten sind es die Parteien, in kleineren vielleicht Vereine, die grossen Einfluss haben. Fragt man den Gemeindepräsidenten von Simplon im Wallis, wie die Situation in diesem 330-Einwohner-Dorf ist, bekommt man zur Antwort: «Bei uns sind es Familien, die die Politik bestimmen.»

«Ein Milizamt verlangt eine gewisse Selbstlosigkeit.»

RETO LINDEGGER hat als Direktor des Schweizerischen Gemeindeverbands einen guten Überblick über die Politik in den Schweizer Gemeinden. Für ihn ist die Gewährleistung des sozialen Zusammenhalts eine der grössten Herausforderungen der nahen Zukunft.

Wie schwierig ist es, Leute zu finden, die sich aktiv in der Politik, vor allem in Gemeindeämtern, engagieren?
Es ist sehr schwierig, in der ganzen Schweiz. Ausser in den grossen Städten, wo es Vollzeitämter oder solche mit grossen Teilzeitpensen gibt, die gut bezahlt werden. Hier gibt es auch Parlamente, aus denen viele Kandidatinnen und Kandidaten kommen.

Weshalb Schwierigkeiten?
Es gibt einige Gründe. In Pendlergemeinden ist die Identifikation der Bewohnerinnen und Bewohner mit der Gemeinde und ihren Institutionen niedrig. Die Arbeitsbelastung und der Druck in der Privatwirtschaft sind deutlich höher als vor zwanzig, dreissig Jahren. Man will die Zeit, die bleibt, mit Freunden oder der Familie verbringen – was ja keineswegs negativ ist. Dann verbreitet sich zunehmend eine ökonomische Betrachtungsweise: Man überlegt sich, ob etwas rentiert oder nicht. Ich habe von Managern aus der Wirtschaft schon öfter die Aussage gehört, sie würden ein solches Amt nie übernehmen, das sei zu schlecht bezahlt.

Was tut der Gemeindeverband gegen dieses Problem?
Wir versuchen auf drei Ebenen, etwas dagegen zu tun. Erstens wollen wir vermehrt Jüngere ansprechen. Junge Gemeinderatsmitglieder sollen als Vorbilder andere motivieren, indem sie ihr Amt als Plus für den persönlichen Lebenslauf hervorheben, als eine Möglichkeit, zusätzliche Kompetenzen zu entwickeln. Zweitens wollen wir Starter-Kits erstellen, Leitfäden für jüngere Leute, um sie beim Einstieg in die Politik zu unterstützen. Und drittens wollen wir die Wirtschaft dafür sensibilisieren, Mitarbeiterinnen und Mitarbeitern die Über-

nahme von Ämtern zu erleichtern. Es gibt Firmen, die ihre Leute einen Tag pro Woche für die politische Arbeit freistellen. Davon wünschen wir uns mehr.

Was kann eine Gemeinde selber tun, um gutes Personal zu finden?
Sie kann und soll für gute Rahmenbedingungen sorgen. Als Beispiel kommt mir eine Gemeinde in den Sinn, die dieses Jahr eine elektronische Dokumentenverwaltung eingeführt hat. Nun können alle nötigen Unterlagen jederzeit heruntergeladen werden. Das wird neue Leute anziehen. In anderen Gemeinden müssen die Dokumente in Papierform persönlich beim Gemeindepräsidenten eingesehen oder abgeholt werden.

Ist es nicht so, dass viele die Politik allgemein nicht mehr attraktiv finden?
Die laute und in den Medien dargestellte Politik, die auf nationaler Ebene betrieben wird, hat mit der realen Kommunalpolitik nicht viel zu tun. Hier geht es um Sachgeschäfte, da wird meist unideologisch politisiert. Ziel ist es, den Bürgerinnen und Bürgern zu dienen; dies verlangt von den Politikern eine gewisse Selbstlosigkeit. Meiner Überzeugung nach sollte man ein Amt in der Gemeindepolitik nicht in erster Linie als Profilierungschance ansehen. Man kann tatsächlich viel für sich persönlich profitieren, aber man muss auch bereit sein, anzupacken. Ich empfehle den Menschen in den Gemeindeämtern auch, dass sie sich nicht von der Wutbürger-Mentalität beeinflussen lassen, sich ihre Arbeit nicht schlechtreden lassen.

Hat man denn in der Kommunalpolitik überhaupt Gestaltungsmöglichkeiten?
Man darf sich nicht allzu sehr darüber beklagen, dass man zu wenig Autonomie und zu wenig Geld hat. Trotz der vielen Vorgaben von Bund und Kantonen haben die Gemeinden noch Spiel- und Gestaltungsraum. Ich denke zum Beispiel an die Schaffung eines Umfelds, in dem Junge gut aufwachsen können. Natürlich braucht eine Gemeinde Geld, wenn sie Spielplätze baut oder in Schulräume investiert. Doch das ist eine gute Investition: Gute Frühförderung bedeutet später weniger Sozialhilfe.

Zukunftsgerichtete Planung ist ja nicht gerade einfach.
Aber man kommt nicht darum herum. Man muss gewachsene Strukturen ohne Scheuklappen betrachten. Eine Gemeinde muss sich alle paar Jahre überlegen, ob sie noch auf Kurs ist. Haben wir noch das richtige Führungsmodell? Haben wir die richtigen Zusammenarbeitsformen mit anderen Gemeinden? Ich meine damit nicht, dass man als Gemeinde fusionieren muss. Aber man muss sich Fragen wie diesen regelmässig stellen.

Was sind die grossen Herausforderungen der nächsten Jahre?
Ich mache mir Sorgen um den sozialen Zusammenhalt. Zwischen Ausländern und

Schweizern, zwischen Älteren und Jungen, zwischen Fortschrittlichen und Bewahrenden. Was passiert beispielsweise, wenn, wie prognostiziert, 30 Prozent aller Jobs wegfallen? Das wird auch Auswirkungen in den Gemeinden haben. Oder denken wir an die Flüchtlingsproblematik: Viele dieser Leute werden bleiben, und auch dies wird in den Gemeinden sichtbar werden. Es gibt leider noch immer Leute, die glauben, die Finanzkrise, der Klimawandel oder der Syrienkrieg fänden weit weg statt und beträfen uns nicht. Aber das ist nicht so.

Ist die Flüchtlingsproblematik das grösste Problem?

Interessanterweise wird dies in den Exekutiven nicht so wahrgenommen. Es ist ein grosses Problem und könnte noch grösser werden. Aber ich höre von vielen Gemeindepräsidenten, dass für sie die Raumentwicklung die grösste Herausforderung sei. Die Frage: Wie gestalten wir unseren Raum? Gemäss dem 2013 in Kraft getretenen Raumplanungsgesetz des Bundes müssen die Kantone neue Richtpläne erlassen, die dann die Gemeinden umzusetzen haben. Aber es ist auch eine emotionale Frage: Wie können oder sollen wir den öffentlichen Raum so gestalten, dass die Bürgerinnen und Bürger sich wohlfühlen?

Wie sieht die finanzielle Zukunft der Gemeinden aus?

Das Geld wird sicher knapper werden. Vor diesem Hintergrund müssen sie sich vor allem fragen, welchen «Service public» sie über das obligatorische Minimum hinaus anbieten wollen und können. Hier wird auch die Zusammenarbeit mit Privaten oder staatsnahen Betrieben ein Thema sein. Eine Möglichkeit für kleine und kleinste Gemeinden wäre beispielsweise ein «Gemeinde-Hub»: ein Ort mit Postfächern, einem Postomaten, einer Ladestelle für E-Bikes und Elektroautos, vielleicht regelmässigen persönlichen Beratungen für bestimmte Anliegen und so weiter. Ein Ort, an dem die nötigen Dienstleistungen zusammengefasst sind, damit sie überhaupt weiterhin erbracht werden können.

INTERESSENVERTRETUNG FÜR GEMEINDEN

Der Schweizerische Gemeindeverband ist parteipolitisch unabhängig und vertritt die Interessen der Gemeinden, vor allem gegenüber dem Bund. Sein Ziel ist es, die Kompetenz und die Leistungsfähigkeit der Mitgliedgemeinden zu verbessern und ihre Zusammenarbeit zu fördern. 70 Prozent aller Gemeinden sind Mitglieder. Der Gemeindeverband arbeitet mit den verschiedenen kantonalen Gemeindeorganisationen zusammen. Präsident ist der Schaffhauser Ständerat Hannes Germann.

Neue Verwaltungsmodelle: Milizsystem light

Dass die Bereitschaft, Ämter zu übernehmen, zurückgeht, ist bekannt, und es gibt verschiedene Ansätze, um das Problem zu lösen oder wenigstens zu lindern. Eine Möglichkeit ist die Professionalisierung der Exekutive. Diesen Ansatz verfolgen unter anderen die Kantone Luzern, St. Gallen und Thurgau, wo inzwischen auch viele kleinere Gemeinden einen vollamtlichen und entsprechend bezahlten Gemeindepräsidenten, eine Gemeindepräsidentin haben.

In kleineren Gemeinden mit hauptamtlichen Gemeindevorstehern arbeiten in den Exekutiven in der Regel fünf oder sieben Personen als Gemeinderäte im Nebenamt. Das Milizsystem wird also für diese Funktionen nach wie vor beibehalten. Weil der Gemeindepräsident im Vollamt genügend Kapazität hat, sich persönlich um alle Sachfragen zu kümmern, werden dafür in einigen dieser Gemeindeexekutiven die Sachressorts nicht mehr fest zugeteilt. Der Gemeinderat ist für die Strategie verantwortlich und entscheidet als Gremium.

INFO *Das Modell mit angestellten Exekutivvorstehern entspricht durchaus der Tradition unseres Landes, waren doch zur Zeit vor der Helvetik, also bis im achtzehnten Jahrhundert, Gemeindeammänner oft von den Kantonen eingesetzt und bezahlt.*

Professionalisierung und mehr Lohn helfen

Eine Untersuchung aus dem Kanton Aargau hat ergeben, dass solche Modelle die Besetzung der Posten erleichtern. In der Regel ist damit auch eine Professionalisierung verbunden, was den gewählten Exekutivmitgliedern die Arbeit erleichtert. Professionalisierung heisst, dass grössere Teile der Aufgaben von Verwaltungspersonal übernommen werden – von Leuten also, die hauptberuflich oder zumindest zu einem wesentlichen

Teil für die Gemeindepolitik arbeiten. Und die dafür ausgebildet sind und einigermassen attraktiv bezahlt werden.

Anders gesagt: Wenn eine Gemeinde ihren Gemeinderäten eine gute Unterstützung durch Verwaltungspersonal bietet, hat sie weniger Mühe, Leute zu finden, die sich für die Milizämter zur Verfügung stellen. Dasselbe gilt, wenn die gewählten Politikerinnen und Politiker angestellt oder zumindest angemessen entschädigt werden. Das zeigt sich etwa darin, dass die Wahlen in diesen Gemeinden häufiger umstritten sind, dass sich also mehr Personen zur Wahl stellen, als es gerade braucht.

«Ich stelle fest, dass alles immer schneller geht. Ich sehe, wie der Stadtrat immer mehr unter Druck ist und rasche Entscheidungen will, sodass man als Milizpolitiker immer weniger Zeit hat, sich vertieft mit den Angelegenheiten zu befassen.»

David Berger, Mitglied Grosser Gemeinderat Winterthur, Alternative Liste

Die Verfasser der Studie stellen im Buch «Demokratie in der Gemeinde» denn auch klar fest: «Ein gewisser Ausbau der Verwaltung ist gerade auch in kleineren Gemeinden unvermeidlich.» Sie schlagen vor, eine breite Diskussion über die angemessene Entschädigung für solche Ämter zu führen und auch flexiblere Anstellungs- und Entschädigungsmodelle zu prüfen.

Gemeinderat soll ein attraktiver Titel sein

Ein weiterer Grund für die Rekrutierungsprobleme für politisches Personal in den Gemeinden ist die Erkenntnis, dass solche Exekutivämter als nicht besonders attraktiv gelten – man kann auch sagen, dass sie zu wenig gut «vermarktet» werden. Zwei Ansätze sind in diesem Zusammenhang interessant.

Einerseits ist die Bedeutung dieser Ämter und der Milizstrukturen in der Schweiz sehr hoch. Auf Gemeindeebene wird viel Wichtiges entschieden; ein Exekutivamt bringt Verantwortung mit sich, aber auch die Möglichkeit, vieles mitzugestalten. Und besonders in kleinen Gemeinden sind die Rollen der Gemeinderäte und anderer Funktionäre meist nicht absolut klar festgelegt, was bedeutet, dass diese in ihrer Tätigkeit einiges gestalten und beeinflussen können. Dies verleiht ihnen durchaus eine verantwortungsvolle und respektable Stellung.

Anderseits geben die Ämter den Inhaberinnen und Inhabern auch die Möglichkeit, zu lernen und sich persönlich weiterzuentwickeln. Kompetenzen, die jemand als Mitglied eines Gemeinderats oder einer wichtigen Kommission erworben hat, nützen ihm oder ihr auch im übrigen Leben, vor allem im Beruf. Und zahlen sich dort vielleicht gar in einer höheren Position und einem höheren Gehalt aus. Werden diese Perspektiven potenziellen Interessenten bewusster gemacht und werden die Frischgewählten bei der Amtsausübung dann auch mit geeigneten Massnahmen, etwa mit Weiterbildungsmöglichkeiten, unterstützt, könnten Zögernde bestimmt besser motiviert werden, sich zu engagieren.

EIN KLEINES DENKMAL spendiert die Gemeinde Bussnang im Kanton Thurgau den Mitgliedern des Gemeinderats nach dem Rücktritt: eine Ruhebank, auf der eine Tafel mit dem Namen und der Amtszeit prangt.

VERSCHIEDENE GEMEINDEFORMEN

- **Schulgemeinden:** In der Schweiz sind die Gemeinden die Trägerinnen der Volksschule. Entweder ist die Schule in die Einwohnergemeinde integriert oder als eigenständige Schulgemeinde organisiert. Die Oberaufsicht über diese Schulen haben meist Milizbehörden, die je nach Kanton als Schulpflege, Schulkommission oder Schulrat bezeichnet werden. Ausnahme: Der Kanton Solothurn hat diese Institutionen abgeschafft; hier ist der Gemeinderat für die strategische Führung der Schule zuständig.
  Wenn die Schulgemeinde selbständig ist, ist dieser Bereich nicht im Gemeinderat vertreten. Solche Schulgemeinden haben ihre eigenen Gremien; für ein Amt sind ungefähr die gleichen Fähigkeiten erforderlich wie für ein Gemeinderatsamt (siehe auch Seite 123).
- **Bürgergemeinden** sind Körperschaften des öffentlichen Rechts von Personen, die das Bürgerrecht einer Gemeinde besitzen, aber nicht in der Gemeinde selber wohnen müssen. Sie besitzen und verwalten Güter wie Wald- und Landflächen. Die reichste ist die Burgergemeinde Bern, ihr gehören ein Drittel des Bodens der Stadt Bern und weiteres Land ausserhalb, darunter die St. Petersinsel im Bielersee. Ähnliche Körperschaften sind die Kooperationen im Kanton Glarus und in der Zentralschweiz. Sie besitzen Land, aber vergeben keine Bürgerrechte.
- **Kirchgemeinden** sind die Organisationen der Kirchen auf lokaler Ebene.

Neuer Ansatz: das Luzerner Modell

Ein Kanton, in dem ein überdurchschnittlich hoher Anteil der Gemeindepräsidenten ihr Amt vollzeitlich ausübt, ist Luzern. Zudem sind besonders viele der übrigen Mitglieder in den Gemeinderäten dieses Kantons in einem Teilzeitverhältnis richtig angestellt, werden also nicht nur mit einem Honorar entschädigt. Sie sind nach den Regeln des kantonalen Personalgesetzes angestellt und für die Bezahlung eingeteilt in eine der kantonalen Lohnklassen. Damit haben sie auch einen Lohnausweis sowie bezahlte Ferien und die üblichen Sozialleistungen und -versicherungen. Die Bedingungen sind durchaus anständig: Ein Gemeinderatsmitglied einer Gemeinde mit 5000 oder 8000 Einwohnern verdient, auf 100 Prozent umgerechnet, 130 000 bis 150 000 Franken.

Das Luzerner Modell ermöglicht auch Flexibilität: Ein Gesamtgemeinderat verfügt beispielsweise über 300 Stellenprozente, die die Mitglieder untereinander selber aufteilen. Die Verteilung kann geändert werden, wenn eine neue Situation dies als sinnvoll erscheinen lässt oder erfordert (mehr zum Luzerner Modell auf Seite 87).

Über Gemeindegrenzen hinaus: Zusammenarbeit und Fusionen

Das wesentliche Charakteristikum einer Gemeinde ist ihre Grenze. Dort hört ihr politischer Einflussbereich auf und fängt derjenige der Nachbargemeinde an. Da dies aber für viele und für immer mehr Themen nicht sinnvoll ist, müssen die Gemeinden solche Aufgaben zusammen mit anderen anpacken und lösen.

Schon im 19. Jahrhundert haben die Schweizer Gemeinden damit begonnen, die Bewältigung bestimmter Aufgaben gemeinsam mit ihren Nachbarn zu organisieren. Zuerst mittels schlichter Vereinbarungen oder in der Form einer einfacher Gesellschaft, die auch heute noch verbreitet ist. Komplexere, heutige Rechtsformen für solche Zusammenschlüsse sind Vereine, Genossenschaften, Aktiengesellschaften oder Stiftungen. Die meisten dieser interkommunalen Organisationen werden als Zweckverband bezeichnet. Ein solcher kann unterschiedliche Rechtsformen haben, basiert auf einem Gesetz oder einem Vertrag und hat die gemeinsame Erledigung einer bestimmten öffentlichen Aufgabe zum Zweck.

«Man muss nicht immer nur den politischen Gegner überzeugen wollen. Es lohnt sich und ist oft sinnvoller, dies vor allem bei den eigenen Leuten zu tun.»
Alexandra Fingerhuth-von Muralt,
Vorstand FDP.Die Liberalen Zürich 7+8

Weitverbreitet: interkommunale Zusammenarbeit

In fast allen Bereichen der Gemeindepolitik gibt es solche Organe der Zusammenarbeit. Bekannt und verbreitet sind vor allem Zweckverbände für die Feuerwehr, für die Wasserversorgung und Abwasserreinigung, für die medizinische Versorgung wie Spitex, für den öffentlichen Verkehr sowie für Schulfragen.

Gewisse Verbände erfüllen nur einen einzigen Zweck, andere gleich mehrere. Typischerweise sind sie folgendermassen aufgebaut: Sie haben ein Organ, das für die politische und strategische Führung zuständig ist, meist bestehend aus Delegierten der beteiligten Gemeinden. Ihm unterstellt sind die operative Führung oder Geschäftsleitung sowie die Organe für die Ausführung der operativen Tätigkeiten. In gewissen dieser Verbände, vor allem in den bedeutenderen, haben die Stimmberechtigten der beteiligten Gemeinden ein Mitbestimmungsrecht. Bei anderen ist dies nicht der Fall, etwa bei bescheideneren wie für den Betrieb eines Schwimmbads oder eines Altersheims.

Zweckverbände sind sehr weit verbreitete Instrumente; im Durchschnitt arbeitet eine Gemeinde in neun Politikbereichen mit anderen zusammen. Dies entlastet die Gemeindebehörden stark. Ein Nachteil ist allerdings die Tatsache, dass dadurch Entscheide der demokratischen Kontrolle entzogen werden, da sie von Funktionären getroffen werden (siehe auch Seite 109).

«Etwas bewegen kann man nur miteinander, es geht nicht allein. Das braucht Anstand und Respekt. Wenn wir Gemeinderatssitzung haben, redet einer und die Leute hören zu. Bei uns ist es nicht wie im Kantons- oder Nationalrat, wo einer redet und alle anderen auf dem Laptop arbeiten. Die Lokalpolitik bietet ein völlig anderes Bild als das aus dem Fernsehen vom Nationalratssaal und von Leuten, die sich profilieren wollen.»

Peter Nabholz, Gemeinderat und Präsident FDP Kloten ZH

Selten begrüsst, aber oft sinnvoll: Fusionen und Eingemeindungen

Vielen Bürgerinnen und Bürgern ist «ihre» Gemeinde ihre Welt: Sie identifizieren sich mit dem Namen, dem Wappen, der politischen Autonomie – und alles soll bewahrt werden. Weil jedoch viele Aufgaben immer weniger in diesen Dimensionen gelöst werden können, schliessen sich Gemeinden zusammen, fusionieren.

Es gibt denn auch in der Schweiz immer weniger Gemeinden – nicht, weil sie einfach verschwinden, sondern weil sie zusammengelegt werden. Bis Ende des letzten Jahrhunderts war die Zahl der Gemeinden lange Zeit

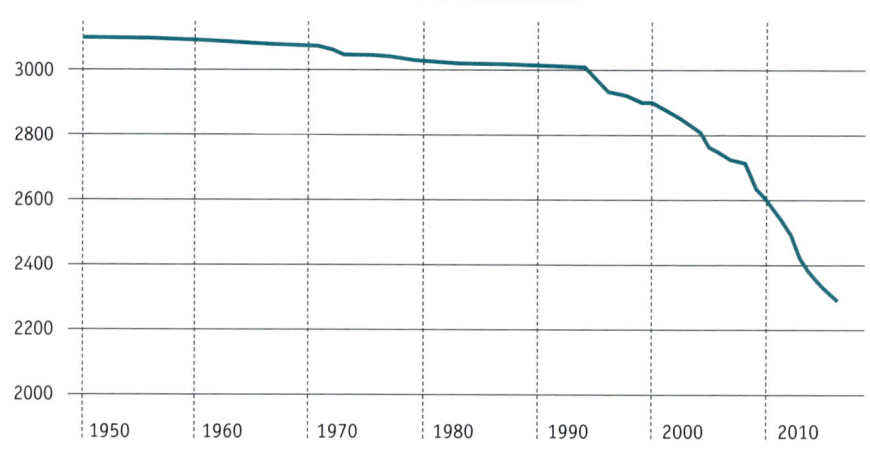

FUSIONEN: SEIT ZWANZIG JAHREN GEHT ES SCHNELLER

Bis Mitte der Neunzigerjahre ging die Zahl der Gemeinden sehr langsam zurück. Seither hat sich die Zahl der Fusionen stark erhöht.

Quelle: Avenir Suisse

recht stabil, von 1850 bis 1990 sank sie nur gerade von 3205 auf 3021, ein Rückgang um sechs Prozent. Seither hat sich der Prozess stark beschleunigt: Anfang 2016 gab es nur noch 2294 Gemeinden, das ist fast ein Viertel weniger. Gemäss Bundesamt für Statistik werden es ab Anfang 2017 voraussichtlich weitere rund 40 weniger sein.

Grundsätzlich gibt es zwei verschiedene Formen des Zusammengehens: einerseits die Eingemeindung, bei der eine oder mehrere meist kleine Gemeinden in eine einigermassen grosse integriert werden und deren Recht und Struktur übernehmen. Und anderseits die Fusion, bei der zwei oder mehrere Gemeinden zu einer neuen vereinigt werden und ein neues Subjekt mit neuen Rechtsstrukturen bilden.

Von 25 auf 3 Gemeinden: das Beispiel Glarus

Das spektakulärste Beispiel ist die Fusion von 25 Gemeinden im Kanton Glarus zu gerade noch 3 auf Anfang 2011 – der grösste solche Prozess in der Schweiz. Bemerkenswert ist auch die Geschichte dahinter: 2003 beschlossen Kantonsregierung und Parlament, die Gemeindestrukturen grundlegend zu reformieren. Einer der wichtigsten Gründe war die hohe und weiter steigende Belastung der Personen, die sich in Miliz- und Ehrenämtern in den Gemeinden engagierten. Die politische Struktur war mit zusätzlichen 11 Bürgergemeinden, Tagwen genannt, sowie 21 Schul- und 19 Fürsorgegemeinden sehr kompliziert, die Finanzsituation angespannt, und die Abwanderung aus dem Kanton liess befürchten, dass die Steuererträge sinken würden. Aufgrund dieser und einiger weiterer Probleme strebte der Kanton eine Reduktion auf maximal sieben Gemeinden an.

2006 legte die Regierung das Geschäft der Landsgemeinde vor – worauf ein Bürger überraschend die Reduktion auf nur 3 Gemeinden vorschlug, was ebenso überraschend von den Stimmbürgern gutgeheissen wurde. Ein Komitee von damit Unzufriedenen wollte den Entscheid rückgängig machen. Doch 2007 wurde er an einer ausserordentlichen Landsgemeinde bestätigt.

«Politik macht Spass, sonst würde man ein solches Amt nicht auf sich nehmen. Am spannendsten daran finde ich, dass ich mit der Zeit dahinterblickte und erkannte, wie die Dinge funktionieren, und dass ich mit vielen verschiedenen Leuten zusammenarbeiten kann.»

Christine Badertscher, Gemeinderätin Madiswil BE, Grüne

Ein zweiter «Fall Glarus»?
Der Kanton Freiburg ist sehr kleinräumig, die Gemeinden haben durchschnittlich nur halb so viele Einwohner wie im Rest der Schweiz. Der Bezirk Greyerz, im Süden des Kantons und zum Teil im Voralpengebiet, umfasst 25 Gemeinden mit zusammen 50 000 Einwohnern und einer Fläche von 490 Quadratkilometern. Die Gemeinden pflegen bereits eine Zusammenarbeit mit insgesamt 70 interkommunalen Körperschaften in verschiedenen Bereichen. Doch jetzt zeichnet sich ein viel ehrgeizigeres Projekt ab: die Fusion aller 25 Gemeinden zu einer einzigen.

Die Parallele zu Glarus: Vor einigen Jahren entwickelten die Präfekten der sieben Bezirke die Idee, die 165 Gemeinden des Kantons durch Fusionen auf 37 zu reduzieren. Der Bezirk Greyerz sollte auf ein halbes Dutzend Gemeinden reduziert werden. Als lange Zeit nichts geschah, ging der Greyerzer Präfekt radikal einen grossen Schritt weiter und schlug die Fusion aller 25 Gemeinden in seinem Bezirk vor. Überraschenderweise stiess er auf Zustimmung: Ende 2015 sprachen sich über 80 Prozent der Gemeinderäte dafür aus, ein konkretes Projekt auszuarbeiten. Jetzt soll eine Studie erstellt werden, die das Projekt skizziert. Wenn es zustande kommt, entsteht die flächenmässig grösste Gemeinde der Schweiz.

Aarau, Luzern, Lugano: Eingemeindungen
Beispiele aus den letzten Jahren für Eingemeindungen eines kleineren Vororts in eine deutlich grössere Stadt:
- Rohr mit 3300 Einwohnern gehört seit 2010 zu Aarau mit vorher 17 000 Einwohnern.
- Und seit 2010 gehört Littau mit seinen 17 000 Einwohnern zu Luzern (vorher 64 000 Einwohner).

In beiden Städten gibt es Diskussionen über das Zusammengehen mit weiteren Nachbarorten, konkrete Absichten bestehen jedoch nicht.

Besonders viele Fusionen wurden in den letzten Jahren in den Kantonen Tessin, Graubünden, Luzern und Bern durchgeführt, wo es auch besonders viele kleine Gemeinden gibt. Bei zwei Eingemeindungen in Lugano 2008 und 2013 wurden gleich zehn Vorortgemeinden in die Stadt integriert; die Stadt wuchs von 55 000 auf 60 000 Einwohner. In der Region Bellinzona ist geplant, 16 Gemeinden einzugliedern; in einer Volksabstimmung im Oktober 2015 haben sich 13 davon – darunter auch Bellinzona selber – dafür ausgesprochen. Damit würde die Einwohnerzahl von 18 000 auf 52 000 steigen.

Ein Projekt von vergleichbarer Grösse, bei dem die Stadt Solothurn sich mit den vier Vorortsgemeinden Luterbach, Derendingen, Zuchwil und Biberist zusammenschliessen und so von 17 000 auf 43 000 Einwohner wachsen sollte, scheiterte im Winter 2015/2016 an Gemeindeversammlungen und in der Volksabstimmung in sämtlichen fünf Gemeinden.

Fusion: eine Lösung für kleine Gemeinden

Meist schliessen sich mehrere ähnlich grosse oder besser: ähnlich kleine Gemeinden zu einer mittelgrossen zusammen. 2004 zum Beispiel deren neun zum neuen Acquarossa, das heute 2000 Einwohnerinnen und Einwohner zählt und das ganze mittlere Bleniotal im Tessin umfasst. 2014 deren acht im Kanton Bern, die den Namen der grössten von ihnen, Fraubrunnen, annahmen, das heute gut 4800 Einwohner zählt. Und ebenfalls 2014, gleich neben Fraubrunnen, fusionierten zehn Gemeinden im Kanton Solothurn zur Gemeinde Buchegg mit 2500 Einwohnern. Gemäss der Gemeindeschreiberbefragung 2009 wurden in der Hälfte aller Gemeinden mit weniger als 500 Einwohnern Diskussionen über Zusammenschlüsse geführt.

Der Anstoss kommt meist vom Gemeinderat
Der Anstoss für Fusionsdiskussionen kommt hauptsächlich von Gemeinderäten oder -präsidenten, in zweiter Linie vom Kanton und selten von Bürgern. Der Auslöser können Rekrutierungsprobleme für die Behörden sein, irgendeine andere akute Notsituation oder auch eine vorausschauende Strategie. Als Argumente für eine Fusion werden beispielsweise die immer komplexeren Aufgaben, Personalprobleme, die Aussicht auf bessere Leistungen für die Bürgerinnen und Bürger sowie Kosteneinsparungen dank Synergieeffekten angeführt.

Für die Behörden ist ein Fusionsprozess deshalb besonders problematisch, weil sie einerseits die Fusion korrekt durchführen müssen, andererseits persönlich betroffen sind. Denn in der neuen Gemeinde gibt es nur noch einen Gemeinderat, nur noch eine Schulleiterin, einen Feuerwehrkommandanten. Die anderen müssen sich gewissermassen selber wegfusionieren. In dieser Doppelrolle objektiv zu bleiben, ist schwierig.

Zunehmend unterstützen die Kantone Gemeindefusionen mehr oder weniger kräftig. Alle haben Regeln in der Verfassung oder in Gesetzen, mehrere kennen sogar die gesetzliche Möglichkeit, Gemeinden zur Fusion zu zwingen. Dies kommt allerdings nur selten vor. Beispiele sind die Tessiner Gemeinden Aquila, Bignasco, Dongio und Sala Capriasca. Alle haben sie vor Bundesgericht gegen eine Zwangsfusion mit Nachbargemeinden geklagt und verloren.

2004 BESCHLOSS DER WALLISER GROSSE RAT, dass die vier Gemeinden Ausserbinn, Ernen, Mühlebach und Steinhaus fusionieren müssten. Ernen zählte 385, Mühlebach 80, Steinhaus 35 und Ausserbinn 40 Einwohner. 2002 hatte Ausserbinn in einer Abstimmung die Fusion abgelehnt, das Kantonsparlament setzte sich über diesen Volksentscheid hinweg. Die Gemeinde zog den Fall vors Bundesgericht.

Gemäss Gemeindegesetz kann der Kanton Wallis Gemeinden unter anderem dann zur Fusion zwingen, «wenn eine einzige Gemeinde das Hindernis zu einer Fusion darstellt, währenddem die angrenzenden Gemeinden bereits ihre Zustimmung zu einer bedeutenden Fusion gegeben haben». Diese Voraussetzung sah das Bundesgericht als erfüllt an und wies die Beschwerde der Gemeinde ab.

Die Gretchenfrage: Was bringts?

Stellt sich die Frage, ob Fusionen den gewünschten Erfolg bringen. Eine klare, allgemeingültige Antwort gibt es nicht. Etwa, was die Qualität der Demokratie betrifft: Einerseits ist in kleineren Gemeinden die Beteiligung der Bürgerinnen und Bürger an Wahlen und Abstimmungen eher stärker als in grösseren und Fusionen führen eher zu tieferen Beteiligungen. Eine Untersuchung über den Kanton Tessin hat ergeben, dass die Wahlbeteiligung nach einer Gemeindefusion im Durchschnitt um etwas weniger als fünf Prozent sinkt. Dieser Effekt ist umso grösser, je kleiner die Gemeinde ist.

Anderseits haben grössere Einheiten bessere Möglichkeiten, politische Prozesse strukturiert und transparent durchzuführen, was für die Demokratie von Vorteil ist. Grössere Gemeinden bieten der Bevölkerung auch mehr und bessere Möglichkeiten, sich zu beteiligen. Salopp ausgedrückt: Ob politische Entscheidungen am Beizentisch im engen Kreis gefällt werden oder in der Öffentlichkeit mit formalisierten Abläufen und sehr vielen Beteiligten – beides hat Vor- und Nachteile. Entscheidend ist, dass die Betroffenen die Möglichkeit haben, mitzureden und mitzubestimmen.

In der Folge von Fusionen werden meist auch Institutionen der interkommunalen Zusammenarbeit aufgelöst. Damit gehen Entscheidungskompetenzen tendenziell von Funktionären dieser Institutionen an die politischen Instanzen über, an das Gemeindeparlament oder die Gemeindeversammlung. Dies erhöht die demokratische Kontrolle, vor allem im finanzieller Hinsicht.

Erfahrungsgemäss mildern Fusionen das Personalproblem: In den neuen grösseren Gemeinden ist es einfacher, genügend Leute für die Ämter zu finden, und die Wählerinnen und Wähler haben häufiger tatsächlich eine Auswahl.

Einsparungen – meist ein wichtiges Argument für eine Fusion – werden nicht überraschend dort erzielt, wo die Verantwortlichen diese auch tatsächlich wollen und die nötigen Anstrengungen unternehmen.

Fusion in Glarus: schlankere Strukturen, effizienter
Zur Grossfusion im Kanton Glarus heute bereits ein endgültiges Fazit zu ziehen, ist wohl noch verfrüht. Die angestrebten Synergieeffekte und daraus entstehenden Einsparungen wurden, wie es aussieht, in etwa erreicht. Gestützt auf die Volkswirtschaftsdirektorin Marianne Lienhard, schrieb die NZZ Ende 2015, das 2010 geschätzte Spar- und Synergiepotenzial der Fusion von sechs Millionen Franken sei vermutlich übertroffen worden. Die Steuern wurden in allen drei Gemeinden gesenkt, die resultierenden Einnahmenausfälle ausgeglichen. Die Professionalität der Behörden und der Verwaltung ist gestiegen. Die Strukturen sind heute schlanker und effektiver als vor der Fusion. Und nicht zuletzt hat das Glarnerland sein Image verbessern können, was sich zwar nicht kurzfristig auszahlt, aber durchaus dazu führen kann, dass Privatpersonen und Unternehmen sich vermehrt dort niederlassen, was sich auf die Steuererträge positiv auswirkt.

DIE GLARNER REGIERUNGSRÄTIN Marianne Lienhard sagte fünf Jahre nach der Fusion: «Die Vorteile überwiegen.» Und sie sieht einen grossen Gewinn für die Gemeinden: «Früher waren die Gemeinden mehr Verwalter. Jetzt wird die Möglichkeit, zu gestalten, stärker genutzt. Das wird noch zunehmen.»

«Man weiss ja etwa, wer ein Amt gut ausüben kann.»

MARTIN PH. RITTINER ist Gemeindepräsident von Simplon im Wallis. Er wurde gewählt, obwohl er das gar nicht gewollt hatte. Doch dann hat er sich mit seinem Amt angefreundet und sich sogar für eine zweite Amtsperiode wählen lassen.

Wie schwierig ist es, in Simplon Personen zu finden, die sich aktiv im Gemeinderat engagieren?
Wir sind ein Spezialfall: Der Kanton Wallis kennt den Amtszwang, und die Gemeinderäte werden im Majorzsystem gewählt. Das heisst, dass jeder Bürger, jede Bürgerin den Namen irgendeiner wählbaren Person auf den Wahlzettel schreiben kann. Und die mit den meisten Stimmen werden dann eben gewählt.

Stehen da nicht unüberschaubar viele Namen auf den Wahlzetteln? Und besteht nicht die Gefahr, dass Leute gewählt werden, die sich gar nicht für das Amt eignen?
Man kennt sich ja hier und weiss etwa, wer ein Amt gut ausüben kann. Die Leute reden vorher miteinander, sprechen sich untereinander ab. Bis vor ein paar Jahren wurden im Vorfeld Wahlversammlungen abgehalten und dabei Listen mit Vorschlägen erstellt. Doch dies ist heute gemäss dem kantonalen Wahlgesetz nicht mehr erlaubt.

Was geschieht, wenn jemand gegen seinen Willen gewählt wird?
Dann macht man es halt einfach vier Jahre lang, wie es die Pflicht ist. Auch ich wurde vor sieben Jahren gegen meinen Willen gewählt, mit einem sehr guten Resultat sogar. Deshalb habe ich mir dann gesagt: Ich übernehme diese Verantwortung und mache die Arbeit so gut wie möglich. Es brauchte zwar eine Anlaufzeit, aber dann habe ich mich damit angefreundet und mich für eine zweite Amtszeit wählen lassen.

Haben Sie auch schon erlebt, dass jemand das Amt ohne Engagement ausgeführt hat?
In Simplon Dorf habe ich dies glücklicherweise noch nicht erlebt. Aber ich habe gehört, dass in anderen Gemeinden neu gewählte Gemeinderäte einfach nicht zu den Sitzungen erschienen sind. Oder dass sie ein Arztzeugnis präsentierten, das ihnen bescheinigte, sie seien krank und könnten das Amt deshalb nicht ausüben.

Inwiefern unterscheidet sich die Situation Ihrer Berggemeinde von der kleinerer Landgemeinden in Talgebieten?
Ich denke, dass es wenig grundsätzliche Unterschiede gibt. Aber Simplon hat ein paar Besonderheiten wegen seiner Lage und aus historischen Gründen: Wir haben ein sehr grosses Gemeindegebiet mit einem grossen Forstrevier, eine eigene Stromversorgung, ein Hotel und Restaurant, das der Burgergemeinde gehört; wir haben den Schwerverkehr auf der Passstrasse, das Militär, die Landwirtschaft. Dafür braucht es Verantwortliche oder Kommissionen, die sich dieser Bereiche annehmen. Andere Gemeinden haben vielleicht einen wichtigen Industriebetrieb oder den Tourismus, die besondere Aufmerksamkeit benötigen.

Wie viele Mitglieder in Räten und Kommissionen brauchen Sie?
Die Ämterliste umfasst gegen 60 Positionen. Aber viele Personen sitzen in verschiedenen Kommissionen, ich selber in ungefähr 20. Einige Leute sind von Amtes wegen dabei, etwa der Pfarrer im Kirchenrat oder ein Vertreter des Kreisforstamts in der Forstkommission.

Wie gross sind die Arbeitspensen?
Das ist schwer zu beziffern, wir arbeiten ja bei Bedarf und auf Abruf in diesen Funktionen. Bei mir sind es mindestens 20 Prozent, bei den übrigen Gemeinderäten 10 bis 15 Prozent. Bei einigen Ämtern hält sich die Arbeitsbelastung sehr in Grenzen, da gibt es vielleicht einmal im Jahr eine Sitzung.

Wie werden diese Ämter honoriert?
Wir erhalten einerseits eine Pauschale – für den Gemeindepräsidenten sind es 15 000 Franken, für die Gemeinderäte etwas weniger als die Hälfte. Dazu bekommen wir Sitzungsgeld und eine Kilometerentschädigungen. Wir können zudem Taggelder beziehen, aber das tut kaum jemand.

DIE BERGGEMEINDE

Simplon liegt im Wallis auf der Südseite des gleichnamigen Passes, praktisch an der Grenze zu Italien, auf knapp 1500 Metern. Die Gemeinde zählt 330 Einwohnerinnen und Einwohner. Mit einer Fläche von 90 Quadratkilometern ist sie eine der grössten im Kanton Wallis. Der Gemeinderat hat fünf Mitglieder und ein Ressortsystem; die Mitglieder sind stark operativ tätig.

2

Wo die Schweiz tatsächlich ein Sonderfall ist

Das politische System der Schweiz zeichnet sich gegenüber denen anderer Länder durch gewisse Besonderheiten aus: Eine der wichtigsten ist das Prinzip der Konkordanz, das auf allen Ebenen – beim Bund, in den Kantonen und den Gemeinden – gilt. Es verlangt, dass Entscheide möglichst demokratisch gefällt werden. Das bedeutet, man muss Kompromisse finden, und gibt den Kantonen und Gemeinden recht viel Macht und Kompetenzen.

Kompromiss und Konkordanz statt Regierung und Opposition

Ein Element, das die schweizerische Politik wesentlich prägt und sie von derjenigen der meisten anderen Staaten unterscheidet, ist die Konkordanz. Einfach umschrieben: Die an der Politik beteiligten Kräfte müssen sich zusammenraufen, um einen Entscheid zu fällen, den alle mittragen können. Das Ergebnis ist in der Regel ein Kompromiss zwischen den verschiedenen Ausgangspositionen.

Wie bei jeder Auseinandersetzung oder bei jedem «Raufen» gibt es auch in der schweizerischen Politik auf allen Ebenen Stärkere und Schlauere, und diesen gelingt es in aller Regel besser als den anderen, ihre Interessen durchzusetzen. Der gefundene Kompromiss muss deshalb keineswegs in jedem Fall in der Mitte zwischen den Ausgangspositionen liegen. Immerhin gilt aber nicht das Prinzip «The winner takes it all», bei dem der Stärkste alles bekommt. Der Zwang, einen Kompromiss finden zu müssen, hat zur Folge, dass die Mehrheiten, also die schliesslichen «Sieger», immer wieder anders zusammengesetzt sind.

Der Gesetzgebungsprozess

Wichtige Erlasse, vor allem Gesetze, und andere Vorhaben von grosser Tragweite werden in einem mehrstufigen Verfahren entwickelt und beschlossen.

In einer ersten vorparlamentarischen Runde arbeiten typischerweise Politiker, Verwaltungsmitarbeiter und allenfalls aussenstehende Fachleute gemeinsam einen ersten Entwurf aus. Oft sind zudem Experten einer speziell damit beauftragten Kommission involviert, die mehr oder anderes Wissen besitzen als die Mitarbeitenden der Verwaltung. Ein wichtiger Grund für den Einbezug Externer ist, dass so die verschiedenen politischen oder gesellschaftlichen Kräfte eingebunden werden, um die Vorlage mehrheitsfähig zu machen, also um Abstimmungsniederlagen oder Referenden zu verhindern. Dies führt allerdings auch dazu, dass die einflussreichen – in der Regel die finanzkräftigen – Akteure ihre Interessen sehr direkt im Gesetzgebungsprozess einbringen können.

Das Instrument zur Kompromissfindung: die Vernehmlassung
Im Allgemeinen wird der so formulierte Entwurf anschliessend im Vernehmlassungsverfahren interessierten Personen und Gruppen zugestellt, damit diese sich dazu äussern können. Sie erhalten einen Vorentwurf des Entscheids und einen erläuternden Bericht und dürfen ihre Veränderungswünsche einbringen. Die Antworten werden von der Regierung ausgewertet und allenfalls im Vorschlag berücksichtigt. Dieser wird anschliessend im Parlament behandelt. Dort kann ein Gesetz ein weiteres Mal verändert werden, und schliesslich kann es – falls darüber abgestimmt wird – vom Volk angenommen oder abgelehnt werden. Dieser Mechanismus ist ein wesentliches Element der Schweizer Konkordanzdemokratie.

Übrigens: An einer Vernehmlassung darf sich jedermann beteiligen, auch wenn er oder sie nicht dazu eingeladen wurde.

ENDE APRIL 2016 waren beim Bund 21 Vernehmlassungsverfahren hängig, acht davon vom Departement des Inneren. Mit unterschiedlicher Bedeutung: Es lief eine Vernehmlassung zur Teilrevision des Gesetzes und der Verordnung über die Unternehmensidentifikationsnummer, eine andere zur Änderung des Erbrechts mit Verkleinerung oder Abschaffung der Pflichtteile für Ehegatten und Eltern sowie Besserstellung von Lebenspartnern.

Im Kanton Basel-Landschaft waren zwölf Verfahren im Gang, die meisten zu Themen des Sozial-, Gesundheits- und Schulwesens.

Die Gemeinde Wohlen BE lud ein zur Vernehmlassung über die Anpassungen von Rechtsgrundlagen wie der Gemeindeverfassung sowie des Abstimmungs- und Wahlreglements im Zug einer Reform der politischen Strukturen.

Informellere Prozesse auf lokaler Ebene
Solche Prozesse werden grundsätzlich beim Bund, in den Kantonen und den Gemeinden verwendet, um die politischen Kräfte einzubinden. Ausser Gesetzen werden zudem Finanzvorhaben oft auf dem Weg der Ver-

nehmlassung erarbeitet; bei einer Gemeinde kann das beispielsweise der Kredit für ein neues Alterszentrum sein. Andere Beispiele sind Leitbilder, Reglemente oder Gemeindefusionen.

Auf lokaler Ebene wird das Vernehmlassungsverfahren zwar auch eingesetzt, aber die Meinung der Bevölkerung und der Interessengruppen kommt vor allem auf direkte Art zum Ausdruck. Die Aufgaben in den – kleineren – Gemeinden sind zudem weniger stark im parteipolitischen Raster zu erfassen: Der Bau eines Schulhauses oder einer Strasse oder die Erneuerung der Kanalisation ist grundsätzlich weder ein rechtes noch ein linkes Anliegen. Beim Bau eines Schulhauses deponiert vielleicht ein Sportverein, der die Turnhalle mitbenutzen will, seine Anliegen. Beim Bau einer Strasse äussern sich die Bewohnerinnen und Bewohner, die entweder eine bessere Erschliessung ihrer Liegenschaft erhoffen oder mehr Verkehrslärm befürchten.

Es ist gut möglich, dass ein Mitglied des örtlichen Sportvereins oder eine Anwohnerin im Gemeinderat oder in einer anderen Behörde sitzt und die eigenen Anliegen direkt dort einbringen kann. Dies und die

---

DIE GEWALTENTEILUNG: LEGISLATIVE, EXEKUTIVE, JUDIKATIVE

Es ist ein Grundprinzip in demokratischen Staaten, dass die Staatsgewalt auf drei Organe aufgeteilt ist, die voneinander unabhängig sind. Auch in der Schweiz gilt diese Gewaltenteilung. Auf jeder der drei politischen Ebenen – Bund, Kantone und Gemeinden – «machen» jeweils zwei verschiedene Institutionen die Politik: Die eine arbeitet die Gesetze aus und beschliesst sie; sie wird als Legislative bezeichnet. Die andere führt diese Gesetze aus; sie wird als Exekutive bezeichnet.

- Die **Legislative** ist auf Bundesebene das Parlament, die Bundesversammlung, bestehend aus National- und Ständerat. Auf der Ebene der Kantone ist es der Kantonsrat beziehungsweise der Grossrat oder der Landrat. Auf der Ebene der Gemeinden ist es entweder – in den kleinen Gemeinden – die Gemeindeversammlung oder – in grösseren Gemeinden und Städten – der Einwohnerrat, auch als Grosser Gemeinderat bezeichnet.
- Die **Exekutive** bilden auf den drei Ebenen der Bundesrat, der Regierungsrat sowie der Gemeinderat.
- Die klassische Gewaltenteilung, die in den meisten demokratischen Staaten gilt, kennt noch eine dritte Gewalt, die **Judikative**. Sie «macht» keine Politik und keine Gesetze; sie kontrolliert, ob die Gesetze eingehalten werden.

Qualität der persönlichen Beziehungen führen dazu, dass die politischen Entscheide tendenziell nach eher informellen Regeln gefällt werden. Das Zusammenraufen ist auch hier erforderlich, aber der Kompromiss wird vielleicht erst nach der Gemeinderatssitzung beim Bier in der Beiz ausgehandelt.

Im Zentrum der Macht: Wirtschaftsverbände

Zwischen der Politik und anderen Teilen der Gesellschaft bestehen viele Verflechtungen: Interessengruppen aus der Wirtschaft und anderen Bereichen schicken ihre Vertretungen in die politischen Gremien, um ihren Einfluss dort wahrzunehmen.

Auf Bundesebene sind die sichtbarsten Gruppen die Parteien. Gewissermassen in der zweiten Reihe, aber durchaus im Zentrum der Macht, stehen die grossen Verbände vor allem der Wirtschaft: Der grösste der übergeordneten Dachverbände ist Economiesuisse, der Verband der Schweizer Unternehmen. Ihm gehören 100 Branchenverbände, 20 kantonale Handelskammern sowie Einzelfirmen an, insgesamt sind es 100 000 Unternehmen mit 2 Millionen Beschäftigten. Ebenfalls einflussreich sind der Arbeitgeber- und der Gewerbeverband sowie auf der anderen Seite des politischen Spektrums der Gewerkschaftsbund.

«Mich interessiert es, wenn Leute mit unterschiedlichen Blickrichtungen zusammenkommen und zusammenarbeiten, um Lösungen zu finden. In der Dorfpolitik geht es meist nicht um Parteipolitik, sondern darum, konkrete Probleme zu lösen. Das ist für mich das Bestechende. Zwar gelingt es nicht immer – aber oft eben doch.»
Eva Hauser, Sozialbehörde Männedorf ZH, SP

Grosse Branchenverbände sind etwa Interpharma, die Interessenvertretung der Pharmaindustrie, die Schweizerische Bankiervereinigung und der Bauernverband.

Diese Organisationen nehmen Einfluss auf die Bundespolitik einerseits über Ratsmitglieder während der Ausarbeitung von Vorlagen, anderseits mit Kampagnen in der Öffentlichkeit. Selber aktiv werden mit Initiative oder Referendum können nur homogene Organisationen mit vielen Einzelmitgliedern wie der Bauernverband oder der Gewerkschaftsbund. Doch diese haben ebenfalls ihre Vertreter im Parlament sitzen und können bereits bei der Formulierung von Gesetzen mitbestimmen.

MITTE 2014 REICHTE DER BAUERNVERBAND die von 148 000 Bürgerinnen und Bürgern unterschriebene Initiative für Ernährungssicherheit ein. Sie verlangt, dass Artikel 104a der Bundesverfassung folgendermassen geändert wird: «Der Bund stärkt die Versorgung der Bevölkerung mit Lebensmitteln aus vielfältiger und nachhaltiger einheimischer Produktion [...]. Er sorgt dafür, dass der administrative Aufwand in der Landwirtschaft gering ist und die Rechtssicherheit und eine angemessene Investitionssicherheit gewährleistet sind.» Die Unterschriften waren innerhalb von nur gerade drei Monaten beisammen, schneller als bei jeder anderen Initiative in den letzten zwanzig Jahren. Der Abstimmungstermin ist noch nicht bekannt.

Viel Geld, viel Einfluss
Viele dieser Organisationen haben viel Geld zur Verfügung. Damit können sie nicht nur Inseratekampagnen vor Abstimmungen finanzieren, sondern auch Parlamentarierinnen und Parlamentarier oder Regierungsmitglieder zum Essen und auf Reisen einladen, ihnen Geschenke zukommen lassen und sie gezielt mit aufwendig gemachten Informationsunterlagen versorgen. Dies geht so weit, dass Parlamentsmitglieder fertig ausformulierte Texte von ihnen nahestehenden Verbänden oder Interessengruppen verwenden, um deren Interessen bei der Ausarbeitung eines Gesetzes oder einer Verordnung einzubringen.

Lobbys: Einfluss auf Politikerinnen und Politiker
2015 machte die «Kasachstan-Affäre» Schlagzeilen. Die Berner FDP-Nationalrätin Christa Markwalder hatte eine Interpellation eingereicht mit der Frage, wie die Schweiz den Demokratisierungsprozess in diesem Land unterstützen könne. Dann wurde publik, dass sie sich den Vorstoss von einer PR-Agentur hatte formulieren lassen, die von einem Auftraggeber in Kasachstan dafür bezahlt worden war. Der Auftraggeber hatte den Inhalt massgeblich bestimmt. In einem Zeitungsinterview sagte Markwalder: «Die Agentur hat vier Fragen vorbereitet, es war als Arbeitserleichterung für mich gedacht.»

Über Vorstösse im Nationalrat zum Thema Medikamentenpreise und Thomas Cueni, den Geschäftsführer des Branchenverbands Interpharma, schrieb der Beobachter 2012: «Lobbyist Cueni weist die Gerüchte zurück, wonach Interpharma den Motionstext formuliert habe, ‹aber wir sind selbstverständlich konsultiert worden›».

Interessengruppen für den Verkehr, für und gegen Europa

Daneben gibt es weitere Organisationen, die ebenfalls versuchen, ihren Einfluss in der Politik geltend zu machen, zum Beispiel die Verkehrsverbände TCS, ACS und VCS. In der Frage des Verhältnisses der Schweiz zu Europa haben sich zwei Gruppen auf den entgegengesetzten Seiten positioniert: einerseits die Aktion für eine unabhängige und neutrale Schweiz (Auns), deren Name bereits das Programm bezeichnet, und auf der anderen Seite die Neue Europäische Bewegung Schweiz (Nebs), die sich für einen Beitritt der Schweiz zur EU ausspricht und dies als die «sinnvollste aller Varianten, das Verhältnis zwischen der Schweiz und Europa dauerhaft zu regeln» betrachtet.

Die Auns wurde ursprünglich für das Referendum gegen den UNO-Beitritt gegründet, der 1986 mit drei Vierteln Nein-Stimmen abgelehnt wurde. Später mobilisierte sie massiv gegen den EWR-Beitritt, der im Dezember 1992 mit sehr knappem Stimmenmehr, aber deutlichem Ständemehr abgelehnt wurde.

Beide Organisationen bestehen immer noch und sind weiterhin aktiv. Doch die Auns hat heute deutlich an Bedeutung verloren, und die Nebs konnte die Bevölkerung nie in grossem Masse mobilisieren.

In den Kantonen haben die grossen Städte viel Einfluss

Auf kantonaler Ebene sieht das Bild ähnlich aus mit sichtbaren und einflussreichen Parteien, die die Parlamentsarbeit stark bestimmen, und kantonalen Verbänden, die ihren Einfluss direkt über Vertreter im Parlament oder indirekt über Kampagnen wahrnehmen. Allerdings sind die

Verhältnisse hier einfacher und übersichtlicher als auf Bundesebene: Es gibt tendenziell weniger Parteien und die Verbände sind weniger mächtig.

Einen zusätzlichen Einfluss haben dafür die grossen Städte und Gemeinden: Im Kanton Genf beispielsweise leben 40 Prozent der Kantonsbevölkerung in der Stadt, im Kanton Zürich macht die Stadt knapp 30 Prozent aus. Die Situation in Basel ist speziell: 90 Prozent leben in der Stadt – ausser ihr gehören nur noch die beiden Gemeinden Riehen und Bettingen zum Kanton Basel-Stadt. Die Stadt Basel hat denn auch keine eigene Exekutive und Legislative, diese Funktionen übernehmen die Kantonsgremien Regierungsrat und Grosser Rat.

DREI ORGANE: STIMMBÜRGER, PARLAMENT, REGIERUNG

Das politische System der Schweiz kennt auf allen Ebenen – Bund, Kantone, Gemeinden – drei Entscheidungsorgane:

- Die **Stimmbürgerinnen und Stimmbürger** als höchste Instanz – der Souverän – entscheiden über die wichtigen Fragen, insbesonders über Verfassungsänderungen und wichtige finanzielle Vorlagen. Dies geschieht per Volksabstimmung, zum Teil auch per Initiative und Referendum; in den Kantonen Appenzell Innerrhoden und Glarus entscheiden die Stimmbürger an der Landsgemeinde und in vielen Gemeinden an der Gemeindeversammlung. Stimmberechtigt sind Personen, die mindestens 18 Jahre alt sind – Ausnahme: im Kanton Glarus 16 Jahre –, das Schweizer Bürgerrecht haben und im Kanton oder in der Gemeinde wohnhaft sind.
- Das **Parlament** entscheidet über die zweitwichtigste Ebene, das sind vor allem die Gesetze. Die Stimmbürgerinnen und Stimmbürger haben Möglichkeiten, diese Entscheide zu korrigieren.
- Die **Regierung** – Bundesrat, Regierungsrat, Gemeinderat – hat die Kompetenz, innerhalb des vorgegebenen Rahmens untergeordnete Entscheide zu treffen. Das sind beispielsweise Bundesbeschlüsse und Verordnungen, die die Gesetze konkretisieren. Auf diese Entscheide hat das Stimmvolk in der Regel keinen Einfluss.

Die stärksten Volksrechte: Referendum und Initiative

Die wichtigsten Entscheide auf Bundesebene müssen zwingend vom Volk bestätigt werden, dies wird als **obligatorisches Referendum** bezeichnet. Das heisst, dass über alle Verfassungsänderungen und wichtigen Staatsverträge eine Volksabstimmung stattfinden muss. Zu diesen wichtigen Staatsverträgen gehörten in jüngerer Vergangenheit der Beitritt zur UNO (1986 abgelehnt, 2002 dann angenommen), der Beitritt zum EWR (1992 abgelehnt) sowie die bilateralen Abkommen mit der EU (2000 und 2005 angenommen). Eine Verfassungsänderung ist immer dann nötig, wenn der Bund eine neue Kompetenz erhalten soll.

Bei diesen Abstimmungen ist es nötig, dass sowohl die Mehrheit der Abstimmenden Ja sagt als auch die Mehrheit der Kantone (Ständemehr), damit die Vorlage angenommen ist.

Als **fakultatives Referendum** wird die Möglichkeit bezeichnet, zu verlangen, dass über neue Gesetze, über gewisse Bundesbeschlüsse und über gewisse völkerrechtliche Verträge eine Volksabstimmung abgehalten wird. Dazu braucht es die Unterschriften von mindestens 50 000 Stimmberechtigten. Wird diese Zahl erreicht, gibt es eine Volksabstimmung. Wenn bei dieser die Mehrheit der Abstimmenden Ja sagt, ist die Vorlage angenommen; eine Mehrheit der Kantone, ein Ständemehr, ist nicht nötig.

Die Bürgerinnen und Bürger haben auch das Recht, von sich aus die Revision der Verfassung zu verlangen – sie tun dies per **Initiative**. Grundsätzlich könnten sie auf diesem Weg sogar die totale Revision fordern, was allerdings seit 1848 erst einmal geschehen ist.

1934 LANCIERTE DIE FASCHISTISCHE PARTEI «Nationale Front» eine Initiative zur Totalrevision der Bundesverfassung. Sie war motiviert durch die Machtergreifung Hitlers in Deutschland; die neue Verfassung sollte die Schweiz in eine autoritäre Demokratie umwandeln. Die Initiative, auch als «Fronteninitiative» bezeichnet, wurde 1935 mit über 70 Prozent Nein-Stimmen abgelehnt.

Oft wird hingegen verlangt, dass ein einzelner Artikel in die Verfassung geschrieben, geändert oder gestrichen wird: Seit der Gründung des Bundesstaats ist dies bereits über 300-mal vorgekommen. Angenommen wurden in den letzten Jahren etwa die Zuwanderungsinitiative, die

> **WIE VIELE UNTERSCHRIFTEN BRAUCHT ES FÜR INITIATIVE UND REFERENDUM?**
> Damit ein fakultatives Referendum zustande kommt, braucht es auf Bundesebene die Unterstützung von mindestens 50 000 Stimmberechtigten, die dies mit ihrem Namen und ihrer Unterschrift bezeugen. Im Kanton Uri mit 36 000 Einwohnern genügen 450 Unterschriften, im Kanton Zürich mit 1,4 Millionen Einwohnern 3000.
> Für eine Volksinitiative braucht es auf Bundesebene 100 000 Unterschriften, im Kanton Uri 600, im Kanton Zürich 6000. ∎

Abzockerinitiative oder die Zweitwohnungsinitiative. Um eine Initiative für eine Verfassungsänderung einzureichen, braucht es die Unterschriften von mindestens 100 000 Stimmberechtigten. Damit sie angenommen wird, braucht es ein Ja von mindestens der Hälfte der Stimmenden sowie von der Mehrheit der Kantone, also das Ständemehr.

Nicht möglich ist es, per Initiative ein neues Bundesgesetz zu verlangen. Die Gesetze macht das Parlament, nicht das Volk.

Wenn Volk und Stände sich widersprechen

Gelegentlich kommt es vor, dass Volksmehr und Ständemehr unterschiedliche Ergebnisse zeitigen. Seit 1848 scheiterten neun Vorlagen, die das Volksmehr erreichten, am Ständemehr. Die beiden letzten waren das obligatorische Referendum zum Bundesbeschluss über erleichterte Einbürgerung junger Ausländer (1994) mit 52,8 Prozent Ja-Stimmen, aber 13 ablehnenden Standesstimmen gegenüber 10 annehmenden sowie 2013 das obligatorische Referendum zum Bundesbeschluss über den Familienartikel mit 54,3 Prozent Ja-Stimmen, aber demselben Ständemehr wie 1994 (siehe auch Seite 70).

Der umgekehrte Fall ereignete sich bisher viermal. Zuletzt wurde im Frühling 2016 die Volksinitiative der CVP «Für Ehe und Familie – gegen die Heiratsstrafe» mit 50,8 Prozent Nein-Stimmen abgelehnt, aber von den Ständen mit 6,5 Nein zu 16,5 Ja angenommen.

Die Auswirkungen von Initiativen und Referenden

Die Werkzeuge der Initiative und des Referendums führen nicht dazu, dass das Volk die Gesetze «macht» – ausser in wenigen Einzelfällen. Ihre Wirkung ist mehrheitlich die, dass damit die Politik des Parlaments korrigiert wird.

Allein schon die Tatsache, dass Initiativen eingereicht und Referenden ergriffen werden können, beeinflusst die Politik von Regierung und Parlament. Bekannt ist der Ausdruck «Referendumsdrohung»: Interessengruppen wie Parteien oder Verbände kündigen an, über ein Gesetz eine Volksabstimmung zu erzwingen, wenn dieses nicht nach ihren Vorstellungen ausfällt. Dies zeigt immer wieder Wirkung.

Klar ist denn auch: Die Volksrechte Initiative und Referendum werden nicht von einem abstrakten «Volk» benutzt, sondern von konkreten Gruppen mit ebenso konkreten Interessen. Diese können den Anliegen und Bedürfnissen anderer Gruppen durchaus entgegenstehen. Bestimmte Gruppen haben zudem die finanziellen Mittel, um Abstimmungen zu beeinflussen, was nicht unproblematisch ist.

INFO *Was oft vergessen wird: Alle Bewohnerinnen und Bewohner ohne Schweizer Bürgerrecht sind von dieser Art der politischen Einflussnahme ausgeschlossen. Sich an die Gesetze halten und Steuern bezahlen müssen sie dennoch – das ist eine gewisse Diskriminierung.*

Referendum und Initiative in den Kantonen und Gemeinden

Auf der Ebene der Kantone gilt im Wesentlichen das gleiche System wie beim Bund. Allerdings kann die Stimmbevölkerung hier per Initiative auch die Einführung von Gesetzen verlangen. In einigen Kantone muss jede Gesetzesänderung per Volksabstimmung autorisiert werden, und in vielen gilt dies auch für Finanz- und Verwaltungsbeschlüsse.

Die Regelungen für die Gemeinden legen die Kantone fest, sie sind deshalb sehr unterschiedlich. Im Aargau beispielsweise sieht das Gemeindegesetz über das fakultative Referendum in Artikel 31 Folgendes vor: «Positive und negative Beschlüsse der Gemeindeversammlung sind der Urnenabstimmung zu unterstellen, wenn dies von einem Zehntel der Stimmberechtigten innert 30 Tagen, gerechnet ab Veröffentlichung, schriftlich verlangt wird. Die Gemeinde-

> *«In der Geschäfts- und Rechnungsprüfungskommission habe ich gelernt: Du bist nicht mehr Parteimensch, sondern du musst das Geschäft durchbringen, denn du arbeitest für den Souverän. Das ist das Interessante an der Schweizer Politik.»*
>
> *Peter Nabholz, Gemeinderat und Präsident FDP Kloten ZH*

ordnung kann die Zahl der erforderlichen Unterschriften auf höchstens einen Viertel der Stimmberechtigten erhöhen.» Und zur Initiative in Artikel 22: «Durch begründetes schriftliches Begehren kann ein Zehntel der Stimmberechtigten die Behandlung eines Gegenstandes in der Versammlung verlangen. Gleichzeitig kann die Einberufung einer ausserordentlichen Versammlung verlangt werden.»

Ein wesentlicher Unterschied zwischen der Politik in den Gemeinden und auf höheren Ebenen: In der Deutschschweiz führen viele Gemeinden halbjährlich oder jährlich eine Gemeindeversammlung durch, an der die Stimmbürgerinnen und Stimmbürger ohnehin über die wichtigsten Geschäfte entscheiden, insbesondere über Rechnung und Budget.

In der Romandie, wo viele Gemeinden eine ähnliche Aufgabenteilung zwischen Exekutive und Legislative kennen wie der Bund und die Kantone, sind die demokratischen Instrumente ähnlich ausgebildet.

Unterstützung für Milizpolitiker: Verwaltungen und Kommissionen

Im Schaufenster der Politik stehen die gewählten Vertreterinnen und Vertreter von Exekutive und Legislative. Doch den überwiegenden Teil der täglichen Arbeit erledigen andere: die Angestellten der Verwaltung und die Mitglieder von Kommissionen.

Beim Bund, in den Kantonen und vor allem in den grösseren Gemeinden gibt es neben den gewählten Parlaments- und Regierungsmitgliedern eine Gruppe von Personen, die in einem Angestelltenverhältnis in der Politik tätig sind: die Verwaltung. Deren Abteilungen – bei Bund und Kantonen auch als Ämter bezeichnet – sind den Departementen oder in den Gemeinden den Ressorts zugeordnet.

Verwaltungen: sehr gross bis inexistent

Die Verwaltung entlastet die politischen Repräsentanten von der alltäglichen, der operativen Arbeit. In grossen Gemeinden und Städten haben die gewählten Mitglieder der Regierung vor allem die Aufgabe, Geschäfte gegenüber der Öffentlichkeit oder dem Parlament zu vertreten. Da aber die Geschäfte auch in mittelgrossen und kleinen Gemeinden immer komplexer werden, setzen auch diese immer mehr auf starke und kompetente Verwaltungen. Einzelentscheide fällen nicht mehr der Gemeinderat oder die Gemeindeversammlung, sondern die angestellten Fachleute der Verwaltung.

Diese Verwaltungen sind unterschiedlich gross. Grundsätzlich gilt: Je grösser eine politische Körperschaft, desto grösser ist auch die Verwaltung – allerdings ist das Verhältnis nicht proportional. Die Bundesverwaltung für das ganze Land mit 8,3 Millionen Einwohnerinnen und Einwohnern beschäftigt 37 000 Personen, die Verwaltung des Kantons Zürich mit 1,4 Millionen Einwohnern hat 32 000 Angestellte, das sind mehr als doppelt so viele, wie der kleinste Kanton Appenzell Innerrhoden überhaupt Bewohner hat. Dessen Verwaltung für 15 000 Einwohner beschäftigt knapp 250 Personen. Die Stadtverwaltung Zürich (400 000 Einwohner) umfasst 28 000 Mitarbeiter. Gänsbrunnen SO mit weniger als 100 Einwohnern führt auf der Website 4 Personen in der Verwaltung auf, Hospental UR (200 Einwohner) hat seine Verwaltung gleich ganz an die Nachbargemeinde Andermatt ausgelagert.

VERWALTUNGSSTELLEN NACH GEMEINDEGRÖSSEN

Gemeindegrösse (Einwohnerzahl)	Verwaltungsstellen (Vollzeit)
bis 500	1,8
500 bis 1000	4,9
1000 bis 5000	25,8
5000 bis 10 000	106,0
über 10 000	345,2

Quelle: Handbuch der Schweizer Politik

Die Bedeutung der Verwaltung
In den grossen Kantonen sind die Verwaltungen sehr ausdifferenziert, in den kleinen sind die einzelnen Verwaltungsmitglieder oft in verschiedenen Funktionen tätig.

Die Bedeutung der kantonalen Verwaltungen zeigt folgende Zahl: 45 Prozent aller öffentlichen Angestellten in der Schweiz arbeiten in einer Kantonsverwaltung. Seit 1950 hat ihre Zahl zugenommen, vor allem weil die Kantone vom Bund mehr Vollzugsaufgaben übernommen haben. Anderseits ist die Zahl der Ämter von 1990 bis 2010 um rund ein Viertel gesunken, weil die meisten Kantone unter dem Titel New Public Management ihre Verwaltungen reformiert und verschlankt haben.

Verwaltung und gewählte Politiker: zwei unterschiedliche Systeme
Mit den beiden Gruppen der gewählten Politiker einerseits und der Verwaltung anderseits treffen zwei Systeme aufeinander, die grundsätzlich unterschiedlich funktionieren, aber möglichst reibungslos zusammenarbeiten müssen.

Da sind zum einen die gewählten Vertreterinnen und Vertreter der Bevölkerung im Gemeinderat, Regierungsrat oder Bundesrat sowie in den Parlamenten auf allen Ebenen. In diesem System müssen die Akteure für Probleme Lösungen entwickeln, indem sie miteinander verhandeln und einen Konsens oder Kompromiss finden. Wer sich durchsetzen will, muss eine Mehrheit finden, die ihn oder sie unterstützt. Die Position der unterliegenden Minderheit sollte nach Möglichkeit respektiert werden. Hier sind die Tugenden der Schweizer Konkordanzdemokratie gefragt.

Das andere System ist das der Verwaltung: Ähnlich wie in der Wirtschaft sind hier in personeller Hinsicht klare Hierarchien und bei den Abläufen formalisierte Strukturen und Prozesse wichtig. Entscheide und Problemlösungen werden nicht durch Verhandeln und Konsensfinden erzielt, sondern

«Es ist schon so, dass man sich mit Dingen beschäftigen muss, mit denen man dies lieber nicht tun möchte. Ich musste zu Geschäften reden, die mich auch dann noch nicht interessierten, nachdem ich mich gründlich damit auseinandergesetzt hatte. Aber das ist in der Schweiz so, es geht nur mit kleinen Schritten voran. Es braucht Geduld.»

David Berger, Mitglied Grosser Gemeinderat Winterthur, Alternative Liste

durch klare Regeln, Kompetenzen, definierte Handlungsbereiche und Abläufe. Zudem soll die Verwaltung möglichst effizient arbeiten, was bei Gremien aus gewählten Politikern nur bedingt der Fall ist.

Fällen viele Entscheide in Sachfragen: Kommissionen

Wichtige Akteure des politischen Entscheidungsapparats sind die Kommissionen: Im Bund, in den Kantonen und in den Gemeinden stehen sie neben der Exekutive und der Legislative und beraten und unterstützen diese. Es gibt verschiedene Formen: parlamentarische und ausserparlamentarische Kommissionen, ständige und solche, die ad hoc für einen bestimmten Zweck und einen begrenzten Zeitraum gebildet werden. Sie können ganz unterschiedlich zusammengesetzt sein: nur aus gewählten Politikern, nur aus Beamten, nur aus externen Fachleuten oder aus diesen Gruppen gemischt.

Kommissionen für dieses und jenes – eigentlich für alles
Der National- und der Ständerat haben allein je elf ständige Kommissionen mit 25 beziehungsweise 13 Mitgliedern aus dem jeweiligen Rat, das sind insgesamt über 200 Kommissionssitze. Hinzu kommen sehr viele weitere ausserparlamentarische Kommissionen des Bundes von der beratenden Kommission für internationale Zusammenarbeit bis zum Schweizerischen Delegierten in der internationalen ständigen Kommission des Internationalen Verbands für Schifffahrtskongresse.

Ausserparlamentarische Kommissionen unterstützen als Milizorgane die Politik mit speziellen Kenntnissen, die sonst in der Verwaltung aufgebaut oder bei externen Fachleuten eingekauft werden müssten. Ein weiterer durchaus gewünschter Effekt ist, dass diese Personen die Interessen von Organisationen aus Politik, Wirtschaft und Gesellschaft vertreten und so, wie es der Bund selber formuliert, «eine mehr oder weniger direkte Einflussnahme auf die Tätigkeit der Verwaltung» ausüben können (zu den Kommissionen auf Gemeindeebene siehe Seite 107).

DER BUND HAT HUNDERTE ausserparlamentarische Kommissionen, auf Ebene der Kantone gibt es sogar noch mehr. Wie in allen Bereichen sind auch hier die Unterschiede gross: Im Tessin gibt es drei ständige Parlamentskommissionen, in Genf mehr als zwanzig.

«Die Professionalität muss von der Verwaltung gewährleistet werden.»

STEPHAN OCHSENBEIN ist Stadtverwalter von Nidau, einer Kleinstadt im Berner Seeland. Er steht einer starken Verwaltung vor, die den Gemeinderäten die operative Arbeit abnimmt.

Haben Sie in Nidau Probleme, Personal für die politischen Ämter zu finden?
Die sucht ja nicht die Gemeinde, das tun die Parteien. Doch wir haben ein gesundes Politiksystem mit vielen aktiven und lebendigen Parteien. Meines Wissens haben diese zwar gelegentlich Mühe, genügend Leute zu finden, aber sie sind sehr engagiert und so haben wir jeweils mehr als genug gute Kandidaten.

Wie gross ist das Pensum für einen Gemeinderat in Nidau?
Es wird mit rund 20 Prozent veranschlagt, für das Stadtpräsidium sind es rund 40 Prozent; die Leute werden mit entsprechenden Pauschalen honoriert. Damit sollen die Reduktion im Beruf und daraus entstehende Einbussen kompensiert werden. 20 Prozent entsprechen einem Tag oder zwei Halbtagen pro Woche. Meines Wissens hat aber niemand von den aktuellen Exekutivmitgliedern das berufliche Pensum reduziert, sie machen ihre Arbeit nebenbei.

Was sind die Aufgaben eines Gemeinderatsmitglieds?
Dazu gehört vor allem eine Sitzung pro Woche mit der Verwaltung, hinzu kommen weitere externe Verpflichtungen in Gremien der Agglomeration und der Region, das Studium der Unterlagen und die Gemeinderatssitzungen. Die Stadtpräsidentin hat zusätzlich viele Repräsentationsaufgaben.

Das klingt nicht gerade nach einer grossen Arbeitsbelastung.
Hier ist es nicht so wie in kleinen Gemeinden, wo die Gemeinderäte viel selber machen müssen und in verschiedenen Kommissionen einsitzen. In Nidau haben wir nur parlamentarische Kommissionen. Die Geschäfte der Gemeinderäte werden von der Verwaltung vorbereitet; diese ist stark professionalisiert.

Wie arbeiten die Gemeinderäte und die Verwaltung zusammen?
Jeder Gemeinderat betreut ein Ressort. Die Abteilungen der Verwaltung sind mit diesen nicht deckungsgleich. Eine Verwaltungsabteilung kann also durchaus für zwei Ressorts tätig sein.

Gibt das nicht Koordinations-, Abgrenzungs- und Kompetenzprobleme?
Gemeinderat und Verwaltung strukturieren sich jeweils so, dass es für sie stimmt. Das ist die beste Variante. So wäre es beispielsweise möglich, dass der Gemeinderat die Finanzen und die Liegenschaften in einem Ressort zusammenlegt, wenn sich dies als sinnvoll erweisen sollte. Die Ratsmitglieder müssen die politische Verantwortung tragen. Aber sie sind nicht Vorgesetzte der Verwaltungsabteilungen und deren Mitarbeitenden.

Müssen die Gemeinderatsmitglieder überhaupt fachlich etwas von ihren Ressorts verstehen?
Es ist sicher von Vorteil, wenn etwa der Finanzvorsteher ein Finanzfachmann ist, aber es ist nicht zwingend notwendig. Unser System basiert auf der Trennung zwischen operativen und strategischen Aufgaben. Die Professionalität muss – wie allgemein in den grösseren Gemeinden und den Städten – von der Verwaltung gewährleistet werden. Diese bereitet die Geschäfte vor: Sie erstellt für jedes Geschäft eine detaillierte Vorlage. Die Ratsmitglieder erhalten diese zur Vorbereitung ihrer Diskussionen und der Entscheide im Voraus. Sie müssen auch nicht selber eine PowerPoint-Präsentation erstellen, das macht ebenfalls die Verwaltung für sie. Das heisst aber nicht, dass das Einlesen in die Sachgeschäfte nicht aufwendig ist.

Gibt damit ein Gemeinderatsmitglied nicht einfach die Verantwortung ab?
Die politische Verantwortung trägt sowieso immer der Gemeinderat als Gesamtbehörde. Man könnte sich vorstellen, dass ausser dem Stadtpräsidenten überhaupt kein Gemeinderatsmitglied ein eigenes Ressort hätte. Es wäre übrigens sehr interessant zu sehen, ob sich mit einem solchen System die Gemeindepolitik verändern würde.

FUSION VERBOTEN
Nidau BE hat 7000 Einwohnerinnen und Einwohner und ist praktisch mit Biel zusammengewachsen. 1920 wollten die beiden Gemeinden fusionieren, doch Parlament und Regierung des Kantons Bern, bürgerlich dominiert, verboten den Zusammenschluss aus Angst vor einem zu mächtigen linken Biel. In den vergangenen Jahren wehrte sich das bürgerliche Nidau gegen eine Fusion. Nidau hat einen siebenköpfigen Gemeinderat (Exekutive) und einen dreissigköpfigen Stadtrat (Parlament).

Subsidiaritätsprinzip: Kompetenzdelegation von oben nach unten

Der Begriff ist sperrig: Subsidiaritätsprinzip. Er bedeutet, dass die obere Ebene grundsätzlich nur für das zuständig ist, was nicht auf der unteren Ebene bewältigt werden kann. Oder einfacher gesagt, dass die Aufgaben möglichst weit «unten», bei den Bürgerinnen und Bürgern und von ihnen selber gelöst werden sollen. Deshalb haben die Kantone wie auch die Gemeinden in der Schweiz eine starke Position, die in der Bundesverfassung festgeschrieben ist.

Das Subsidiaritätsprinzip gilt durchgängig: Der Bund übernimmt gemäss Artikel 43 «nur die Aufgaben, welche die Kraft der Kantone übersteigen oder einer einheitlichen Regelung durch den Bund bedürfen». Die Kantone «sind souverän, soweit ihre Souveränität nicht durch die Bundesverfassung beschränkt ist; sie üben alle Rechte aus, die nicht dem Bund übertragen sind» (Artikel 3); sie sind zuständig für die Umsetzung des Bundesrechts (Artikel 46). Und «die Gemeindeautonomie ist nach Massgabe des kantonalen Rechts gewährleistet» (Artikel 50).

Das heisst, vereinfacht gesagt, dass die Kantone alles bestimmen können, was nicht der Bund bestimmt, und die Gemeinden alles, was nicht die Kantone bestimmen. So haben sowohl die Kantone wie die Gemeinden das Recht, Steuern zu erheben und deren Höhe selber zu bestimmen – und sie tun dies bekanntlich auch (siehe auch Seite 17, 69 und 72).

Die Kantone dürfen beim Bund mitreden

Die Kantone können nicht nur alles bestimmen, was nicht dem Bund zusteht. Sie dürfen auch mitbestimmen, was der Bund tun soll. Dazu haben sie das Mittel der Standesinitiative zur Verfügung, mit der sie eine Revision der Bundesverfassung verlangen können. Je nach Kanton ist es das Parlament oder das Stimmvolk, die eine solche Initiative einreichen können. Allerdings führt eine Standesinitiative nicht direkt zu einer

Verfassungsänderung oder einer Volksabstimmung, es handelt sich nur um einen Antrag an die Bundesversammlung. Lehnt der Nationalrat oder der Ständerat sie ab oder können sich die beiden Räte nicht einigen, passiert nichts weiter.

Ein Pendant zur Standesinitiative ist das Kantonsreferendum: Acht Kantone gemeinsam können eine Volksabstimmung über ein Bundesgesetz, einen verbindlichen Bundesbeschluss oder über bestimmte Staatsverträge verlangen. Erst einmal in der Geschichte der Schweiz hatte ein solches Kantonsreferendum Erfolg: 2004 bei der Ablehnung des Steuerpakets des Bundes.

Viel Macht für die Kantone

Die politischen Systeme der Kantone sind sehr ähnlich wie die des Bundes: Ein Parlament ist für die Schaffung von Gesetzen und anderen Regeln zuständig, und eine Regierung setzt diese zusammen mit der Verwaltung um.

Die Exekutivbehörden in den Kantonen werden – anders als im Bund und in den Gemeinden – korrekt als das bezeichnet, was sie sind: als

---

STANDESINITIATIVEN – BEISPIELE

Das Instrument der Standesinitiative wird rege genutzt: In der 49. Legislaturperiode des eidgenössischen Parlaments von 2011 bis 2015 wurden 89 solche Vorstösse eingereicht, in der vorhergehenden 129; noch früher waren es jeweils deutlich weniger.

Allein in der Zeit von Juni 2014 bis November 2015 hat der Kanton Bern fünf Standesinitiativen eingereicht:
- Prioritäre Berücksichtigung der Engpassbeseitigung Bern-Wankdorf–Muri
- Umsetzung neuer Aufgaben im Naturschutz
- Die zentrale Staatsaufgabe «Sicherheit» muss wieder ernst genommen werden.
- Evaluation von KVG-widrigen Wettbewerbsverzerrungen
- Höhere Bundesbeiträge für den Hochwasserschutz

Den beiden ersten Standesinitiativen hat der Ständerat «keine Folge» gegeben, sie also abgelehnt. Die anderen drei wurden vom Parlament noch nicht behandelt.

Doch es gibt auch Standesinitiativen zu gesamtschweizerischen Themen: 2011 reichte der Kanton Schwyz eine solche ein, um die Regelungen des Nationalen Finanzausgleichs NFA abzuändern zugunsten der Geberkantone – also der reicheren, die für die ärmeren zahlen und zu denen Schwyz gehört. Die Initiative wurde vom Ständerat abgelehnt. Aber die Neuregelung des NFA bleibt ein Thema.

Regierung oder Regierungsrat. Der Vorsitzende ist in den einen Kantonen der Regierungspräsident, in den anderen der Landammann. Die Exekutiven bestehen je nach Kanton aus fünf oder sieben Mitgliedern, die dem Kollegialitätsprinzip verpflichtet sind.

IM KANTON APPENZELL INNERRHODEN ist alles ein wenig anders: Die Regierung heisst hier «Standeskommission», der Vorsteher «Regierender Landammann» und sein Stellvertreter, der ihn nach zwei Jahren ablöst, «Stillstehender Landammann». Der Finanzvorsteher heisst «Säckelmeister», der Vorsteher des Land- und Forstwirtschaftsdepartements «Landeshauptmann», derjenige des Bau- und Umweltdepartements «Bauherr» und der des Justiz-, Polizei- und Militärdepartements «Landesfähnrich». Ein Unikum ist auch, dass die Standeskommission die drei Departemente Volkswirtschaft, Erziehung sowie Gesundheit und Soziales selber zuteilt, die Vorsteher der anderen Departemente hingegen von der Bevölkerung an der Landsgemeinde direkt gewählt werden. Im Parlament gibt es zudem keine Fraktionen, die Parteizugehörigkeit spielt keine Rolle. Hingegen gibt es feste Interessengruppen aus Bauern-, Gewerbe- und Arbeitnehmerkreisen.

In allen Kantonen wählt das Volk die Regierung, in allen Kantonen ausser dem Tessin nach dem Mehrheits-, also dem Majorzsystem. In der Regel geschieht dies in zwei Wahlgängen, wobei im ersten das absolute, im zweiten das relative Mehr nötig ist.

In allen Kantonen ausser Appenzell Innerrhoden und Uri sind die Regierungsämter Vollämter. Die Regierungsräte sind jeweils für ein Departement verantwortlich. Das Amt des Regierungspräsidenten wechselt in den meisten Kantonen wie das des Bundespräsidenten jedes Jahr, und der Regierungspräsident hat wie der Bundespräsident keine wesentlichen anderen Befugnisse als seine Kollegen.

Kantonsparlamente: nicht sehr starke Position
Allgemein ist die Position der kantonalen Parlamente gegenüber ihren Regierungen eher schwächer als die der Bundesversammlung. Dies aus zwei Gründen: Einerseits sind die Volksrechte in den Kantonen relativ stark ausgebaut. So kennen – anders als der Bund – alle die Gesetzesinitiative und das Finanzreferendum. Es gibt zudem Kantone mit obligato-

rischem Gesetzesreferendum und solche, in denen das Parlament per Volksinitiative abberufen werden kann. Anderseits werden die Regierungsräte überall vom Volk und nicht vom Parlament gewählt und haben somit eine höhere Legitimation. Hinzu kommt, dass die Parlamente vor allem in den kleineren Kantonen wirklich noch Milizparlamente sind.

Allerdings ist der Einfluss der Parlamente sehr unterschiedlich je nach Kanton: In Genf, Freiburg und Bern ist das Kräfteverhältnis gegenüber den Regierungen einigermassen ausgeglichen. Allgemein sind die Regierungen der Kantone mit grossen Städten weniger dominant als die der anderen. Die schwächste Position haben die Parlamente in Appenzell Innerrhoden und Glarus, wo sie im Wesentlichen die Aufgabe haben, Vorlagen zuhanden der Landsgemeinde vorzubereiten.

Kantonale Parlamente: grosse Unterschiede
Auch die Grösse der kantonalen Parlamente ist sehr unterschiedlich. Grössere Kantone haben grössere Parlamente; allerdings sind die Verhältnisse nicht proportional. Der grosse Rat des Kantons Appenzell Innerrhoden, das Parlament, besteht aus 50 Mitgliedern. Diese treffen sich fünfmal jährlich zu eintägigen Sessionen. Halbtägige Sitzungen werden mit 80 Franken, ganztägige mit 160 Franken honoriert. Der Zürcher Kantonsrat zählt 180 Mitglieder, er trifft sich ausser in den Schulferien jeden Montagmorgen. Die Politiker erhalten eine Grundentschädigung inklusive Spesen von 6800 Franken pro Jahr plus 200 Franken pro Sitzung.

Vollzug der Bundespolitik – eine wichtige Aufgabe der Kantone

Es ist der Öffentlichkeit nicht sehr bewusst und wird auch oft anders wahrgenommen: Der Bund hat nicht sehr viele Kompetenzen und Mittel, um dafür zu sorgen, dass Gesetze und andere Regeln eingehalten werden. Dafür sind meist die Kantone verantwortlich. Denn es ist ein grundsätzliches Prinzip, dass der Bund die wichtigen Gesetze erlässt, aber die Kantone sie vollziehen. Artikel 46 der Bundesverfassung legt fest: «Die Kantone setzen das Bundesrecht nach Massgabe von Verfassung und Gesetz um. [...] Der Bund belässt den Kantonen möglichst grosse Gestaltungsfreiheit und trägt den kantonalen Besonderheiten Rechnung.»

👁 **DAS STRASSENVERKEHRSGESETZ** ist ein Bundesgesetz und gilt in der ganzen Schweiz gleich. Aber seine Durchsetzung, zum Beispiel mit Geschwindigkeitskontrollen, übernehmen die kantonalen Polizistinnen und Polizisten; der Bund hat keine Verkehrspolizei.

NFA – drei Buchstaben mit grosser Bedeutung

Ein wichtiges Instrument dieser Aufgabenteilung zwischen Bund und Kantonen ist der 2008 in Kraft getretene Neue Finanzausgleich (NFA): Der Begriff «Finanz» suggeriert, dass es hier nur ums Geldverteilen gehe, was nicht der Fall ist. Der NFA beinhaltet neben einem System der Finanzen zwischen Bund und Kantonen sowie zwischen den Kantonen untereinander eine umfassende Regelung der Aufgabenteilung.

Eingeführt wurde der NFA, weil vorher im Lauf der Jahre und Jahrzehnte die Zahl der Aufgaben von Bund und Kantonen massiv zugenommen hatte. Beispiele dafür sind die stark gewachsene Infrastruktur, beispielsweise von Bahn und Strasse, die erstellt, betrieben und unterhalten sein muss, oder die Sozialpolitik. Entstanden war ein immer wirreres Dickicht von Verpflichtungen, Abhängigkeiten, Verknüpfungen organisatorischer und finanzieller Art. Die Kompetenzen und Aufgaben waren unklar geregelt. Der NFA brachte eine Entflechtung der Aufgaben und klärte die Verantwortlichkeiten.

Die Konkordate der Kantone

Neben dem vertikalen Föderalismus gibt es auch einen horizontalen: Vereinbarungen oder Verträge der Kantone untereinander ohne den Bund – die Konkordate. Ihr Hauptzweck ist die Koordination und Zusammenarbeit zwischen den Kantonen; weitere Zwecke sind die gegenseitige Information und der Erfahrungsaustausch sowie die gemeinsame Vertretung kantonaler Interessen gegenüber dem Bund. Weniger formell sind die Konferenzen der Kantone (siehe Kasten).

Zurzeit gibt es rund 800 solche Konkordate. Geografisch bestehen vier Schwerpunkte mit besonders engen Verflechtungen: die Ostschweiz inklusive Zürich, die lateinischen Kantone, die Nordwestschweiz sowie die Zentralschweiz. Inhaltlich geht es vor allem um die Finanz- und Steuerpolitik einerseits und um Wissenschaft und Kultur anderseits.

Auch zwischen den Gemeinden gibt es ähnliche Vereinbarungen, meist Zweckverband genannt (mehr dazu auf Seite 109).

> **DIE KONFERENZEN DER KANTONE**
> Ein für den horizontalen Föderalismus wichtiges formales Gremium ist die **Konferenz der Kantone** (KdK). Sie soll den allgemeinen Informationsaustausch unter den Kantonen stärken und eine gemeinsame Position gegenüber dem Bund ermöglichen. Gebildet wurde sie nach der Abstimmung über das EWR-Abkommen von 1992, bei der die Kantone ihrer Ansicht nach zu wenig Einfluss auf die Verhandlungen hatten. Die KdK hat seither tatsächlich bewirkt, dass die Kantone beim Bund besser gehört werden, etwa bei der Neuordnung des Finanzausgleichs und bei der Integration von Ausländern.
>
> Zusätzlich gibt es vier **Regionalkonferenzen** der Kantone in den Regionen Westschweiz, Nordwestschweiz, Ostschweiz und Zentralschweiz.
>
> In den **Direktorenkonferenzen** schliesslich sprechen sich die Regierungsräte der verschiedenen Departemente mit ihren Kollegen aus den anderen Kantonen ab. Die wichtigste davon ist die Erziehungsdirektorenkonferenz, die über eigenes Personal und eigene Finanzen verfügt und Reglemente ausarbeiten kann. Die übrigen Konferenzen können zwar keine Gesetze erlassen, haben aber durch ihre Mitwirkung bei den Vorarbeiten trotzdem grossen Einfluss.

Starke Stellung der Kantone dank dem Zweikammersystem

Nein, nicht die Schweizer haben es erfunden, sondern die Amerikaner: das Zweikammersystem. Weil man bei der Gründung des Bundesstaats sorgfältig auf die traditionell gewachsenen Verhältnisse der Kantone achten musste und wollte, gab man diesen – den Kantonen oder Ständen – ein besonderes Instrument zur Einflussnahme in die Hand: den Ständerat. Nach dem Vorbild der Vereinigten Staaten, wo jeder der 50 Bundesstaaten zwei Abgeordnete in den Senat schickt, hat in der Schweiz jeder Kanton zwei Vertreter im Ständerat. Mit einer kleinen Unregelmässigkeit: Die sechs Kantone Basel-Stadt, Basel-Landschaft, Obwalden, Nidwalden, Appenzell Ausserrhoden und Appenzell Innerrhoden haben je nur einen.

Früher wurden diese als «Halbkantone» bezeichnet, seit der letzten Totalrevision der Bundesverfassung von 1999 gibt es den Begriff nicht mehr. Seither zählt die Schweiz offiziell 26 Kantone mit gleichem Status, ausser dass die sechs aufgeführten je nur einen Ständeratssitz und bei der Berechnung des Ständemehrs in Abstimmungen nur je eine halbe Standesstimme haben.

Der Ständerat gibt den kleinen Kantonen ein Übergewicht

Aus dem Zweikammersystem ergibt sich ein Ungleichgewicht in der Politik: 4,3 Millionen Personen, das sind über 50 Prozent der Schweizer Bevölkerung, leben in den fünf grössten Kantonen Zürich, Bern, Waadt, Aargau und St. Gallen, die zusammen 10 von insgesamt 46 Stimmen im Ständerat haben – das entspricht gut 20 Prozent. Die andere Hälfte der Bevölkerung ist von den übrigen 36 Ständeräten vertreten. Allein die acht bevölkerungsschwächsten Uri, Obwalden, Nidwalden, Glarus, Schaffhausen, Obwalden, Nidwalden, Glarus und Jura, mit total 375 000 Einwohnern – also weniger als 5 Prozent der Gesamtbevölkerung – haben 14 Ständeratssitze, das sind 30 Prozent.

«Vor dem Entscheid für eine Partei schwankte ich zwischen FDP und SVP. Aber da ich den Präsidenten der FDP persönlich kannte, ging ich mit ihm einmal mittagessen. Von dem Moment an fühlte ich mich sehr willkommen. Das hat dann zu meinem Entscheid geführt.»
Alexandra Fingerhuth-von Muralt,
Vorstand FDP.Die Liberalen Zürich 7+8

Ein Appenzeller hat 45-mal so viel Einfluss wie ein Zürcher

Was bedeutet dies? Bei Abstimmungen, die das Ständemehr erfordern, hat eine Stimme aus dem kleinsten Kanton Appenzell Innerrhoden rund 45-mal so viel Einfluss wie eine Stimme aus dem grössten Kanton Zürich. Theoretisch könnten 10 Prozent aller Schweizer Stimmberechtigten in den kleinsten Kantonen in einer Volksabstimmung, die ein Ständemehr erfordert, ein Nein erzwingen – praktisch sind es jeweils 20 bis 25 Prozent.

Ein Vorteil für die Konservativen

Eine Untersuchung über die Abstimmungen, die zwischen 1866 und 2013 trotz Volksmehrheit am Ständemehr scheiterten, hat ergeben, dass die eigentlichen Sieger dieser Bevorzugung die eher konservativen Landkantone sind: Uri, Schwyz, Obwalden, Nidwalden, Glarus, Zug, Appenzell Innerrhoden und Appenzell Ausserrhoden. Diese Regelung bevorteilt also konkret die traditionell denkende und bewahrende Schweiz. Die

Verlierer sind einerseits die Romandie und das Tessin, anderseits die grossen Städte Zürich, Basel, Bern und Genf, die gegenüber Neuerungen eher offen sind.

WAS IST AUF WELCHER EBENE GEREGELT?

So sind die Zuständigkeiten für die grossen staatlichen Aufgaben beim Bund, bei den Kantonen und den Gemeinden geregelt:

Bund
- Aussenpolitik
- Verteidigung
- Wirtschaftspolitik
- Verkehr
- Sozialwesen: AHV/IV, Arbeitslosenversicherung

Kantone
- Bildung: Kantonsschulen und Universitäten
- Gesundheit
- Öffentliche Sicherheit: Justiz und Polizei
- Eigene Finanzen
- Staatssteuern
- Sozialwesen: Sozialhilfegesetzgebung

Gemeinden
- Bildung: Primarschule
- Öffentliche Sicherheit: Gemeindepolizei, Feuerwehr
- Eigene Finanzen
- Gemeindesteuern
- Umweltschutz
- Versorgung und Entsorgung: Wasser, Elektrizität, Gas, Abfallbeseitigung
- Planung und Bauwesen
- Kultur, Sport, Freizeit

Kleine Gemeinden, grosser Einfluss

Im Verhältnis der Gemeinden zu den Kantonen gilt wie eine Ebene weiter oben das Subsidiaritätsprinzip. Der Bund schreibt den Gemeinden nichts vor, zumindest was die Ausgestaltung ihrer Gesetze und Verordnungen oder ihren Umgang mit Geld betrifft. Dies tun die Kantone, aber auch sie lassen den Gemeinden in dieser Hinsicht viele Freiheiten.

«Die Gemeindeautonomie ist nach Massgabe des kantonalen Rechts gewährleistet» – so lautet Artikel 50, Absatz 1 der Bundesverfassung. Was etwas anders ausgedrückt bedeutet: Der Bund schreibt den Gemeinden nichts vor. Weder wie sie sich organisieren, wie viel Steuern sie wie einziehen, noch wie sie das Geld ausgeben. Das überlässt er den Kantonen, von denen die meisten dafür ihre eigenen Gemeindegesetze erlassen haben. Diese regeln die Organisation, die Kompetenzen, die Ressourcen der Gemeinden.

Das Gemeindegesetz: detaillierte Regelungen

Die meisten Kantone kennen ein Gemeindegesetz, in dem die Aufgaben und Befugnisse der Gemeinden geregelt sind. Das Gemeindegesetz des Kantons Zürich zum Beispiel umfasst 168 Artikel. Es enthält unter anderem Bestimmungen zu diesen Themen:
- Formen von Gemeinden: Es gibt politische Gemeinden und Schulgemeinden (andere Kantone kennen noch weitere Formen, etwa die Kirchgemeinden).
- Bestimmungen über die Fusion von Gemeinden: Solche sind möglich, müssen aber vom Kantonsrat bewilligt werden.
- Die Gemeindeautonomie wird ähnlich wie in der Bundesverfassung garantiert: «Die Gemeinden ordnen ihre Angelegenheiten im Rahmen des übergeordneten Rechts selbstständig.»

DIE KOMPETENZEN DER KANTONE UND GEMEINDEN

Kantone
- Die Bundesverfassung garantiert ihre Existenz und ihre Grenzen.
- Sie organisieren selbständig Exekutive, Legislative und Judikative.
- Sie bestimmen ihre Behörden autonom.
- Sie haben weitgehende gesetzgeberische Kompetenzen. Sie vollziehen die Bundesgesetze.
- Sie erheben Steuern und setzen deren Höhe fest. Sie erhalten Steuergelder vom Bund, über die sie weitgehend frei verfügen können.
- Sie unterstehen keiner Kontrolle durch den Bund, ausser bei einigen Gesetzen und bei Veränderungen der Kantonsgrenzen.

Gemeinden
- Die Kantonsverfassung und implizit die Bundesverfassung garantieren ihre Existenz.
- Sie organisieren sich im Rahmen der kantonalen Vorschriften selber.
- Sie bestimmen ihre Behörden autonom.
- Sie haben die Kompetenz, Gesetze zu erlassen und zu vollziehen in Bereichen, die nicht vom Bund oder vom Kanton geregelt werden.
- Sie erheben Steuern und legen deren Höhe fest gemäss den kantonalen Vorschriften.
- Sie unterstehen der Kontrolle durch den Kanton.

Quelle: Handbuch der Schweizer Politik

- Die Gemeinden dürfen zusammen mit anderen für bestimmte Aufgaben «Anstalten errichten». Das sind etwa Zweckverbände oder andere Institutionen, die öffentliche Aufgaben für mehrere Gemeinden erfüllen.
- Bestimmungen über das Bürgerrecht
- Pflicht, ein Einwohnerregister zu führen
- Befugnisse und Organisation der Gemeindeversammlung beziehungsweise des Gemeindeparlaments
- Organisation der Behörden: Jede Gemeinde ist verpflichtet, einen Gemeindeschreiber zu beschäftigen, ebenso einen Finanzvorstand – die Zuteilung der übrigen Aufgaben eines Gemeinderats ist den Gemeinden überlassen.
- Organisation der Behörden, unter anderem des Gemeinderats

- Pflicht, eine Ortspolizei zu halten und eine entsprechende Verordnung zu erlassen.
- Bestimmungen zur Organisation der Primar- und der Oberschule.
- Pflicht, eine Rechnungsprüfungskommission einzusetzen.
- Bestimmungen über Wahlen und Abstimmungen inklusive Initiativen und Referenden.
- Bestimmungen über die Führung des Gemeindehaushalts.

Aufsicht über die Gemeinden: je nach Kanton anders

Wie stark die Kantone ihre Gemeinden beaufsichtigen, ist sehr unterschiedlich: Graubünden beispielsweise hat ein «Amt für Gemeinden». Dessen Haupttätigkeit ist der regelmässige Kontakt mit den Gemeinden und ihren Behörden und insbesondere die Beobachtung der finanziellen Situation. Wenn das Amt feststellt, dass sich eine kritische Situation anbahnt, intensiviert es zuerst die Kommunikation, schaut der betreffenden Gemeinde also genauer auf die Finger. In bestimmten Fällen, wenn eine Gemeinde ihren gesetzlichen Pflichten nicht nachkommt oder nicht nachkommen kann, erlaubt das Gesetz dem Kanton, sie zeitweilig unter Kuratel, gewissermassen unter Vormundschaft, zu stellen. Dann leitet ein Sachwalter oder eine Kommission die Geschäfte der Gemeinde.

Der Kanton Thurgau kennt keine solche Institution. Einerseits wird hier die Gemeindeautonomie hochgehalten, und man geht davon aus, dass die Gemeinden ihre Probleme selber lösen können und sollen. Die Aufsicht über die Gemeinden ist auf das Minimum beschränkt, der Kanton leistet ihnen allenfalls Unterstützung, etwa bei der Einführung von neuen Vorschriften. Anderseits haben die Gemeinden dieses Kantons durchschnittlich doppelt so viele Einwohner wie die Graubündens, stehen somit tendenziell auf soliderer Basis und sind professioneller geführt.

«Eigentlich wäre es gut, wenn alle, die ins Parlament wollen, vorher in der Exekutive gewesen wären: Die Exekutive verändert einen. Im Parlament kann man vielleicht mit der Fraktion etwas durchstieren. In der Exekutive, wo man eher allein ist, muss man lernen, mit anderen zusammenzuarbeiten.»

Christine Badertscher,
Gemeinderätin Madiswil BE, Grüne

KOMPETENZVERTEILUNG ZWISCHEN KANTONEN UND GEMEINDEN

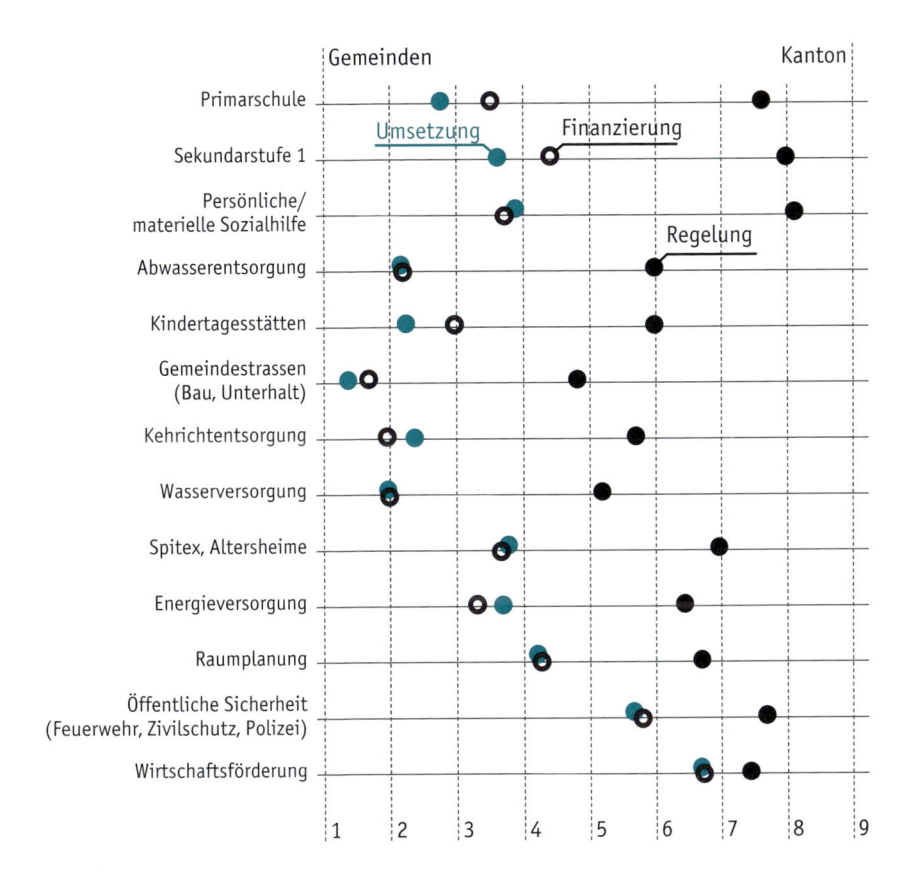

Die Grafik zeigt, welche Kompetenzen die Gemeinden in der Regelung, Finanzierung und Umsetzung von Aufgaben haben. Lesebeispiel: Die Primarschulen werden stark vom Kanton geregelt, die Gemeinden haben sehr wenig Kompetenz bei der Umsetzung wie auch bei der Finanzierung. Auch bei der Wirtschaftsförderung wird viel durch den Kanton geregelt, die Gemeinden sind aber sehr frei in der Umsetzung und der Finanzierung. Generell zeigt sich: In allen Gemeindeaufgaben reden die Kantone stark mit.

Quelle: Avenir Suisse

Die Gemeindebehörden

Wie auf allen Staatsebenen ist die eigentliche Aufgabe der Exekutiven in den Gemeinden, der Gemeinderäte, die Umsetzung der Entscheide des Gesetzgebers, also der Gemeindeversammlung oder des Gemeindeparlaments. Je nach Organisation und Grösse der Gemeinde übt die Exekutive mehr oder weniger operative Aufgaben aus; je stärker sie ins Operative eingreift, desto mehr bestimmt sie die konkrete Politik im Alltag mit. Meist besteht der Gemeinderat aus fünf bis sieben Mitgliedern.

In kleinen und kleinsten Gemeinden kümmern sich die Mitglieder des Gemeinderats sehr konkret um ihre Aufgaben und sind dabei weitestgehend auf sich selber gestellt. Oder sie übernehmen auch Aufgaben, die in grösseren Gemeinden von den Angestellten der Verwaltung erledigt werden – für nur 100 oder 200 Einwohnern braucht es nicht einmal einen vollamtlichen Gemeindeschreiber.

Je grösser eine Gemeinde ist, desto professioneller ist in der Regel die Verwaltung. Die Aufgabe der Exekutive ist dann in erster die Linie die politische Repräsentation gegenüber dem Gemeindeparlament und der Öffentlichkeit, die eigentliche Arbeit im Hintergrund besorgt die professionelle Verwaltung (siehe das Interview mit dem Stadtverwalter von Nidau, Seite 62).

EIN SONDERFALL IST DIE STADT SOLOTHURN, deren Gemeinderat 30 Mitglieder zählt, die keine Ressorts unter sich haben und sich einmal monatlich zur Sitzung treffen. Deshalb ist hier die Stellung des Stadtpräsidenten wie auch der Verwaltung besonders stark. Daneben findet zwei- bis viermal jährlich eine Gemeindeversammlung statt.

In rund 80 Prozent aller Gemeinden der Schweiz, vor allem in den kleinen, bildet die Gemeindeversammlung das oberste politische Organ, die Legislative. An diesen Versammlungen werden wichtige Geschäfte direkt von den Stimmberechtigten entschieden, indem darüber abgestimmt wird. Bei dieser Gelegenheit können die Bürger auch mit den gewählten Vertretern oder mit Verwaltungsmitgliedern diskutieren, der Gemeinderat kann so die Stimmung in der Bevölkerung wahrnehmen. Es ist unbestritten, dass Gemeindeversammlungen den Bürgerinnen und Bürgern viel Einfluss auf die lokale Politik geben, vor allem mit der Festsetzung des Budgets und des Steuersatzes.

In den übrigen 20 Prozent Gemeinden hat nicht eine Gemeindeversammlung, sondern ein Gemeindeparlament aus gewählten Vertreterinnen und Vertretern die Funktion der Legislative (mehr dazu auf Seite 100).

Strategien für grosse Aufgaben

Die Gemeinden in der Schweiz haben im internationalen Vergleich viele Kompetenzen und Freiheiten. Allerdings ist in den letzten Jahren eine Verschiebung zu den Kantonen festzustellen – vor allem bei den Aufgaben, die auf Bundesgesetzen basieren, etwa im Bereich der Spitäler, bei der Bekämpfung der Arbeitslosigkeit, bei weiteren Sozialaufgaben oder bei der Berufsbildung. Dies ist einerseits darauf zurückzuführen, dass die Aufgaben auf allen Ebenen komplizierter geworden sind und dass viele, vor allem kleinere, Gemeinden zunehmend Mühe bekunden, sie zur Zufriedenheit der Kantone wie auch der Einwohner zu erfüllen. Anderseits haben fast alle Kantone die Aufgaben zwischen sich und ihren Gemeinden neu verteilt.

«Ich staune oft, wie wenig Leute an die Gemeindeversammlung kommen, wenn man sieht, welchen Einfluss sie dort haben. Sie stimmen über das Budget ab, und es geht um einen zwei- oder dreistelligen Millionenbetrag. Man muss sich nicht in eine Partei wählen lassen, um hier mitzubestimmen. Viele Leute sind sich dessen gar nicht bewusst.»

Corinne Strebel Schlatter, Präsidentin Schulpflege Rorbas-Freienstein-Teufen ZH, parteilos

In der Gemeindeschreiberbefragung des IDHEAP 2009 erklärten rund zehn Prozent aller Gemeinden, sie seien bei der Erfüllung ihrer Aufgaben am Limit; doppelt so viele gaben an, dieses Limit sei bald erreicht. Als besonders schwierig wurden genannt: die Anforderungen im Bereich der Sozialhilfe und des Kampfs gegen die neue Armut, die Verkehrsprobleme und der Umweltschutz.

Um diese Probleme in den Griff zu bekommen, gibt es vor allem drei Strategien:
- interkommunale Zusammenarbeit (siehe Seite 36 und 109)
- Gemeindefusionen (siehe Seite 37)
- Schaffung von institutionellen Ebenen zwischen den Gemeinden und Kantonen, zum Beispiel sogenannten Agglomerationsräumen

Ein Beispiel für Letzteres ist die Agglomeration Freiburg, in der acht französischsprachige und eine deutschsprachige Gemeinde sowie die Stadt Freiburg mit insgesamt 75 000 Einwohnern die Raumplanung, die Verkehrs-, Wirtschafts- und Kulturpolitik sowie die Tourismusförderung gemeinsam umsetzen wollen. Die Agglomeration Freiburg verfügt über einen Agglomerationsrat als Parlament und einen Agglomerationsvorstand als Exekutivorgan. Im Agglomerationsrat sind die Gemeinden proportional zu ihrer Einwohnerzahl vertreten; dieser Rat wählt auch die Vertreter im Vorstand. Die Organisation ist zwischen den Gemeinden und dem Kanton angesiedelt, für die Erfüllung ihrer Aufgaben erhält sie Geld von den beteiligten Gemeinden und vom Kanton.

Eine ähnliche Körperschaft ist die Regionalkonferenz Bern-Mittelland mit 85 Gemeinden und 400 000 Einwohnern und ungefähr den gleichen Strukturen, Aufgaben und Kompetenzen wie die Agglomeration Freiburg.

Die Tripartite Agglomerationskonferenz (TAK)

In den letzten Jahren und Jahrzehnten haben sich neue Lebensräume entwickelt, die über die Grenzen von Dörfern, Städten und gar Kantonen hinausreichen: die Agglomerationen. Städte gehen direkt in Vororte über, die Grenzen zwischen den Gemeinden sind nicht mehr sichtbar, geschlossene Siedlungsgebiete liegen in zwei oder drei Kantonen. Ein Instrument, das diese Entwicklung aufnimmt, ist die Tripartite Agglomerationskonferenz (TAK), eine politische Plattform von Bund, Kantonen, Städten und Gemeinden für eine gemeinsame Agglomerationspolitik in der Schweiz. Sie wurde gegründet von der Konferenz der Kantonsregierungen (KdK), dem Schweizerischen Städteverband (SSV) und dem Schweizerischen Gemeindeverband (SGV). Ihr Ziel ist es, dass Bund, Kantone und Städte beziehungsweise Gemeinden in diesem Bereich enger zusammenarbeiten und passende Strategien entwickeln.

Wie es anfing – ein Blick zurück in die Geschichte

Der ausgeprägte Föderalismus in der Schweiz hat historische Wurzeln: 1848 schlossen sich 25 Kantone zusammen, die eigentlich alles kleine Staaten waren. Sie hatten sehr unterschiedliche Interessen, die unter einen Hut gebracht werden mussten. Die Konsequenzen sind bis heute spürbar.

Vor der Gründung des Bundesstaats im Jahr 1848 waren die Kantone eigentliche kleine Staaten mit eigenen Grenzen und Zöllen, Währungen und eigenem Militär. Ihre Interessen, ihr Einfluss und auch ihre Bedeutung und Stärke waren sehr unterschiedlich. Es gab die Reformierten und die Katholiken, die Konservativen und die Radikalen, die Föderalisten und die Zentralisten – und noch ein Jahr vor der Gründung kam es zum Sonderbundskrieg zwischen den konservativen katholischen und den liberalen Kantonen. Dieser Krieg dauerte allerdings nur gut drei Wochen und kostete nur 150 Menschenleben, bis die liberalen Kräfte siegten.

Zu Beginn kaum Kompetenzen für den Bund

Innerhalb dieses komplizierten und diffizilen Gemenges mussten die Verhandlungen über den Zusammenschluss zur Schweiz geführt werden. Der neue Bundesstaat erhielt dabei nur wenige Kompetenzen, vor allem für die Aussenpolitik und die Armee sowie für das Erheben von Zöllen und die Festlegung einer einheitlichen Währung. Erst mit der Totalrevision der Bundesverfassung 1874 bekam der Bund die Verantwortung über das gesamte Rechtswesen, das Sozialwesen und den Verkehr.

Grössere Veränderungen gab es durch die Industrialisierung vor rund 100 Jahren und die Verstädterung nach dem Zweiten Weltkrieg. 1947 erhielt der Bund mit den Wirtschaftsartikeln weitgehende Kompetenzen in der Wirtschaftspolitik, später kamen solche in der Sozialpolitik hinzu, vor allem mit der AHV, sowie in der Energie- und Infrastrukturpolitik, etwa beim Nationalstrassenbau. Da der Bund aber nicht über eigene Vollziehungsinstitutionen verfügt, wuchsen auch die Vollzugsaufgaben der Kantone stark an.

Dies wirkt sich bis heute aus: Im internationalen Vergleich ist die Schweiz immer noch sehr dezentral und föderalistisch organisiert. Ein Indikator dafür ist die Aufteilung der öffentlichen Ausgaben. Zwar haben in den letzten dreissig Jahren die Anteile von Bund und Kantonen etwa im gleichen Mass leicht zugenommen, derjenige der Gemeinden hat entsprechend abgenommen. Trotzdem sind es nach wie vor die Kantone, die mit gut 40 Prozent den grössten Teil der öffentlichen Ausgaben tätigen, auf den Bund entfällt ein Drittel, auf die Gemeinden ein Viertel.

Wobei man nicht vergessen darf, dass von den Aus- und Aufgaben der Kantone und Gemeinden ein grosser Anteil durch die übergeordneten Instanzen bestimmt wird. Ein Beispiel ist die Gesundheitspolitik, die gesamtschweizerisch mit der Krankenkassengesetzgebung und der Finanzierung durch Sozialversicherungen wie die IV geregelt ist, aber in den Kantonen und den Gemeinden umgesetzt wird.

AUFGABENVERTEILUNG ZWISCHEN BUND, KANTONEN UND GEMEINDEN
In Prozent, nach Ausgaben, 2009

Bereich	Bund	Kantone	Gemeinden
Internationale Beziehungen	100	–	–
Verteidigung	93	3	4
Volkswirtschaft	60	20	20
Verkehr, Nachrichtenübermittlung	54	21	25
Soziale Sicherheit	51	29	20
Polizei und Justiz	10	71	19
Gesundheit	4	83	13
Bildung	16	54	30
Umweltschutz, Raumordnung	15	16	69
Kultur, Sport, Freizeit, Kirchen	8	32	60

Quelle: Handbuch der Schweizer Politik/Eidg. Finanzverwaltung

EINNAHMEN UND AUSGABEN VON BUND, KANTONEN UND GEMEINDEN
Anteile der Ausgaben und Einnahmen in Prozent, 2010

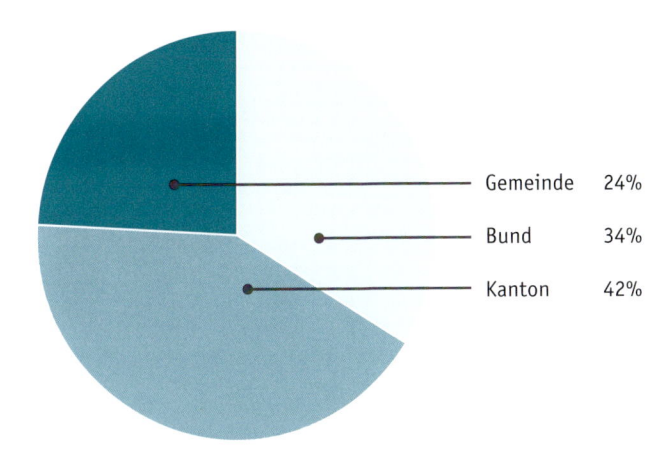

Gemeinde 24%
Bund 34%
Kanton 42%

Quelle: Handbuch der Schweizer Politik/Eidg. Finanzverwaltung

«Man steht im Rampenlicht – egal, ob es gut oder schlecht läuft.»

BEATRIX KESSELRING ist Vize-Gemeindepräsidentin von Bussnang im Kanton Thurgau und im Hauptberuf Geschäftsleiterin des Verbands Thurgauer Gemeinden. Sie sagt, Interesse und Eigeninitiative seien die besten Voraussetzungen für die Übernahme eines politischen Amts.

Welche Ursachen sehen Sie dafür, dass sich immer weniger Leute in der Politik engagieren wollen?
Es gibt durchaus Gründe, die gegen eine Kandidatur für ein Gemeinderatsmandat sprechen: Die seriöse Erledigung einer Gemeinderatstätigkeit erfordert einerseits zeitliche Ressourcen und Verfügbarkeit. Anderseits gehen viele von einer zu hohen Entschädigung aus. Auch kann die Arbeit undankbar und enttäuschend sein, denn die Bevölkerung ist kritischer geworden. Frustrierte oder Neider bringen nicht selten persönliche Probleme mit ins Spiel und verzögern oder verhindern dadurch Projekte. Vielleicht ist aber auch der Zeitpunkt für eine Kandidatur nicht ideal oder man traut sich die Aufgabe nicht zu. Ganz allgemein denke ich, dass viele Leute heute lieber ihre eigenen Bedürfnisse befriedigen, als sich für die Allgemeinheit einzusetzen.

Sie selber engagieren sich ja, also gibt es für Sie gute Argumente, ein solches Amt zu übernehmen.
Selbstverständlich. Mitglied eines Gemeinderats zu sein, ist eine wirklich wertvolle Lebenserfahrung! Mit Hochs, aber auch mit Tiefs. Die Mitgestaltung der Gemeindepolitik ist sehr interessant, die Mitarbeit in der Kollegialbehörde eine einmalige, spannende Sache. Die Tätigkeit erweitert den Horizont, man lernt, mit Belastungen umzugehen, sich zu organisieren, und man kann sich ein grosses Netzwerk erarbeiten. Das alles ist sehr nützlich, auch für die berufliche Laufbahn.

Kann man sich auf ein politisches Amt vorbereiten, gibt es Ausbildungen?
Der Verband Thurgauer Gemeinden bietet jeweils zu Beginn der neuen Legislatur eintägige Seminare an für Gemeindepräsidenten und solche für Behördenmitglieder in den Bereichen Finanz-, Sozial-, Gesund-

heits- sowie Bau- und Planungswesen. Bei den Referenten handelt es sich um erfahrene Personen aus Thurgauer Gemeinden oder kantonalen Amtsstellen, die die Vorschriften, Mechanismen und Zuständigkeiten kennen. Gewissermassen nach dem Motto: Thurgauer bilden Thurgauer aus. Das wird sehr geschätzt, die Kurse sind entsprechend gut besucht. Es gibt zudem den Lehrgang «Verwaltungsökonom/-in Thurgau», eine Weiterbildung, die interessant, allerdings für angehende Exekutivmitglieder zeitlich und finanziell eher aufwendig ist.

Das heisst, wirklich fundiert vorbereiten kann man sich eigentlich gar nicht?
Es ist ja so, dass Ausbildungsangebote – wenn überhaupt – erst dann besucht werden, wenn die Wahl in den Gemeinderat geschafft ist. Vorher reicht die Zeit in der Regel gar nicht. Wenn man sich zur Wahl stellt, dauert es danach wenige Monate oder Wochen bis zum Amtsantritt. Erfahrungen aus Engagements in anderen Ämtern oder Kommissionen oder allgemein aus der öffentlichen Verwaltung sind natürlich vorteilhaft.

Welche persönlichen Qualifikationen sind von Vorteil?
Interesse und Eigeninitiative sind die besten Voraussetzungen. Wichtig sind aber auch die Fähigkeiten und Fachkenntnisse aus den angestammten Berufen. In Bussnang haben wir da geradezu eine Idealbesetzung: ein Elektroingenieur ist für das Elektrizitätswerk zuständig, ein Landwirt für das Ressort Tiefbau und Verkehr sowie ein Brandermittler und Polizist für Wasserversorgung und Feuerwehr. Als Bauerntochter, Kauffrau und ehemalige Polizistin liegt es nahe, dass ich für die Bereiche Umwelt und Sicherheit verantwortlich bin.

Was raten Sie jemandem, der oder die sich politisch engagieren will?
Es braucht die Unterstützung des privaten und beruflichen Umfelds sowie Rückhalt und Verankerung in der Bevölkerung. Empfehlenswert ist eine genaue Abklärung des zeitlichen Aufwands und der Erwartungen, aber auch die Bereitschaft, sich für ein paar Jahre zur Verfügung zu stellen. Und schliesslich muss man sich bewusst sein, dass man im Rampenlicht steht – egal, ob es gut oder schlecht läuft.

VOM BAUERNDORF ZUM INDUSTRIESTANDORT
Bussnang hat sich in den vergangenen Jahren von einem Bauerndorf zu einem regionalen Industriestandort entwickelt: Die Gemeinde zählt 2200 Einwohnerinnen und Einwohner und fast ebenso viele Arbeitsplätze, den überwiegenden Teil davon beim grössten und bekanntesten Industriebetrieb Stadler-Rail, Hersteller von Eisenbahnzügen. Der Gemeinderat zählt fünf Mitglieder, die jeweils einem Ressort vorstehen.

3

Die Gemeinde:
ein Staat im Kleinen

Alle Schweizer Gemeinden haben ihre eigenen politischen Strukturen mit Organen der Exekutive und der Legislative. Darin ein Milizamt auszuüben, ist einerseits anspruchsvoll, da man viele Fähigkeiten braucht und grosse Verantwortung trägt. Anderseits ist es reizvoll, denn man hat durchaus Kompetenzen und Gestaltungsspielraum. Wer sich hier seriös betätigt, kann viel Positives erreichen – für die Gemeinschaft, aber auch für sich selber.

Gemeinderat: ein Amt mit Bürde, aber auch mit Würde

Gemeinderat oder Gemeinderätin kann jeder und jede werden, dies ist ein wesentlicher Pfeiler des Milizsystems. Das bedeutet, dass es für diese Position formal keine Voraussetzungen gibt ausser der Wählbarkeit. Dennoch funktioniert das System bisher ganz gut. Allerdings werden heute neue Modelle gesucht, um die Arbeit der Milizpolitiker zu verbessern und zu erleichtern.

Die Gemeinden der Schweiz stehen vor grossen Herausforderungen: In der jüngeren Vergangenheit wurden ihnen mehr und mehr Aufgaben übertragen, vom Bund wie von den Kantonen. Die Angelegenheiten, die sie erledigen, die Dienstleistungen die sie für die Bevölkerung erbringen müssen, werden komplexer. Immer mehr ist mit immer mehr anderem vernetzt und beeinflusst sich gegenseitig. Die Gesetze, Verordnungen, Vorschriften und Regeln werden zahlreicher. Die Bürgerinnen und Bürger schauen den Gemeindebehörden genauer auf die Finger und äussern Kritik offener – häufig auch unberechtigt und auf ungebührliche Art und Weise. Das Führen einer Gemeinde wird deshalb zunehmend schwieriger.

«In einem Exekutivamt gewinnt man Führungserfahrung, was einem sehr viel bringt. Ich selber konnte besonders davon profitieren, weil ich beruflich im Bereich Raumplanung arbeite und dies auch im Gemeinderat ein wichtiges Thema ist.»
Christine Badertscher, Gemeinderätin Madiswil BE, Grüne

Die Exekutive: der Gemeinderat

Der Gemeinderat beteiligt sich an der strategischen Planung, indem er die wichtigen Vorlagen mit Unterstützung der Verwaltung ausarbeitet und gegenüber den Bürgerinnen und Bürgern vertritt. Somit sitzt er an der

Schnittstelle von Politik und Verwaltung, von strategischer Führung und operativer Ausführung.

Tendenziell gilt: Je kleiner die Gemeinde, desto kleiner ist das Arbeitspensum des Gemeinderats, aber desto operativer, ja sogar handfester sind seine Aufgaben. In Klein- und Kleinstgemeinden ist in der Regel ein Gemeinderatsmitglied sehr direkt in die Baugesuche involviert, allenfalls als Vorsitzender der Baukommission. Ein anderes, das für das Sozialwesen und damit fürs Altersheim zuständig ist, kümmert sich wahrscheinlich persönlich um die Einweisung der Betagten. Die Gemeinderätin, die die Verantwortung für die Liegenschaften hat, überprüft vielleicht «eigenhändig» den Zustand eines Gebäudes.

Je grösser die Gemeinde, desto grösser ist das Arbeitspensum der Exekutivmitglieder. Und desto kleiner ist der Anteil der operativen Tätigkeiten.

IM KANTON LUZERN etwa variieren die Pensen der Gemeinderäte von 500 Prozent für Luzern (80 000 Einwohner) mit fünf vollamtlichen Stadträten und 48 Prozent für Ebersecken (400 Einwohner): In dieses knapp halbe Pensum teilen sich der Gemeindepräsident, der für die Finanzen zuständige Gemeindeamman und eine Gemeinderätin, die für das Sozialwesen verantwortlich ist.

INFO *Nicht nur im Kanton Luzern, sondern ebenso in den Kantonen Genf, Obwalden, St. Gallen, Thurgau und Waadt gibt es Gemeinden, in denen die Exekutivmitglieder nicht nur von den Bürgern gewählt, sondern auch von der Gemeinde angestellt sind. Das kann bei einem Vollzeit- oder Teilzeitmandat der Fall sein. In den übrigen Kantonen und vor allem in kleinen Gemeinden sind die Exekutivmitglieder in der Regel im Honorarverhältnis bezahlt.*

Vier Modelle am Beispiel Luzern

Der Kanton Luzern hat sein Gemeindegesetz 2005 erneuert und schreibt den Gemeinden anders als früher kein Organisationsmodell mehr vor, sondern überlässt ihnen die Ausformulierung. In ihrem Buch «Gemeindeführungsmodelle im Kanton Luzern» skizzieren Paul Bürkler und Alex Lötscher vier Modelle, die sich herauskristallisiert haben, und ziehen eine erste Bilanz. Dazu untersuchten sie diejenigen zehn Gemeinden im Kanton, die bis 2014 ihr System von einem traditionellen Modell (entspricht dem operativen, siehe Seite 90) auf ein modernes umgestellt hatten.

Obwohl in diesem Buch politische Führungssysteme von Luzerner Gemeinden beschrieben werden, zeigt es doch die wesentlichen Formen auf, wie in der ganzen Schweiz viele Exekutiven und Verwaltungen von Dörfern und Städten funktionieren. Und selbstverständlich gibt es in der Realität zahlreiche Abwandlungen der Modelle.

Das CEO-Modell
Ein angestellter Geschäftsführer (CEO) führt die Gemeindeverwaltung. Aufgabe des Gemeinderats ist in erster Linie die politische und strategische Führung und Steuerung der Gemeinde – ob mit oder ohne Ressortzuteilung – sowie die Führung des CEO. Die Pensen der Gemeinderäte betragen 20 bis 30 Prozent, sind also relativ klein. Eine recht starke Verwaltung erledigt die operativen Geschäfte. Ein solches Modell kennen auch viele Gemeinden in der Ostschweiz (siehe Organigramm).

Merkmale: Der Verwaltungsleiter wird nicht gewählt, also nicht nach politischen Kriterien, sondern aufgrund seiner fachlichen Eignung bestimmt. Die Gemeinderäte haben kleine Pensen, die sich gut mit einer hauptberuflichen Tätigkeit vereinbaren lassen. Und sie müssen sich nicht um operative Aufgaben, etwa das Personalwesen, kümmern. Das Modell erlaubt eine saubere Trennung zwischen politisch-strategischen und operativen Aufgaben. Dafür braucht es natürlich ein wirksames System der Kontrolle durch den Gemeinderat. Anders als beim Delegierten-Modell (siehe nächsten Abschnitt) haben alle Gemeinderatsmitglieder in etwa denselben Wissensstand.

Das Delegierten-Modell
Dieses Modell funktioniert ähnlich wie das CEO-Modell. Anstelle eines Geschäftsführers steht jedoch ein politisch gewähltes Gemeinderatsmitglied, der oder die Delegierte, der Verwaltung vor. Dieses Gemeinderatsmitglied besetzt eine Vollzeitstelle, die übrigen Ratsmitglieder haben ähnlich kleine Pensen wie im CEO-Modell. Dieses System mit einem gewählten Gemeindepräsidenten, der voll- oder zumindest hauptamtlich tätig ist, ist in der ganzen Schweiz weitverbreitet.

ORGANIGRAMM EINER GEMEINDE MIT CEO-MODELL

Gemeinderat

- **Geschäftsführer/-in**
  - **Zentrale Dienste**
    - Administration
    - Kommissionendienst
    - Personaldienst
    - Kommunikation
  - Sicherheit
  - Wirtschaftsförderung

- **Finanzen**
  - Finanzdienstleistungen
  - Finanz- & Rechnungswesen
  - Steuern
  - Informatik

- **Planung & Bau**
  - Ortsentwicklung
  - Tiefbau
  - Immobilien & Dienste

- **Einwohnerdienste**
  - Einwohnerkontrolle
  - Zivilstandswesen
  - Teilungsamt

- **Bildung**
  - Schulverwaltung
  - Volksschule
  - Schulische Dienste
  - Musikschule

- **Gesellschaft & Soziales**
  - Leistungen & Dienste
  - Sozialdienst
  - Jugend & Familie
  - Gesellschaftsfragen

- **Zentrum Höchweid**
  - Pflege
  - Administration
  - Hotellerie

Das Organigramm der Gemeinde Ebikon mit CEO-Modell: Die Geschäftsführungsfunktion ist die Schnittstelle zwischen den politischen Gremien und der Verwaltung. Sie konzentriert einerseits relativ viel Macht, anderseits schafft sie klare und einfachere Strukturen (siehe auch das Organigramm einer traditionell geführten Gemeinde auf Seite 92).

Quelle: www.ebikon.ch

Merkmale: Auch dieses System braucht einen wirksamen Kontrollmechanismus und idealerweise einen starken Gemeindepräsidenten. Der Gemeinderat hat gegenüber dem Delegierten keine Führungsverantwortung, und dieser besitzt gegenüber seinen Kollegen wegen seines Vollamts einen Wissensvorsprung. Er muss mit seiner Doppelrolle als gewählter Politiker und angestellter Verwaltungsvorsteher umgehen können, die Trennung zwischen strategischer und operativer Verantwortung ist schwierig.

Das Delegierten-Modell eignet sich dann sehr gut, wenn es im Gemeinderat bereits ein Mitglied gibt, das die fachlichen Fähigkeiten und die persönlichen Qualifikationen als Verwaltungsvorsteher mitbringt. In der Regel haben die einzelnen Ratsmitglieder in diesem Modell kein Ressort unter sich, sondern das ganze Gremium trägt die Gesamtverantwortung. Gegenüber dem CEO-Modell hat es den Vorteil, dass der Delegierte von den Bürgerinnen und Bürgern gewählt, also besser legitimiert ist.

Das Geschäftsleitungs-Modell

Wie bei den ersten beiden Modellen hat der Gemeinderat als Gremium die politische und strategische Führung inne. Zusätzlich sind die Mitglieder jedoch für ihre Ressorts zuständig, die sie fachlich und personell führen. Allerdings haben sie keine operativen Aufgaben; diese erledigt die Verwaltung, deren Abteilungsverantwortliche den Mitgliedern des Gemeinderats direkt unterstellt sind.

«In der Politik braucht man eine gewisse Grosszügigkeit im Denken. Man gerät so oft aneinander, dass es wichtig ist, auch mal etwas einfach stehen lassen zu können.»
Marc Häusler, Regierungsstatthalter Verwaltungskreis Oberaargau BE, SVP

Merkmale: Trotz der Unterstützung durch die Verwaltung haben die Gemeinderatsmitglieder mehr Aufgaben und deshalb grössere Pensen als ihre Kollegen im CEO- und im Delegierten-Modell. Da sie für ihre Ressorts verantwortlich sind, brauchen sie die entsprechenden Kompetenzen, sowohl in der Personalführung als auch in ihren Fachbereichen. Dieses Modell ist vor allem in grösseren Gemeinden und Städten – auch in vielen Kantonen neben Luzern – verbreitet. Auch die Regierungen des Bundes und der Kantone sind so organisiert. Dort und in grösseren Städten sind die Ämter in der Regel Vollämter.

Das operative Modell

Der Gesamtgemeinderat führt die Gemeinde politisch-strategisch. Die einzelnen Gemeinderatsmitglieder sind für ihre Ressorts verantwortlich und führen diese fachlich, personell und operativ. Die Pensen sind je nach Gemeinde unterschiedlich und variieren oft sogar innerhalb der Gemeinde (siehe Organigramm).

Merkmale: Die Trennung zwischen politisch-strategischen und vollziehenden Aufgaben ist schwierig bis unmöglich. Durch die weitgehende

ORGANIGRAMM EINER GEMEINDE MIT OPERATIVEM MODELL

Amt	Gemeinderat		
	Präsidium	Finanzen/ Gemeindeammann-Amt	Sozialamt
Vorsteher / Stellvertretung	Gemeindepräsident 20% / Gemeindeammann	Gemeindeamman 75% / Schulvorsteherin	Sozialvorsteherin 25% / Gemeindepräsident
Funktionen	Geschäftsleitung Gemeindeversammlung Gemeinderat Vertretung Gemeinde nach aussen Präsident: – Teilungsbehörde – Urnenbüro Ortsplanungskommission – Steigerungsbehörde Führung Gemeindenotstandsstab UNESCO-Biosphäre Entlebuch; Vorstand Region Luzern West; Delegierter Feuerwehrkommission Gemeindeverband ARA Talschaft Entlebuch; Delegierter Gemeindeverband Kehrichtentsorgung Region Entlebuch; Delegierter Mehrzweckverband SoBZ/ KESB; Delegierter Energiebeauftragter Vernetzung	Ausführendes Organ des Gemeinderats ausser Sozial- und Bürgerrechtswesen Finanzen und Buchhaltung Strassen und Erschliessungen Land- und Forstwirtschaft Umweltschutzbeauftragter / Abwasser Liegenschaftsverwaltung Schulverwalter Mobilmachungsorganisation; Leiter Friedhofkommission Revierkommissionen Gemeindeverband AWH Entlebuch und WPZ Schüpfheim; Delegierter ZSO Region Entlebuch Wanderwege Wuhraufsicht Gemeindeverband ARA Talschaft Entlebuch; Vorstand Gemeindeverband Kehrichtentsorgung Region Entlebuch; Mitglied Kontrollstelle	Ausführendes Organ des Gemeinderats im Sozialwesen Kontaktperson für Jugendfragen Betreuung Klinik- und Heimbewohner Gemeindeverband AWH Entlebuch und WPZ Schüpfheim; Verbandsleitung Gemeindeverband ARA Talschaft Entlebuch; Delegierte Mehrzweckverband SoBZ; Verbandsleitung Wirtschaftliche Landesversorgung Zweckverband ZISG; Delegierte VLG; Delegierte Tourismus UNESCO-Biosphäre Entlebuch; Delegierte Ansprechperson Integration

		Mitglied Musikschulkommission Musikschule Unteres Entlebuch	
		BFU-Sicherheitsdelegierter	
Personal		Hauswarte, Schülertransport, Werkpersonal, Schneeräumung	

Das Organigramm des Gemeinderats Romoos, einer Kleingemeinde im Entlebuch mit 680 Einwohnern. Der Gemeinderat ist operativ und strategisch tätig. Der Gemeindeamman ist im Kanton Luzern das Gemeinderatsmitglied, das für die Finanzen zuständig ist.

Quelle: www.romoos.ch

Konzentration vieler Aufgaben auf einzelne Personen ist die Ausführung stark von deren Fähigkeiten abhängig. Die Gemeinderatsmitglieder müssen viele Anforderungen erfüllen und deshalb gute Qualifikationen mitbringen, strategisch-politische ebenso wie fachliche und persönliche. Auch ist die Kontrolle ihrer Arbeit nicht einfach. Wegen der grossen Aufgabenbereiche sind grössere Pensen für die Gemeinderatsmitglieder sinnvoll, wenn die finanziellen Verhältnisse dies erlauben.

Ein Problem kann sich ergeben, wenn nach einer Wahl beziehungsweise Abwahl ein neues Ratsmitglied für ein Ressort zuständig ist, das fachlich andere Prioritäten setzt als sein Vorgänger. Zudem bedeuten personelle Wechsel fast immer, dass die neue Person sich erst in die Materie einarbeiten muss, was für die übrigen Ratsmitglieder und die Verwaltung zusätzlichen Aufwand bedeutet.

Dieses Modell ist vor allem in kleinen und kleinsten Gemeinden verbreitet. Im Kanton Luzern beispielsweise gilt es in den neun mit den wenigsten Einwohnern, in all diesen sind es nur drei Gemeinderatsmitglieder, die die strategische und administrative Führung wahrnehmen. Ähnliches gilt in den anderen Kantonen.

Erfahrungen im Kanton Luzern

Die Motivation der Gemeinden für den Wechsel zu neuen Führungsmodellen war, dass sie zunehmend Schwierigkeiten hatten, geeignetes Personal für die Ämter, vor allem für den Gemeinderat, zu finden. Ein Grund dafür waren unter anderem die zu hohen Pensen: Ratsarbeit von mehr als 30 Prozent lässt sich nur schwer mit einer beruflichen Vollbeschäftigung vereinbaren, und eine Reduktion des Berufspensums kommt für Personen mit Führungs- oder strategischer Erfahrung, die in der Wirtschaft tätig sind, in der Regel nicht infrage. Damit würden sie ihre Karriere gefährden, denn nach zwei, drei Amtsperioden wird es sehr schwierig, den Wiedereinstieg in ein volles Pensum oder den Aufstieg in eine höhere Position zu schaffen.

Mit dem CEO- und dem Delegierten-Modell ist es möglich, die Pensen der Gemeinderatsmitglieder klein zu halten, was die Attraktivität erhöht. Dieser Effekt wird noch verstärkt, wenn die Verwaltung mehr Aufgaben und mehr Verantwortung übertragen erhält.

Das Potenzial der Verwaltung besser nutzen
Solche modernen Führungsmodelle ermöglichen beziehungsweise laden geradezu ein, das Potenzial der Verwaltungen besser zu nutzen. Und dies erhöht sowohl die Attraktivität von Gemeinderatsämtern als auch der Stellen in der Verwaltung selber. Für die Politik wie die Verwaltung wird es so eher einfacher, geeignete Personen zu finden. Kommt hinzu, dass die komplexer werdenden Verhältnisse, etwa im Bau-, Umwelt- oder Sozial- und Gesundheitsbereich, höhere Fähigkeiten beziehungsweise mehr Professionalität erfordern. Dies lässt sich am ehesten durch kompetente Verwaltungsangestellte erreichen.

Die Verwaltungen wurden professioneller
In den untersuchten Luzerner Gemeinden verbesserten sich die Prozesse in den Verwaltungen, sie wurden professioneller. Es zeigte sich, dass die Verwaltungsangestellten daran interessiert sind, ihre Arbeit gut, effizient und rasch zu erfüllen. Und dass ihnen dies leichter fällt, wenn sie mehr Kompetenzen haben und mehr Verwaltungsangelegenheiten erledigen können, ohne zuerst die Einwilligung der politischen Vorgesetzten oder gar mehrerer Personen und Stellen einholen zu müssen. In traditionell

geführten Gemeinden dagegen müssen oft für Routineangelegenheiten die Unterschriften oder zumindest das Einverständnis von Gemeinderatsmitgliedern eingeholt werden, sogar wenn es nur das Verschicken von einfachen Mitteilungen betrifft, die keine inhaltlichen Entscheide enthalten.

Kein entscheidendes Argument für die Einführung der neuen Führungsmodelle waren Einsparungen: Zwar erhofften sich einige der Akteure durch die Umstrukturierungen finanzielle Vorteile. Aber bei den untersuchten Luzerner Gemeinden wurden solche für die Entscheidfindung nicht in Aussicht gestellt, und es wurden nach der Neuordnung auch keine erzielt.

Niemand will zurück zum alten Modell
Paul Bürkler und Alex Lötscher schreiben in ihrem Buch, die meisten Gemeinden hätten mit ihrem neuen Modell sehr positive Erfahrungen gemacht. Niemand wolle zu den alten Verhältnissen zurückkehren. So sei es in den untersuchten Gemeinden einfacher geworden, Nachfolgerinnen und Nachfolger für vakante Ämter zu finden. Die tieferen Pensen hätten es erleichtert, geeignete Kandidaten zu rekrutieren, insbesondere auch jüngere Leute. Die Gefahr, dass sich für ein Gemeinderatsamt nur noch ältere Personen zur Verfügung stellten, die sich nach einer beruflichen Laufbahn auf eine Teilzeitaufgabe zurückziehen wollten, sei kleiner geworden.

> **INFO** *Es gibt nicht das Modell, das für alle Gemeinden das richtige ist. Welches sich eignet, hängt von der spezifischen Situation und von den Bedingungen ab. So fällt der Entscheid für ein CEO-Modell vielleicht deshalb, weil jemand in der Verwaltung ausgeprägte Führungsqualitäten hat. Und derjenige für ein Delegiertenmodell, weil ein Gemeinderatsmitglied fachlich und menschlich die nötigen Voraussetzungen mitbringt.*

Modelle sind nur so gut wie die Menschen dahinter
Jedes Modell, jede Gemeindeexekutive funktioniert nur dann gut, wenn die Menschen ihre Aufgaben gut erfüllen. Und Modelle sind grundsätzlich starr, sie müssen den Menschen und den Verhältnissen angepasst werden. Für die Bürgerinnen und Bürger ist es letztendlich ziemlich egal, nach welchem System ihre Gemeinde «regiert» wird. Wichtig ist, dass die «da oben» ihre Arbeit möglichst gut erledigen.

> **WAS IST EIN GEMEINDEAMMANN?**
> Die Bezeichnung Gemeindepräsident ist an den meisten Orten der Begriff für die oberste politische Führungsperson einer Gemeinde. In den Städten wird die Person als Stadtpräsident bezeichnet. Im Aargau heisst diese Person Gemeinde- beziehungsweise Stadtammann, eine Bezeichnung, die auch im Thurgau verwendet wird.
>
> Im Kanton Luzern ist der Gemeindeamman dasjenige Gemeinderatsmitglied, das für die Finanzen zuständig ist.
>
> Im Kanton Zürich schliesslich ist er kein gewählter Politiker, sondern ein Organ der Rechtspflege, unter anderem Betreibungsbeamter und zuständig für Beglaubigungen, Verbote und Ausweisungen. ∎

Bürkler und Lötscher ziehen zudem folgendes Fazit: Das traditionelle Modell mit dem Gemeinderat als politisches Führungs- und gleichzeitig administrativ vollziehendes Organ beinhalte die Gefahr, dass für die personelle Führung der Mitarbeitenden in der Verwaltung niemand richtig oder aber mehrere Personen zuständig seien. Die Einsetzung eines Delegierten oder Geschäftsführers kläre diese Verantwortung. Eine solche Organisation stelle dafür an die Mitglieder des Gemeinderats höhere Anforderungen. Es sei anspruchsvoller und brauche mehr Abstraktionsvermögen, den Überblick über die Gemeindegeschäfte zu behalten, wenn man nicht mehr operativ tätig sei, sich also nicht mehr so direkt wie früher mit den Gemeindeangelegenheiten befassen müsse oder könne.

Ressortsystem: Vor- und Nachteile

Verschiedene Gemeindeexekutiven kennen ein Ressortsystem. Das heisst, dass die Ratsmitglieder je für ein Ressort mit bestimmten Bereichen verantwortlich sind – strategisch, in der Vertretung nach aussen, vor allem gegenüber der Bevölkerung, und allenfalls personell, indem sie die unterstellten Verwaltungsabteilungen führen, oder sogar operativ.

Für das Ressortsystem spricht, dass die Ratsmitglieder sich auf ihr Gebiet spezialisieren können und konkrete Verantwortung übernehmen müssen. Auch haben die Bürgerinnen und Bürger in ihnen klare und sichtbare Ansprechpartner, was besonders in kleineren Gemeinden geschätzt wird.

Manche Bürger ziehen es vor, wenn sie sich mit Anliegen und Fragen direkt an einen Gemeinderat wenden können statt an die Verwaltung.

Dies bedingt allerdings, dass die gewählten Politiker die nötigen fachlichen Kompetenzen mitbringen oder sie sich nach der Wahl innert nützlicher Frist erarbeiten. Sinnvollerweise werden bei diesem System neue Ratsmitglieder direkt in ein Ressort gewählt. Wobei in vielen Gemeinden ohnehin das Gesamtgremium für die Entscheide verantwortlich ist.

> **INFO** *Sowohl der Bundesrat wie auch die Regierungsräte aller Kantone kennen das Ressortsystem, wobei die Exekutivmitglieder in aller Regel nicht in ein Ressort gewählt werden, sondern das Gremium die Aufgaben selber verteilt.*

Gesamtverantwortung statt Ressorts

In anderen Gemeinderäten ist das ganze Gremium für die Vorlagen zuständig, von den Vorbereitungen über die Beratungen bis zum Entscheid. Dies verhindert, dass die einzelnen Ratsmitglieder ihren Wissensvorsprung ausnützen, aber auch, dass sie zu direkt in die Aufgaben der Verwaltung eingreifen können. Diskussionen und Entscheide werden dadurch tendenziell ausgewogener und sind stärker vom Allgemeininteresse als von persönlichen Positionen bestimmt.

Anderseits verschiebt dieses System Macht und Verantwortung von den Exekutivmitgliedern weg: je nach Situation hin zum Gemeindepräsidium oder zur Verwaltung, die den Gewählten die eigentliche Arbeit abnehmen. Ausserdem besteht die Gefahr, dass sich informell dennoch Pseudoressorts bilden, indem die Exekutivmitglieder sich mit bestimmten Themen, die ihnen besonders liegen, intensiver befassen und andere eher vernachlässigen. Dies ist nur dann von Vorteil, wenn es transparent ist und die betreffenden Personen die nötigen Fähigkeiten besitzen.

«Das Wichtigste ist gesunder Menschenverstand.»

ANITA PANZER ist Gemeindepräsidentin von Feldbrunnen-St. Niklaus im Kanton Solothurn. Sie beweist, dass auf kommunaler Stufe die Parteizugehörigkeit nicht im Vordergrund stehen muss, wenn Sachpolitik betrieben wird.

Wie sind Sie in die Politik gekommen?
2003 kam ich als Mediensprecherin der Kantonspolizei nach Solothurn. 2005 wollte der freisinnige Stadtpräsident Kurt Fluri, dass ich für den Gemeinderat kandidiere. Ich gehörte damals keiner Partei an, sondern positionierte mich irgendwo zwischen FDP und SP. Mein politischer Vorgesetzter, SP-Regierungsrat Rolf Ritschard, riet mir deshalb mit einem Augenzwinkern, mich den Freisinnigen anzuschliessen. Es sei lustvoller, in der linken Hälfte der FDP zu politisieren als in der rechten der SP. Ich fühle mich bei den Freisinnigen sehr wohl! Allerdings spielt die Parteipolitik auf kommunaler Stufe eine untergeordnete Rolle. Mit einer Wahl hatte ich damals gar nicht gerechnet. Aber tatsächlich sass ich dann knapp vier Jahre im Solothurner Gemeinderat. Sicher hatte mein Bekanntheitsgrad als Mediensprecherin der Kantonspolizei Solothurn einen Einfluss.

Weshalb traten Sie zurück?
Ich zog von Solothurn weg nach Feldbrunnen und engagierte mich dort vorerst nicht aktiv in der Politik. Doch dann wurde ich angefragt, für den Gemeinderat und später für das Gemeindepräsidium zu kandidieren.

Ist es nicht ungewöhnlich, als Neue gleich ins Präsidium zu kommen?
Der frühere Gemeindepräsident war zwanzig Jahre lang im Amt gewesen und trat zurück. Viele Bürgerinnen und Bürger von Feldbrunnen wünschten sich eine Veränderung, frischen Wind und jemanden im Gemeindepräsidium, der möglichst unabhängig war im Dorf. Ich glaube auch, es ist eine gute Zeit für Frauen um die 40. Man traut ihnen zu, dass sie es «anders» machen. Ich setzte mich vielleicht auch

deshalb 2013 bereits im ersten Wahlgang gegen die zwei männlichen Mitbewerber durch.

Konnten Sie sich auf das Amt vorbereiten?
In der Zeit zwischen der Wahl und der Amtseinsetzung nahm ich jeweils als Zuhörerin an den Sitzungen des Gemeinderats teil. Danach gab es noch zwei, drei Treffen mit meinem Vorgänger. Dann begann ich vorerst einmal zu «schwimmen». Ich hätte es allerdings begrüsst, wenn ich eine Ausbildung hätte machen können. Wenn ich hätte lernen können, was eine Gemeindepräsidentin wissen und können muss.

Weshalb gibt es keine eigentliche Ausbildung zum Politiker, zur Politikerin?
Es gibt ja kein Berufsbild. Es gibt auch kein eigentliches Anforderungsprofil. Jede mündige Schweizer Bürgerin, jeder mündige Bürger kann sich als Gemeinderat oder Gemeindepräsident aufstellen und wählen lassen. Das Wichtigste, was jemand mitbringen muss, ist gesunder Menschenverstand. Ziel ist ja, die Gemeinde weiterzubringen. Man muss abwägen und beurteilen können, was den Einwohnerinnen und Einwohnern, der Dorfgemeinschaft am meisten dient. Ein Gemeinderat muss nicht Fachperson sein, man kann sich in jedes Gebiet einarbeiten. Das war und ist auch bei mir so: Ich habe in diesem Amt sehr viel gelernt.

Gibt es Dinge, die einem im Amt helfen?
Ich profitiere von meiner Vernetzung in der Politik – ich bin auch Mitglied des Kantonsrats –, und dank meiner Funktion als Kommunikationsverantwortliche des Solothurner Gemeindeverbands bekomme ich relativ früh mit, was auf politischer Ebene läuft. Ansonsten hilft es sicher, wenn man offen auf Menschen zugehen und mit ihnen unkompliziert kommunizieren kann.

Wie arbeitet der Gemeinderat Feldbrunnen, wie ist er organisiert?
Wir haben mit mir sieben Gemeinderäte, aber kein Ressortsystem. Vier ständige Kommissionen erledigen Operatives in ihrem Kompetenzrahmen. In den Kommissionen braucht es Fachleute. Das ist mir wichtig. Unterstützt werden wir von einer Finanzverwalterin mit einem 60-Prozent-Pensum und von einer Steuerverwalterin mit 50 Prozent sowie der Einwohnerkontrolle mit 25 Prozent.

Wie werden Sie entschädigt?
Für eine Gemeinde dieser Grössenordnung ist mein Amt relativ gut entschädigt: für ein 40-Prozent-Pensum mit einem Lohn auf der Basis von 140 000 Franken für eine Vollzeitstelle. Die Gemeinderäte erhalten 2100 Franken Jahresentschädigung plus Sitzungsgeld. Wegen des Geldes muss man bekanntlich nicht in die Politik einsteigen. Als selbständige Kommunikationsberaterin könnte ich weit mehr verdienen.

Ich meine nicht, dass man für jede Handlung ein Honorar erhalten muss. Ich will meinen Beitrag dazu leisten, dass unser Politiksystem, das auf dem Milizgedanken basiert, erhalten werden kann. Aber eine anständige Entschädigung finde ich wichtig und richtig. Es sind ja auch Erwartungen mit diesen Ämtern verknüpft.

Haben Sie Probleme, die politischen Ämter in ihrer Gemeinde zu besetzen?
Bisher glücklicherweise nicht. Das könnte damit zusammenhängen, dass Feldbrunnen mit dem tiefen Steuerfuss und den hohen Landpreisen gut situierte Leute mit einem hohen Bildungsniveau anzieht, die bereit sind, sich zu engagieren.

BELIEBTE WOHNGEMEINDE IN STADTNÄHE
Feldbrunnen-St. Niklaus ist eine Nachbargemeinde der Stadt Solothurn mit knapp 1000 Einwohnerinnen und Einwohnern. Mit dem tiefsten Steuerfuss des Kantons ist Feldbrunnen eine beliebte Wohngemeinde mit wenig Kleingewerbe und Landwirtschaft.

Oberste Instanz: die Stimmberechtigten

In der Schweiz haben die Stimmberechtigten in den Gemeinden im Vergleich zum Ausland viele Kompetenzen. Ihre Entscheidungen können sie je nach System und Vorlage an der Gemeindeversammlung, per Urnenabstimmung oder mit der Wahl eines Gemeindeparlaments fällen.

Grundsätzlich entscheidet der Souverän der Gemeinde, die Stimmberechtigten, über die wichtigsten Fragen. Dies sind etwa die Gemeindeordnung – also gewissermassen die Verfassung der Gemeinde –, das Budget als wichtigstes Steuerinstrument, der Steuerfuss, die grossen Ausgaben oder die Ausführung von bedeutenden Vorhaben. Der Souverän entscheidet also über die Strategie der Gemeinde.

Gemeindeversammlung oder Gemeindeparlament – die Legislative

In knapp 80 Prozent aller Gemeinden üben die Stimmberechtigten ihre Rechte direkt und persönlich aus: an der Gemeindeversammlung, auch Bürgerversammlung oder Urversammlung genannt. Gemeindeversammlungen finden normalerweise zweimal im Jahr statt. Vorlagen zur Abstimmung können vom Gemeinderat oder direkt von den Bürgerinnen und Bürgern eingebracht werden.

In den übrigen Gemeinden delegieren die Bürger gewisse Kompetenzen an ein gewähltes Parlament. Dieses wird in den verschiedenen Regionen als Gemeindeparlament, Gemeinderat, Stadtrat, Einwohnerrat oder Generalrat bezeichnet.

Ganz wenige Gemeinden kennen weder die eine noch die andere Institution, sondern lassen die Bürger alle wichtigen Entscheide über Urnenabstimmungen treffen, so Malters, Ebikon und Hochdorf im Kanton Luzern sowie mehrere Gemeinden in Appenzell Ausserrhoden und Innerrhoden.

«Röstigraben» bei den beiden Formen

Der Politologe Andreas Ladner hat in seinem 2016 erschienen Buch «Gemeindeversammlung und Gemeindeparlament» die beiden Formen erforscht und versucht, Vor- und Nachteile der beiden Systeme einander gegenüberzustellen.

Über die ganze Schweiz betrachtet, ist festzustellen, dass Gemeindeversammlungen in der Deutschschweiz in sehr vielen Gemeinden üblich sind, auch in grösseren. In der Romandie und im Tessin dagegen werden Gemeindeversammlungen nur in wenigen ganz kleinen Gemeinden abgehalten, hier sind Parlamente das dominierende Modell. Es gibt mehrere Gemeinden im Tessin und in Neuenburg mit weniger als 300 Einwohnern, die ein Parlament haben. In den Kantonen Uri, Schwyz, Appenzell Innerrhoden sowie Ob- und Nidwalden gibt es nur Gemeindeversammlungen, in Genf und Neuenburg nur Parlamente.

«Als ich in die Politik einstieg, überlegte ich mir, was mir wichtig ist, was ich erreichen will. Ein grosses Anliegen war mir, näher an die Jungen heranzukommen, sie zum Beispiel über Facebook anzusprechen. Ich habe dieses Vorhaben in jeder Vorstandssitzung vorgebracht, aber ein Dutzend Mal ein Nein zur Antwort bekommen. An der letzten Sitzung habe ich jetzt endlich einen Pilotversuch für einen Facebook-Auftritt durchgekriegt. Es lohnt sich, für etwas hinzustehen und sich mit Leidenschaft für seine Vision zu engagieren.»

Alexandra Fingerhuth-von Muralt,
Vorstand FDP.Die Liberalen Zürich 7+8

Gemeindeversammlungen vor allem in der Deutschschweiz

Gemeindeversammlungen sind also vor allem in der Deutschschweiz üblich. Interessant ist, dass der Anteil von 80 Prozent Gemeinden mit Versammlungen in den letzten 25 Jahren recht stabil geblieben ist. Hingegen ist festzustellen, dass die Beteiligung zurückgeht. In den letzten rund dreissig Jahren ist sie von 17 auf knapp unter 10 Prozent gesunken. In den kleinsten Gemeinden nehmen heute durchschnittlich gut 25 Personen, rund 20 Prozent der Stimmberechtigten, an den Versammlungen teil; in den grösseren sind es etwa 200 Personen oder 2 bis 3 Prozent.

DIE GRÖSSTEN GEMEINDEN mit Versammlung sind Rapperswil-Jona SG, das seit der Fusion dieser beiden Orte im Jahr 2007 27 000 Einwohner zählt, und Baar ZG mit 21 000 Einwohnern. Im Kanton Zürich haben nicht weniger als 16 Orte mit über 10 000 Einwohnern eine Gemeindeversammlung.

Gemeindeversammlungen sind kein Abbild der Bevölkerung

Doch wer nimmt überhaupt an den Gemeindeversammlungen teil? Untervertreten sind vor allem die Jüngeren (wobei diese auch an Abstimmungen und Wahlen seltener teilnehmen). Deutlich untervertreten sind sodann Neuzuzüger, leicht untervertreten die Frauen. Allgemein übervertreten sind Ältere, Hauseigentümer und Alteingesessene. Und nicht zu vergessen: Einwohnerinnen und Einwohner ohne Schweizer Pass sind nicht stimmberechtigt, ausser in einigen Kantonen und Gemeinden der Romandie (siehe Seite 216).

«Man muss seine Kompetenzen kennen, den Rahmen, innerhalb dessen man sich bewegen kann, dann wird man nicht frustriert. Die Landgemeinden im Kanton Bern haben im Durchschnitt zehn Prozent ungebundene Finanzen, das heisst, man kann über zehn Prozent des Geldes frei verfügen. Damit ist der Spielraum schon recht klein.»

Marc Häusler, Regierungsstatthalter Verwaltungskreis Oberaargau BE, SVP

Als «sicher falsch» bezeichnet Andreas Ladner die Vorstellung, dass an Gemeindeversammlungen immer intensiv und tiefgründig debattiert werde: Ausser in den grossen Gemeinden sind es in der Regel höchstens zehn Personen, die sich aktiv an den Diskussionen beteiligen oder Anträge stellen. Erst in Gemeinden von 10 000 Einwohnern und mehr sind die Versammlungen lebhafter. Gelegentlich kommt es hingegen vor, dass Vereine, Interessengruppen oder Parteien auf eine Gemeindeversammlung hin ihre Anhänger mobilisieren, um einen Entscheid zu beeinflussen.

Mehr Kompetenzen in der Deutschschweiz

Welche Kompetenzen die Gemeindeversammlung hat, ist in der ganzen Schweiz sehr unterschiedlich und wird hauptsächlich von den kantonalen Regeln bestimmt. In den Deutschschweizer Kantonen haben die Gemeinden allgemein mehr Gestaltungsmöglichkeiten, in der Westschweiz weni-

> **KOMPETENZEN DER GEMEINDEVERSAMMLUNG: ZWEI BEISPIELE**
> Wie unterschiedlich eng oder weit die Kompetenzen von Gemeindeversammlungen in den verschiedenen Kantonen gefasst sind, zeigen zwei Beispiele.
>
> Das Gemeindegesetz des **Kantons Bern** hält in Artikel 12 zur Gemeindeversammlung – für die Gemeinden ohne Parlament – lediglich fest: «Die Stimmberechtigten sind das oberste Organ der Gemeinde. Sie äussern ihren Willen an der Gemeindeversammlung, soweit nicht das Organisationsreglement die Urnenabstimmung oder -wahl vorschreibt.»
>
> Im **Kanton Zug** hingegen ist das Gesetz sehr viel konkreter und umschreibt in Artikel 69 die Kompetenzen der Gemeindeversammlung so: «Die Gemeindeversammlung hat die folgenden Befugnisse:
> - Erlass von allgemeinverbindlichen Gemeindereglementen;
> - Beschlussfassung über den Zusammenschluss mit einer andern Gemeinde und über Änderungen der Gemeindegrenzen, sofern es sich nicht um kleine Grenzbereinigungen handelt;
> - Beschlussfassung über die (Global-)Budgets, den Steuerfuss und die übrigen Gemeindesteuern sowie Genehmigung der Leistungsaufträge;
> - Genehmigung der Jahresrechnung und allfälliger Separatrechnungen;
> - Beschlussfassung über neue Ausgaben und Kredite, soweit nicht der Gemeinderat zuständig ist;
> - Beschlussfassung über die Errichtung öffentlich-rechtlicher Anstalten oder Beteiligung an solchen;
> - Beschlussfassung über die Gründung von oder Beteiligung an privaten Unternehmungen oder Organisationen sowie über die Gewährung von Darlehen an solche;
> - Bewilligung von Kauf und Verkauf von Grundstücken, soweit nicht der Gemeinderat durch Gemeindebeschluss zuständig erklärt wird;
> - Aufsicht über die Tätigkeit des Gemeinderates und Oberaufsicht über die Gemeindeverwaltung;
> - Übertragung von Aufgaben an Dritte, sofern diesen hoheitliche Befugnisse zukommen;
> - die in Spezialgesetzen umschriebenen Befugnisse.»

ger. In gut 60 Prozent aller Gemeinden entscheidet die Versammlung über alle wichtigen Sachgeschäfte. Die grundsätzlichen Entscheide im finanziellen Bereich wie Budget, Rechnung und Steuerfuss werden traditionell dort entschieden. In kleinen Gemeinden gehören auch die übrigen grösseren Ausgaben dazu, in grösseren Gemeinden fällt der Entscheid darüber eher an der Urne.

Geheime oder offene Abstimmung?

Abstimmungen sind ein sehr demokratisches Instrument, um politische Entscheide zu fällen. Dies kann offen, beispielsweise durch Handerheben an der Versammlung, oder geheim mittels Stimmzetteln geschehen. Je nach Situation ist die eine oder die andere Variante sinnvoll:

- Bei der geheimen Abstimmung weiss niemand anderes, wie jemand abstimmt oder wählt. Dies verhindert einerseits, dass einem dadurch Nachteile erwachsen, etwa wenn jemand diesen Entscheid missbilligt. Anderseits verleitet es dazu, «denen da oben» eines auszuwischen, was man möglicherweise nicht täte, wenn andere einen dabei sehen könnten.
- In einer offenen Abstimmung zeigt man sich und seine politische Einstellung, was Vor- wie Nachteil sein kann. Wahrscheinlich überlegt man sich in einem solchen Fall genauer, wie man sich entscheidet. Man kann sich profilieren und Anhänger gewinnen, aber man exponiert sich auch und kann Kritik auf sich ziehen. Einer offenen Abstimmung geht in der Regel eine Diskussion um den Inhalt voraus, was für die Meinungsbildung positiv ist.

GEMEINDEVERSAMMLUNGEN VOR ALLEM IN KLEINEN GEMEINDEN

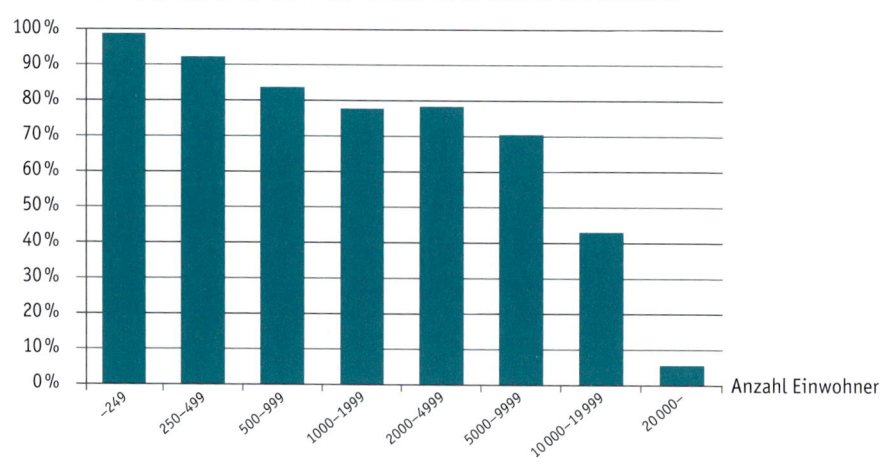

Die Grafik zeigt den Anteil von Gemeinden nach Einwohnerzahl, in denen Gemeindeversammlungen stattfinden (Stand 2013). Lesebeispiel: In fast 100 Prozent aller Gemeinden mit weniger als 250 Einwohnern werden Gemeindeversammlungen abgehalten.

Quelle: Andreas Ladner, Gemeindeversammlung oder Gemeindeparlament

Gemeindeparlamente in der Westschweiz auch in kleinen Gemeinden

2015 gab es in der Schweiz 475 Gemeindeparlamente, ein Drittel davon im Kanton Waadt. In den Kantonen Genf und Neuenburg haben sogar alle Gemeinden, auch die kleinsten, ein Gemeindeparlament. In der Deutschschweiz sind sie vor allem in grösseren Gemeinden und Städten zu finden. Wie der Anteil der Gemeindeversammlungen ist auch die Zahl der Parlamente in den letzten 25 Jahren relativ stabil geblieben. Es gibt eine leichte Abnahme, aber dies ist nicht auf einen grundsätzlichen Trend der Abschaffung und der Rückkehr zu Gemeindeversammlungen zurückzuführen, sondern auf Fusionen von Gemeinden.

Keine sehr alte Tradition

Die Vertreterinnen und Vertreter in den Gemeindeparlamenten werden von den Bürgern gewählt. Interessanterweise ist diese demokratische Möglichkeit nicht sehr alt und keine Tradition aus der alten Eidgenossenschaft: In den Städten entstanden zwar bereits im Mittelalter Parlamente oder Stadträte, diese setzen sich aber lediglich aus Grundbesitzern und Gewerbetreibenden zusammen und erneuerten sich auch aus diesen Kreisen. Die gewöhnlichen Stadtbewohner hatten kein Mitbestimmungs- oder Wahlrecht. Erst die von Napoleon durchgesetzte Verfassung der Helvetik um die Wende vom 18. zum 19. Jahrhundert gewährte allen Bürgern umfassende Rechte. In den Siebzigerjahren des letzten Jahrhunderts wurden aus zwei Gründen vermehrt Gemeindeparlamente einge-

«Für mich ist es eine wichtige Voraussetzung, dass jemand Interesse an verschiedenen Themen mitbringt. Man lernt in der Politik neue Themen kennen, von denen man vorher gar nicht gewusst hat, dass man sich damit befassen kann. Im Zürcher Gemeinderat befasst man sich beispielsweise an einem Tag mit der Bau- und Zonenordnung, am nächsten mit den Tarifen des Elektrizitätswerks, am dritten mit den Rechtsgrundlagen für die Institution SIP (Sicherheit, Intervention, Prävention) und am vierten Tag mit dem Stadionprojekt, einem sehr grossen Vorhaben. Es ist unglaublich, wie man zwischen verschiedenen Themen herumswitcht.»

Karin Weyermann, Gemeinderätin Zürich, Fraktionspräsidentin CVP

führt: Einerseits wegen der steigenden Bevölkerungszahlen – der wichtigere Grund war jedoch, dass sich mit der Einführung des Frauenstimmrechts 1971 die Zahl der Stimmberechtigten auf einen Schlag verdoppelte.

Versammlung oder Parlament, was ist besser?

Die beiden Modelle haben ihren Ursprung in unterschiedlichen Auffassungen über die Ausgestaltung der Demokratie: Die radikal-demokratische favorisiert die Versammlungsdemokratie, die liberal-repräsentative gibt einen Teil der Kompetenzen an ein Parlament ab. Werden sie einander gegenübergestellt, zeigt sich, dass es keine allgemeingültige Aussage gibt, welches Modell besser wäre. Wichtig ist zu erkennen, dass beide Modelle unterschiedliche Stärken und Schwächen haben: Die Gemeindeversammlung gibt allen Bürgerinnen und Bürgern die Chance, direkt mitzudiskutieren und mitzubestimmen – allerdings tun dies in Wirklichkeit nur die wenigsten. Zudem können dort Entscheide sehr spontan und aus dem Bauch heraus gefasst werden, die vielleicht zu einem anderen Zeitpunkt und in einer anderen Konstellation anders ausfallen würden. Bei einem Gemeindeparlament dagegen kann man davon ausgehen, dass die Geschäfte nicht nur von der Verwaltung und der Exekutive, sondern auch von den Parlamentsmitgliedern mehr oder weniger gründlich studiert und diskutiert werden. Deshalb kann hier auch über komplexere Projekte entschieden werden. Die Beteiligten bleiben über längere Zeit – meist mehrere Jahre – dieselben; diese Form ist deshalb weniger anfällig für Überraschungen. Zudem ist es für Parlamentsmitglieder einfacher, Vorstösse einzubringen, als für gewöhnliche Bürger bei der Gemeindeversammlung.

Zum Ausgleich der Schwächen der beiden Modelle empfiehlt Andreas Ladner verschiedene Massnahmen und Mittel. Beim Parlamentsmodell ist es vor allem die Unterstützung der gewählten Vertreterinnen und Vertreter durch einen kompetenten, leistungsfähigen Parlamentsdienst und durch ständige Kommissionen mit festen Aufgabenbereichen. In Versammlungsgemeinden ist es wichtig, dass die Entscheide trotz tiefer Beteiligung demokratisch breit abgestützt werden. Dies geschieht am besten mit Urnenabstimmungen für die besonders wichtigen Geschäfte und mit der Möglichkeit, gegen Versammlungsbeschlüsse nachträglich das Referendum zu ergreifen.

Leisten viel Arbeit im Hintergrund: Kommissionen

Neben den gewählten Vertretern in der Exekutive und – wo vorhanden – im Parlament gibt es wie im Bund und in den Kantonen in wahrscheinlich allen Gemeinden zumindest eine oder mehrere Kommissionen, die die Gemeindebehörden unterstützen und kontrollieren. Sie leisten im Hintergrund viel Arbeit und haben viel Einfluss.

Es gibt Kommissionen mit Entscheidungsbefugnis und solche, die nur beratend tätig sind. Es gibt ständige und nur für eine gewisse Dauer eingesetzte und es gibt welche, die aus gewählten Parlamentsmitgliedern bestehen, andere mit aussenstehenden Experten und auch gemischte (siehe auch Seite 61).

Überprüfung von Finanzen und Geschäftsführung
Die wichtigsten Kommissionen sind die Finanz- und Rechnungsprüfungskommission sowie die Geschäftsprüfungskommission. Es gibt sie deshalb in vielen Gemeinden. Erstere berät und kontrolliert, wie es der Name ausdrückt, die wichtigen finanziellen Vorgänge: Budget, Jahresrechnung sowie grössere Einzel- und wiederkehrende Ausgaben. Die Kontrolle erstreckt sich sowohl darauf, ob die Vorgänge rechtlich und buchhalterisch korrekt sind, als auch, ob sie finanziell vernünftig sind. Diese Kommissionen können keine Entscheidungen treffen, sondern nur Empfehlungen und Anträge zuhanden des Gemeinderats und der Gemeindeversammlung oder des Parlaments verfassen.

Die Geschäftsprüfungskommissionen prüfen, ob der Gemeinderat und die Verwaltung ihre Geschäfte korrekt führen. Dazu dürfen sie Akten einsehen und Personen befragen, haben aber keine weitreichenden Befugnisse. Über ihre Erkenntnisse erstellen sie einen Rechenschaftsbericht, der anschliessend von der Gemeindeversammlung oder dem Gemeindeparlament genehmigt werden muss.

Sachkommissionen für einzelne Bereiche
Daneben können Gemeinden je nach Bedarf weitere Kommissionen einsetzen. Für eine Kleingemeinde typisch ist beispielsweise eine Baukommission mit drei Mitgliedern, deren Vorsitzender Gemeinderat ist. Diese begutachtet Baugesuche zuerst intern und legt sie dann dem Gesamtgemeinderat vor, der als Gremium darüber entscheidet.

«Es braucht Sportsgeist, gerade in städtischen Parlamenten. Hier geht es konfrontativ zu, hier geht es um Showkampf. In der Kommission ist es wieder anders: Man muss zusammenarbeiten, und oft kommt man dort mit dem politischen Gegner sogar einfacher zurecht als mit dem Freund. Diejenigen, die sich auf einer Mission fühlen, haben ein Problem. Sie rennen an, kommen immer wieder mit dem Gleichen, haben das «Gschpüri» nicht, nerven erst die Exekutive, dann das Parlament. Irgendwann ärgern sich alle. Es ist ja gut, wenn jemand Drive hat. Aber im Parlament brauchts weniger Drive als einen langen Atem, Geduld, Kondition.»

David Berger, Mitglied Grosser Gemeinderat Winterthur, Alternative Liste

Die Zahl solcher Kommissionen variiert stark, Die Kleinstgemeinde Hospental mit 200 Einwohnern hat nur eine einzige, die Baukommission, bestehend aus drei Personen. In Simplon mit 320 Einwohnern gibt es über zehn, unter anderem für die Finanzen, das Sozialwesen, das Forstrevier, das Bauwesen inklusive Strassenbau und -unterhalt, die Stromversorgung, die Schule, die Landwirtschaft sowie die Orts- und Raumplanung. Die Stadt Thun mit 44 000 Einwohnern hat fünf ständige Sachkommissionen mit je sieben Mitgliedern des Stadtparlaments: Präsidiales und Finanzen; Bau und Liegenschaften; Bildung, Sport, Kultur; Sicherheit und Soziales; Stadtentwicklung. Dazu kommt die Budget- und Rechnungskommission mit neun Mitgliedern. In diesen Kommissionen sitzen insgesamt 44 Personen.

Alle Kommissionen auf den Ebenen von Bund, Kantonen und Gemeinden zusammen zählen schätzungsweise 70 000 Mitglieder.

> **TIPP** *Für Politikneulinge ist die Mitarbeit in einer Kommission ein guter Einstieg: Die Materie ist überblickbarer und klarer eingegrenzt als etwa im Gemeinderat. Fachkommissionen wie die Feuerwehr-, die Verkehrs- oder die Bildungskommission sind dafür gute Beispiele. Die Arbeit in der Finanz- und Rechnungsprüfungskommission oder in der Geschäftsprüfungskommission erfordert bereits mehr Kenntnisse und Verständnis und sicher auch mehr Aufwand. Einblicke in die Mechanismen und Regeln der Politik erhält man in allen.*

Wo Gemeinden zusammenarbeiten: Zweckverbände

Eine Gemeinde mit ihren Einwohnern, ihren Strukturen, ihren geografischen Grenzen ist ein sehr fassbares Gebilde. Viele und zunehmend mehr Aufgaben lassen sich aber in dieser Dimension nicht mehr sinnvoll und vor allem nicht effizient und günstig lösen. Deshalb gibt es viele Formen und Organisationen der Interkommunalen Zusammenarbeit.

Die Siedlungsgebiete in der Schweiz breiten sich immer mehr aus, vielerorts wachsen sie ganz zusammen, besonders um die grösseren Orte und Städte herum. Dies führt dazu, dass sowohl aus der Vogelperspektive wie auch beim Durchqueren am Boden nicht mehr einzelne Ortschaften, sondern nur noch grosse besiedelte Gebiete aus mehreren Gemeinden sichtbar sind.

Es ist offensichtlich, dass sich viele und zunehmend mehr Aufgaben besser als von der einzelnen Gemeinde von allen gemeinsam bewältigen lassen. Der Oberbegriff dafür ist «interkommunale Zusammenarbeit», eine sehr weit verbreitete Form sind die Zweckverbände. Diese dienen, wie es der Name sagt, genau dazu: einen bestimmten Zweck im Verband mehrerer Partner zu erfüllen.

Die Partner sind vor allem Gemeinden, manchmal auch Organisationen, die Zwecke schier unendlich. Typische Bereiche für Kooperationen sind etwa die Feuerwehr, der Zivilschutz, der öffentliche Verkehr, die Schulen, die Abfallentsorgung, die Abwasserentsorgung und -reinigung, die Wasserversorgung, öffentliche Bauten und viele Dienstleistungen im Sozial- und Gesundheitsbereich wie Spitex, Jugendarbeit, Altersheime,

> *«Ich habe als Gemeinderätin die Feuerwehr entdeckt. Früher hatte ich keine Ahnung davon, ich wusste gerade, dass es sie gibt. Mittlerweile bin ich ein grosser Fan und finde die Feuerwehr superspannend. Wer sich für etwas interessiert, wächst hinein.»*
>
> Christine Badertscher, Gemeinderätin Madiswil BE, Grüne

Drogenproblematik oder Kulturangebote. Kurz gesagt: Für fast alle Gemeindeaufgaben gibt es solche Zusammenarbeitsgremien, am seltensten sind sie bei den Finanzen, den Baubewilligungen sowie bei der Organisation von Behörden und Verwaltung inklusive Einwohnerdiensten.

Zusammenarbeit bei einem Drittel aller Aufgaben

Die Gemeindeschreiberbefragung des IDHEAP ergab, dass, über die ganze Schweiz betrachtet, die Gemeinden durchschnittlich bei einem Drittel aller Aufgaben mit anderen Gemeinden zusammenarbeiten. Für die Westschweizer Kantone Genf, Neuenburg und Waadt sowie für Nidwalden sind die Werte höher, für Obwalden, Schaffhausen und Schwyz tiefer.

ZAHL DER ZWECKVERBÄNDE NACH GEBIETEN IM KANTON ZÜRICH

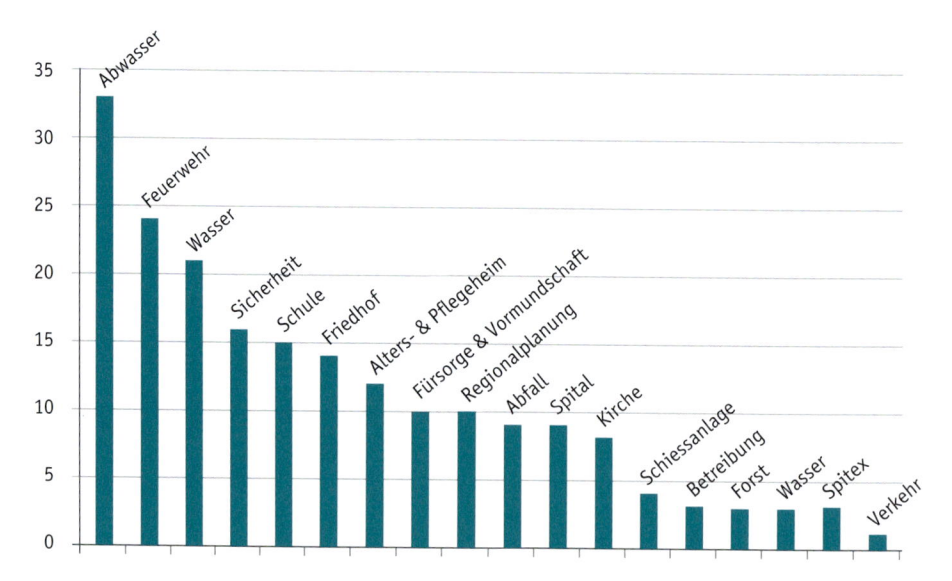

Gebiet	Zahl
Abwasser	33
Feuerwehr	24
Wasser	21
Sicherheit	16
Schule	15
Friedhof	14
Alters- & Pflegeheim	12
Fürsorge & Vormundschaft	10
Regionalplanung	10
Abfall	9
Spital	9
Kirche	8
Schiessanlage	4
Betreibung	3
Forst	3
Wasser	3
Spitex	3
Verkehr	1

Besonders viele Zweckverbände gibt es bei der Bewältigung von Infrastrukturaufgaben wie Abwasserreinigung und Wasserversorgung sowie bei der Feuerwehr.

Quelle: Statistisches Amt Kanton Zürich/Gemeindeamt Kanton Zürich

GRÖSSERE UND KLEINERE ZWECKVERBÄNDE

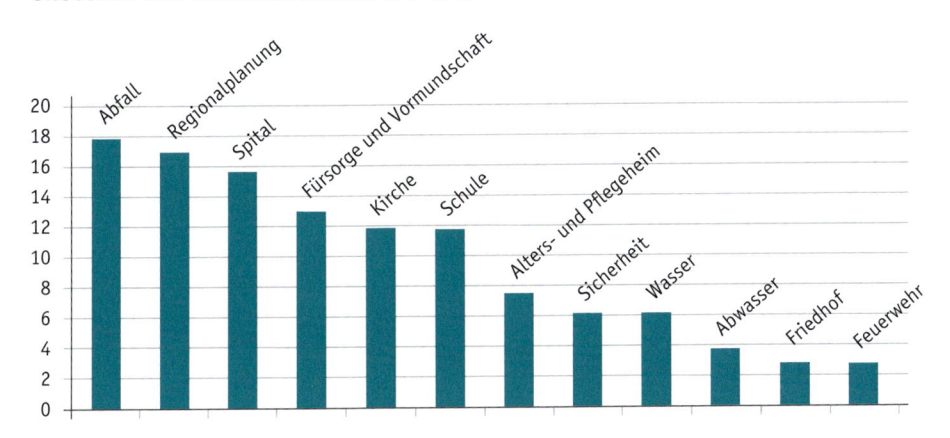

Werte im Diagramm (Balkenhöhen, gerundet):
- Abfall: 18
- Regionalplanung: 17
- Spital: 16
- Fürsorge und Vormundschaft: 13
- Kirche: 12
- Schule: 12
- Alters- und Pflegeheim: 8
- Sicherheit: 6
- Wasser: 6
- Abwasser: 4
- Friedhof: 3
- Feuerwehr: 3

Gewisse Aufgabenbereiche erfordern die Zusammenarbeit in grösseren Dimensionen. Abfallverbrennungsanlagen sind gross und teuer, und es ist kein Problem, Abfall aus vielen, auch weiter entfernten Gemeinden dorthin zu transportieren. Eine Feuerwehr hingegen braucht bloss ein Lokal mit Garage und muss im Brandfall sehr rasch vor Ort sein, kann also nicht über viele Gemeinden hinweg organisiert werden.

Quelle: Statistisches Amt Kanton Zürich/Gemeindeamt Kanton Zürich

In einigen Aufgabenbereichen ist die Zusammenarbeit deutlich höher: Bei der medizinischen Versorgung inklusive Spitex beziehungsweise Hauspflege organisieren sich 90 Prozent aller Gemeinden mit anderen gemeinsam, bei der Feuerwehr, im Schulwesen und bei der Altersbetreuung sind es 75 Prozent, bei der Wasserversorgung, der Abwasser- und Abfallentsorgung sowie der Sozialhilfe 50 bis 60 Prozent. Und auch wenn es keine genauen Zahlen gibt: Die Intensität der interkommunalen Zusammenarbeit nimmt zu.

Formen von Zweckverbänden

Je nach Grösse der beteiligten Partner und der Aufgaben kann ein Zweckverband unterschiedlich aufgebaut sein. Dies sind typische Modelle:
- Ein Kleinverband für nur einen einzigen Zweck, etwa für den Betrieb eines Hallenbads, und mit ein paar wenigen Partnergemeinden hat für die politische und strategische Führung ein Gremium von Delegierten der beteiligten Gemeinden. Meist sind es Mitglieder der Gemeinderäte und/oder Fachleute der Verwaltungen. Diese Delegierten werden von ihren Gemeindeexekutiven geführt und kontrolliert. Mit der operativen Ausführung ist eine Person, etwa der Betriebsleiter des Hallenbads, betraut.
- Ein etwas grösserer Verband mit komplexeren Aufgaben, beispielsweise dem Betrieb eines Alters- und Pflegeheims mit verschiedenen Abteilungen, hat eine eigens eingesetzte Leitung; diese überträgt die operative Ausführung allenfalls weiteren Personen, den Abteilungsleitern. Die Leitung wird von Delegierten der Gemeindeexekutiven strategisch geführt.
- In noch grösseren Verbänden mit mehr beteiligten Gemeinden, etwa in einem Regionalplanungsverband, wird die Delegiertenversammlung zu gross, als dass sie die strategische Unternehmensführung übernehmen könnte. Diese wird deshalb an die Verbandsleitung delegiert. In grossen Verbänden ist es möglich, dass die Legislativen der Gemeinden, die Gemeindeversammlung oder das Parlament, mittels Abstimmungen die Strategie bestimmen.

Zweckverbände und Demokratie

Formen der interkommunalen Zusammenarbeit werden oft als Alternative zu Fusionen angesehen (siehe Seite 37). Ein Zweckverband erlaubt es, öffentliche Aufgaben dort zu erfüllen, wo sie benötigt werden, auch wenn dieses Gebiet nicht mit den Gemeindegrenzen übereinstimmt. Die Gemeinde behält dennoch die politische Selbständigkeit. Und es ist – zumindest theoretisch – offensichtlich, dass eine sinnvolle Zusammenarbeit die Qualität der erbrachten Leistungen erhöht und Kosten sparen kann.

Allerdings gibt es durchaus berechtigte Bedenken gegenüber diesen Zweckverbänden, weil sie oft nicht wirklich demokratisch kontrolliert werden können.

Konkrete Einflussmöglichkeiten nur punktuell

Konkreten Einfluss haben die Stimmberechtigten in der Regel bei der Gründung eines Verbands beziehungsweise beim nachträglichen Beitritt einer Gemeinde sowie bei grösseren Ausgaben und beim Entscheid über das Gemeindebudget – nicht aber bei den alltäglichen Angelegenheiten. Die Gemeindevertreter in den Verbänden werden meist vom Gemeinderat bestimmt. Handelt es sich um ein Ratsmitglied, ist zumindest dieses von den Bürgerinnen und Bürgern gewählt worden. Das gilt aber nicht für eine Fachperson der Verwaltung.

Die Gemeindevertreter wählen als Gremium die Verbandsführung, in der Regel einen Vorstand, der dann seinerseits für die laufenden Geschäfte einen Geschäftsführer ernennt oder engagiert. Durch diese Kompetenzdelegation über mehrere Stufen ist keine wirksame demokratische Kontrolle mehr möglich. Ausserdem macht sie die Entscheidungsprozesse eher undurchsichtig. Hinzu kommt, dass die Ausgaben und die Dienstleistungen mehrerer Gemeinden zugute kommen und es schwierig bis unmöglich ist, den Nutzen für die einzelne Gemeinde zu berechnen. Die Gemeindevertreter werden wohl in erster Linie dafür schauen, dass Nutzen und Lasten zugunsten ihrer eigenen Gemeinde verteilt werden.

> *«Zuerst stellt man fest, dass Abläufe manchmal undurchsichtig sind: Entscheidungen fallen nicht so, wie, und nicht dort, wo man meint. Doch wenn man allmählich durchschaut, wie es wirklich läuft, und lernt, auch die inoffiziellen, jedoch relevanten Kanäle und Wege zu nutzen, macht das auch ein wenig diebische Freude.»*
>
> *Eva Hauser, Sozialbehörde Männedorf ZH, SP*

Anderseits ist eine solche Kompetenzdelegation die einzige Möglichkeit. Es wäre wenig sinnvoll, dass Institutionen, die einem bestimmten und definierten Zweck dienen, von einer heterogenen Gruppe geführt werden: von den Stimmberechtigten mehrerer Gemeinden mit wahrscheinlich unterschiedlichen und vielleicht sogar sich widersprechenden Interessen.

«Die Mission ist mir mehr unter die Haut gegangen, als ich gedacht hatte.»

BEAT ROESCHLIN war als Spitzenmanager in schweizerischen und ausländischen Unternehmen weltweit tätig. Heute ist er Gemeindepräsident von Tujetsch im Kanton Graubünden, wo er zuvor jahrelang Feriengast war. Sein Respekt vor der Politik ist durch sein Amt gestiegen.

Sie sind seit Frühling 2015 Gemeindepräsident von Tujetsch. Was ist Ihre persönliche Bilanz dieser Amtszeit?
Ich denke und handle anders als vorher. Mir ist bewusst geworden, wie gross die soziale Verantwortung ist und wie wichtig es ist, diese wahrzunehmen – für die Bürgerinnen und Bürger, für die Schule, für die Fürsorge, für die ganze Gemeinde. Früher habe ich zwar gewusst, dass es so etwas gibt, aber jetzt fühle ich, was es ist. Zudem habe ich einen unglaublichen Respekt vor der Milizarbeit entwickelt. Die Mission ist mir mehr unter die Haut gegangen, als ich ursprünglich erwartet hatte: Erst spürte ich Frustration, jetzt spüre ich eine neue Qualität der Motivation.

Was betrachten Sie als persönlichen Erfolg?
Tujetsch und ich, das geht zusammen. Am Anfang entstanden Gräben – das ist oft so, aber dann muss man Brücken bauen, um diese Gräben zu überwinden. Ich rechne es den Leuten von Tujetsch hoch an, dass sie mich akzeptieren, obwohl ich noch nicht romanisch spreche, nicht mit dieser Sprache aufgewachsen bin.

Was haben Sie nicht erreicht, was Sie erreichen wollten?
Erfolg und Misserfolg liegen meist nahe beieinander. So empfinde ich es als Erfolg, dass ich Bewegung in die Tourismusorganisation gebracht, den Sinn dafür geweckt habe, dass sich etwas ändern muss. Dazu habe ich den Vertrag mit der dafür zuständigen Organisation «Sedrun Disentis Tourismus» gekündigt – wusste aber nicht, welche Lawine, welches Erdbeben ich dadurch auslösen würde. Ich bin zwar der Überzeugung, dass man gelegentlich etwas zerstören muss, um Neues aufzubauen. Aber das würde ich heute anders machen. Es hat auch enorm viel Energie verschlissen.

Haben Sie Neues gelernt?
Ich habe gelernt, dass die Struktur des politischen Entscheidungsprozesses viel tiefer und die Dynamik viel intensiver ist, dass die politischen Gesetzmässigkeiten stärker sind, als ich mir vorgestellt hatte. Die Aufgaben sind hochkomplex, die einzelnen Bereiche untereinander stark vernetzt, was dementsprechend hohe Fachkenntnisse fordert. Die Kontaktpflege mit den lokalen und regionalen Stakeholdern – das sind unter anderem die Leute auf der Strasse, aber auch Behörden und Amtsstellen anderer Gemeinden und des Kantons – ist sehr intensiv.

Welche Unterschiede zwischen der Wirtschaft und der Politik sehen Sie?
In der Politik läuft alles viel langsamer als in der Wirtschaft, aber das hat seine Gründe. Einer der wichtigsten ist eben der, dass alles sehr eng miteinander verbunden ist. Alles hat Auswirkungen auf sehr viele andere Dinge, und es sind sehr viele Menschen involviert, mit denen man reden muss. In der Wirtschaft kann man aufgrund betrieblicher Tatsachen Entscheide über die Köpfe der Belegschaft hinweg fällen. In der Politik geht das nicht. Wir haben eine ganz andere Stakeholdership – etwa die Leute, die ich auf der Strasse antreffe, die alle eine Meinung haben und diese auch ausdrücken und unter Umständen durchsetzen können, auch wenn sie meiner Überzeugung widerspricht. Führungsanweisungen sind in der Politik nicht zielführend, einsame Entscheide nicht möglich.

Kann denn die Politik von der Wirtschaft trotzdem etwas lernen?
Ja, etwa dass man gelegentlich ein Risiko eingehen soll oder muss. Viele gute Initiativen scheitern daran, dass in der Diskussion darüber tausend Gründe angeführt werden, weshalb man dieses Vorhaben nicht umsetzen solle. Aber auch, dass man strategisch, längerfristig und grossräumiger denken muss. Hier in Tujetsch mit weniger als 1400 Menschen wird oft noch in den Dimensionen der elf Gemeindefraktionen gedacht.

WENN DER BOOM VORBEI IST

Tujetsch liegt im Vorderrheintal am Fuss des Oberalppasses. Die Gemeinde zählt 1400 Einwohner. Bekannt ist der Ortsteil Sedrun, wo sich bis vor Kurzem eine Baustelle des Gotthardbasistunnels befand. Während fast 20 Jahren arbeiteten und lebten zusätzlich bis zu 1300 Personen in Sedrun, die auch hier konsumierten und Steuern bezahlten. Heute sind alle wieder weg, was die Gemeinde vor Probleme stellt. 2014 suchte Tujetsch einen Gemeindepräsidenten per Zeitungsinserat und Brief an die Zweitwohnungsbesitzer. Beat Roeschlin, der im Kanton Zug lebte, stellte sich zur Verfügung, weil ihn die Herausforderung reizte.

4

Ein Gemeinderatsamt ist eine Managementfunktion

Ein Milizamt in einer Gemeindeexekutive ist nicht zu unterschätzen: Die Führung einer Gemeinde ist zumindest ebenso anspruchsvoll wie die Führung eines Unternehmens. Das Spektrum der Aufgaben ist sehr breit, und auch in kleinen Gemeinden geht es um recht viel Geld. Vor allem aber geht es um Menschen, die Ansprüche stellen, die befriedigt werden müssen.

Das Milizsystem: offen für (fast) alle

Die meisten Exekutivämter in den meisten Gemeinden sind Milizämter. Das heisst, dass sie nicht im Hauptberuf und nicht gegen Lohn ausgeübt werden. Politische Ämter sollen von jedermann besetzt werden können. Es gibt deshalb kein definiertes Berufsbild und keine Lehre. Was es auf jeden Fall braucht, sind eine grosse Portion gesunden Menschenverstand, persönliche Qualitäten und die Bereitschaft, sich intensiv in die Materie einzuarbeiten.

Die Schwelle zum Einstieg in ein politisches Amt ist tief: Grundsätzlich sind als Gemeinderäte, Regierungsräte und sogar für den Bundesrat alle Schweizer Bürgerinnen und Bürger wählbar, die mindestens 18 Jahre alt und «nicht wegen Geisteskrankheit oder Geistesschwäche entmündigt sind» (Art. 136 der Bundesverfassung). Je nach Gemeinde oder Kanton muss man dort wohnen. In mehreren Kantonen, vor allem in der Westschweiz, können auch Ausländer in gewisse Ämter gewählt werden (siehe Seite 217).

> **INFO** *Auslandschweizer können ihre politischen Rechte auf Bundesebene von ihrem Wohnort aus wahrnehmen. Die Teilnahme an kantonalen Wahlen und Abstimmungen ist nur in bestimmten Kantonen möglich und wird in deren Gesetzen geregelt. Da laut Bundesverfassung alle Stimmberechtigten für den Nationalrat kandidieren dürfen, gilt das auch für diese Personen. Die Wählbarkeit in den Ständerat ist kantonal unterschiedlich geregelt.*

Der Gemeindepolitiker, die Gemeindepolitikerin

Da der Beruf «Politiker» nicht eigentlich ein Beruf ist, gibt es auch keine definierten Voraussetzungen, die man erfüllen müsste. Erforderlich oder zumindest erwünscht sind «weiche» Qualifikationen, menschliche Fähigkeiten:

- gute Allgemeinbildung, breites Wissen, Interesse an der Politik allgemein
- die Bereitschaft, die notwendige Zeit zu investieren
- die Bereitschaft, sich fachlich in die Materie einzuarbeiten beziehungsweise sich weiterzubilden
- die Fähigkeit, strategisch, vernetzt und in Zusammenhängen zu denken
- Neutralität, Verweigerung von Vetternwirtschaft
- Bekenntnis zum Kollegialprinzip, Vertrauenswürdigkeit
- hohe Sozialkompetenz, Einfühlungsvermögen für die Anliegen der Bürgerinnen und Bürger

Also all das, was echte Persönlichkeiten auszeichnet. In kleinen Gemeinden muss man zudem bereit sein, ganz handfest und konkret anzupacken. Denn dort gibt es in der Regel keine ausgebaute Verwaltung; als Gemeinderats- oder Kommissionsmitglied muss man vieles selber erledigen.

Äusserst ungünstig für die Ausübung solcher Ämter ist es, wenn jemand sich die nötige Zeit dafür nicht nimmt – sowohl für die Präsenz an Sitzungen und anderen Terminen als auch für die Einarbeitung in die Dossiers. Sehr ungünstig ist es auch, wenn ein Gemeinderat seine Zeit schlecht einteilt, sich schlecht organisiert. Dasselbe gilt für Interessenkonflikte zwischen politischen und eigenen kommerziellen Geschäften: Handelt es sich um Einzelfälle, muss man jeweils bei der Behandlung in den Ausstand treten. Kommt es zu vielen Interessenkonflikten, kann man die eigentliche Aufgabe nicht wahrnehmen. Und auch hier: Übersteigertes Selbstbewusstsein oder Selbstüberschätzung, undiplomatisches Vorgehen, der Unwille, die komplexen und oft langwierigen Prozesse der Politik zu akzeptieren, führen fast sicher zum Misserfolg.

RELATIV NAHELIEGEND SIND INTERESSENKOLLISIONEN, wenn ein Bauunternehmer oder Architekt Bauvorstand der Gemeinde ist. Zwar ist es sinnvoll, einen Fachmann mit den Baugesuchen zu betreuen. Wenn dieser aber an der Realisierung beteiligt ist, also daran Geld verdient, wird es heikel. Auch Schreiner oder Spengler, Auto- oder Computerhändlerinnen, Rechtsanwältinnen oder Raumplaner können ihre Kompetenzen in ein politisches Gremium einbringen. Und auch sie müssen darauf achten, dass sie keinen materiellen Vorteil für ihre privaten Geschäfte daraus ziehen.

Ein Sprung ins kalte Wasser
Da die meisten Neuen nur wenig oder gar keine Kenntnisse und Erfahrungen in der öffentlichen Verwaltung mitbringen, müssen sie sich für die Einarbeitung viel Zeit reservieren und von Anfang an die Hilfe von Kolleginnen und Kollegen und der Verwaltung in Anspruch nehmen. Der Besuch von Informationsveranstaltungen und Einführungskursen hilft ebenso wie die möglichst regelmässige Teilnahme an Sitzungen, Versammlungen und Veranstaltungen. Im Übrigen gilt: Es ist ein Sprung ins kalte Wasser – gut zu wissen, dass es praktisch allen gleich ergeht. Und gerade weil die Ämter Milizämter sind und weil sich jeder und jede wählen lassen kann, sind sie für Durchschnittsbürger durchaus zu bewältigen. Wichtig ist der Wille, es zu packen. Die fachlichen Fähigkeiten kann man sich erarbeiten oder man kann sich von anderen helfen lassen.

«Wenn man in einem bestimmten Bereich nicht sattelfest ist, kann – und soll – man sich beraten lassen. Das sagen mir immer wieder Leute, die bereits viel Erfahrung haben.»
Alexandra Fingerhuth-von Muralt,
Vorstand FDP.Die Liberalen Zürich 7 + 8

Ausbildungsmöglichkeiten

Ein allgemeingültiges Anforderungsprofil für Politiker gibt es nicht. Grundsätzlich ist ja jeder Bürger und jede Bürgerin wählbar, und niemand muss zuvor eine Politikerschule besuchen. Wer sich jedoch nicht alles mühsam selber erarbeiten will, findet Ausbildungsmöglichkeiten verschiedenster Art.

Vom CAS ...
Einige Hoch- und Fachhochschulen sowie andere Bildungsinstitutionen bieten Lehrgänge und Seminare für Personen an, die sich Kenntnisse für ihr politisches Amt aneignen oder diese vertiefen wollen. Meist sind die Kurse für Mitarbeiter der Verwaltung ausgeschrieben, aber manche stehen auch Milizpolitikern offen. In der Regel handelt es sich um CAS-Studiengänge, kompakte und praxisorientierte Lehrgänge zu einem bestimmten Thema.

DAS CAS DER HOCHSCHULE LUZERN besteht beispielsweise aus drei Modulen mit insgesamt 20 Kurstagen, läuft über ein halbes Jahr und kostet gegen 10 000 Franken. Dasjenige der Zürcher Hochschule für Angewandte Wissenschaften ist ähnlich angelegt. An der Hochschule für Angewandte Wissenschaften St. Gallen kann man ein CAS Gemeindeentwicklung absolvieren, das laut Ausschreibung rund 18 Präsenztage sowie einen Gesamtaufwand von 450 Stunden erfordert und 7200 Franken kostet.

Allerdings sind CAS-Lehrgänge für ein Gemeinderats- oder Kommissionsmitglied mit einem 20- oder 30-Prozent-Pensum wohl zu umfangreich, zu aufwendig und zu teuer. Dasselbe gilt für die Weiterbildung zum Eidgenössischen Fachausweis öffentliche Verwaltung, die zurzeit eingeführt wird.

DER LOHN IST EIGENTLICH GAR KEINER

Der Lohn für ein Gemeinderatsamt ist meist kein eigentlicher Lohn, sondern eine Entschädigung, die entweder nach Aufwand oder pauschal ausgerichtet wird. Dies bedeutet, dass anders als bei einer richtigen Anstellung keine oder zumindest nicht alle Sozialleistungen – wie Ferienlohn, Lohn bei Krankheit oder Pensionskassenbeiträge – darin enthalten sind. Dies alles geht zulasten des Amtsinhabers, was durchaus ins Gewicht fallen kann.

Es gibt zwar Gemeinden, die Milizpolitiker mit Voll- oder Teilzeitpensen richtig anstellen; in grösseren und in den Städten ist dies sogar die Regel. Die Löhne sind teilweise durchaus anständig, öfter aber eher zu knapp als zu üppig bemessen. Es ist klar: Wegen des Geldes muss man nicht Gemeinderat in einem Dorf werden. Die Gemeinde Uzwil schreibt denn auch in ihrem Anforderungsprofil für den Gemeinderat ganz offen: «Wichtigster ‹Gewinn› aus der Behördentätigkeit ist die persönliche Befriedigung, die Gemeinde aktiv mitzugestalten und weiterzuentwickeln.»

Dies bestätigen viele, die selber diese Tätigkeit ausüben: Ein Gemeinderatsamt bringt viel für die persönliche Entwicklung. Man lernt dabei, ein Geschäft vorzubereiten, ein Projekt zu erarbeiten. Man lernt, sich vor Leute hinzustellen und etwas zu vertreten. Man entwickelt ein Netzwerk, das einem auch ausserhalb und nach der Politik von Nutzen sein kann. ∎

... bis zum Abendseminar

Es gibt auch einfachere, kürzere und niederschwelligere Angebote, vor allem von kantonalen Verbänden: Der Verband Thurgauer Gemeinden führt beispielsweise jeweils zu Beginn einer Legislaturperiode Abendseminare zum Finanz-, Bau- und Planungs-, Gesundheits- und Sozialwesen durch, dazu ein Tagesseminar für Gemeindepräsidenten. Diese Angebote richten sich in erster Linie an Neugewählte. Der Verein Zürcher Gemeindeschreiber und Verwaltungsfachleute bietet einerseits Fach- und Führungskurse an, andererseits zusammen mit dem Gemeindepräsidentenverband auch spezielle Behördenschulungen. Wie im Thurgau finden diese zu Beginn einer Amtsperiode statt. Der Bernische Gemeindeverband organisiert gemeinsam mit Partnern ebenfalls verschiedene Aus- und Weiterbildungen, von Tageskursen bis Diplomlehrgängen.

Was sollte ein Gemeinderatsmitglied können?

Es gibt kein offizielles Berufsbild und kein verbindliches Anforderungsprofil für Milizpolitiker. Deshalb haben viele Gemeinden sowie Gemeinde- und Behördenverbände Kriterienkataloge ausgearbeitet. Gefordert oder zumindest sehr erwünscht sind vor allem persönliche und soziale Fähigkeiten.

Der Verband Luzerner Gemeinden hat ein Anforderungsprofil für Gemeinderäte erstellt, das grundsätzlich auch für die Gemeinden in den übrigen Kantonen gilt. Dieses umschreibt die Aufgaben des Gemeinderats so: «Dem Gemeinderat obliegt die strategische Führung der Gemeinde, im Gegensatz zur normativen Führungsebene, der Gemeindeversammlung, und der operativen, der Gemeindeverwaltung.»

Anders gesagt: Der Gemeinderat ist ein Planungs- und Führungsgremium. Er soll fachlich, politisch und sozial kompetent führen und zeitgerecht, vorausschauend und mit Blick aufs Ganze handeln. Er soll die Bewohnerinnen und Bewohner korrekt und offen informieren und sich ihnen gegenüber kooperativ verhalten. Dies erfordert visionäres und strategisches Denken sowie Offenheit gegenüber neuen Ideen. Auch sollen die Ratsmitglieder bereit sein, sich weiterzubilden.

Anforderungen konkret

Die konkreten Anforderungen, die gemäss diesem Profil an Gemeinderäte gestellt werden, sind hoch.

- Persönliche Voraussetzungen
  - guter Ruf, geklärte private Verhältnisse – familiär, finanziell und beruflich
  - zeitliche Flexibilität
  - Bereitschaft zu einem längeren Engagement, für mehr als nur eine vierjährige Legislaturperiode
  - positive Einstellung zum Staat
- Persönlichkeitsmerkmale
  - geradlinig, sachlich, entscheidungsfreudig
  - durchsetzungsstark, bereit, Verantwortung und Führungsaufgaben zu übernehmen
  - innovativ, speditiv, belastbar und konfliktfähig
  - menschlich einfühlsam und verständnisvoll, sensibel für Sorgen der Bevölkerung
  - offen, interessiert und motiviert, gleichzeitig verschwiegen und diskret
  - loyal, team- und konsensfähig
  - kommunikativ
  - bereit zur Weiterbildung
- Fachliche Voraussetzungen
  - gute Allgemeinbildung
  - Strukturen
  - Grundkenntnisse des Rechnungswesens
  - Kenntnisse über Gemeinde- und Kantonsfinanzen

Gemeinderat ist eine Leitungsfunktion

Ein Gemeinderat ist für die Gemeinde etwa das, was die Geschäftsleitung für ein Unternehmen. Führungserfahrung ist deshalb in jedem Fall ein Vorteil. Zwar ist der Vergleich einer Gemeinde mit einem Unternehmen nur teilweise sinnvoll; viele Bereiche, Aufgaben und Möglichkeiten sind nicht vergleichbar. So müssen sich Politiker weniger fürchten, für Fehlentscheide zur Verantwortung gezogen zu werden, als Führungspersonen in der Wirtschaft. Für finanzielle Fehlentscheide oder Budgetüberschreitungen werden sie nicht zur Kasse gebeten, abgewählt werden sie selten. Dafür müssen sie ihre Beschlüsse häufiger und besser begründen, denn in der Politik lassen sich Entscheide nicht einfach über die Köpfe der Bürgerinnen und Bürger hinweg fällen.

«Meine Arbeit beinhaltet auch viel Operatives. Die Haupttätigkeit ist, mit Leuten zu telefonieren oder persönlich zu reden. Das ist der viel grössere Teil, als im Studierstübchen Unterlagen zu lesen.»

Christine Badertscher, Gemeinderätin Madiswil BE, Grüne

Anders als in der Wirtschaft können die Mitglieder einer politischen Behörde weniger direkt diszipliniert und auf eine gemeinsame Linie eingeschworen werden. Auch wenn in den Gemeinden viel mehr Sach- als Parteipolitik gemacht wird, haben die Gemeindepolitiker unterschiedliche Ansichten, unterschiedliche Voraussetzungen und unterschiedliche Interessen. Trotzdem müssen sie sich einigen und immer wieder Kompromisse finden – eine Herausforderung. Ist ein Kompromiss gefunden und ein Beschluss gefasst, sind die Mitglieder des Gemeinderats daran gebunden und müssen ihn unter Umständen gegenüber der Öffentlichkeit vertreten – auch wenn sie ihm nicht zugestimmt haben.

VOR ZWANZIG JAHREN MACHTE LEUKERBAD, der Walliser Kurort, Schlagzeilen. Unter Gemeindepräsident Otto G. Loretan (ab 1981) investierte der Ort massiv in den Ausbau der touristischen Infrastruktur: in luxuriöse Thermalbäder zur Nutzung der heissen Quellen, in ein Sportzentrum, ein grosszügiges Parkhaus, aber auch in ein repräsentatives Rathaus. Damit übernahm sich Leukerbad und hatte 1998 Schulden von gegen 350 Millionen Franken, rund

> **20 PROZENT SIND NICHT 20 PROZENT**
>
> Machen Sie sich über den Aufwand keine Illusionen! Seien Sie sich bewusst, dass ein politisches Pensum in aller Regel grösser ist, als es offiziell ausgeschrieben wird. Der tatsächliche Zeitaufwand ist höchstwahrscheinlich höher als der, für den Sie bezahlt werden. Fast alle Milizpolitiker sagen, sie hätten den Aufwand zuvor unterschätzt.
>
> Wer kandidiert, muss sich darauf einstellen. Schliesslich geht es darum, eine Gemeinde oder sogar einen Kanton zu führen. Das bedeutet, Verantwortung zu übernehmen. Wenn sich jemand verschätzt und wegen der zu hohen Belastung rasch wieder zurücktritt, ist dies nicht nur für die Gemeinde negativ, sondern auch für ihn oder sie selber.
>
> Beziehen Sie in Ihre persönliche Rechnung aber auch den ideellen Profit ein, den Sie aus einem politischen Amt erzielen können, vor allem die neuen Erfahrungen und die Vernetzung mit wichtigen Personen. ∎

200 000 Franken pro Einwohner. Der Kanton stellte die Gemeinde deshalb von 1998 bis 2004 unter Zwangsverwaltung, eine Schweizer Premiere. Loretan trat 1999 als Gemeindepräsident zurück und wurde 2004 wegen mehrfachen Betrugs, mehrfacher ungetreuer Geschäfts- und Amtsführung sowie Steuerbetrugs zu fünf Jahren Zuchthaus verurteilt.

Breites Aufgabenspektrum

Das Spektrum der Aufgaben in der Politik ist mindestens so breit wie in der Wirtschaft. Es umfasst unter anderem die Bereiche Finanzen, Recht, Bildungs-, Sozial- und Gesundheitswesen, Bauwesen, Verkehr, Infrastruktur, Sicherheit mit Polizei und Feuerwehr, Raum- und Regionalplanung, eventuell Personalführung – und gelegentlich kommt eine ganz neue Aufgabe hinzu wie in jüngerer und jüngster Vergangenheit die Unterbringung von Flüchtlingen.

Die Aufgaben müssen Gemeinderätinnen und Gemeinderäte zusammen mit den verschiedensten anderen Personen und Stellen wahrnehmen: mit Angestellten der Verwaltung, mit Behörden anderer Gemeinden, mit Vertretern von Zweckverbänden und Organisationen wie der Spitex oder der Kinder- und Erwachsenenschutzbehörde (Kesb), aber auch mit Institutio-

«Es ist ganz wichtig, sich mit dem Arbeitgeber so abzusprechen, dass man die nötige Flexibilität hat. Es geht nicht nur um die Sitzungstermine. So muss man manchmal während der Arbeit eine Medienanfrage beantworten oder an einer Pressekonferenz teilnehmen können. Es gibt viele kleine Dinge, die man nicht einfach ausserhalb der Bürozeiten erledigen kann.»
Karin Weyermann, Gemeinderätin Zürich, Fraktionspräsidentin CVP

nen wie Sportvereinen oder Naturschutzorganisationen. Geschäfte aller Art müssen vorbereitet und vor verschiedenen Gremien präsentiert werden: vor Kommissionen, vor dem Gemeinderat, vor der Gemeindeversammlung. Kommissionen, Ausschüsse und Arbeitsgruppen müssen geführt werden.

Je nach Stärke der Verwaltung unterstützt diese die gewählten Politiker mehr oder weniger intensiv und mehr oder weniger kompetent bei der Arbeit. Doch die Verantwortung trägt am Schluss der Gemeinderat. Auch Repräsentationsaufgaben gehören zum Aufgabenspektrum; alle Vereine glauben ein Anrecht darauf zu haben, dass ein möglichst hoher Gemeindepolitiker an ihrer Jahresversammlung teilnimmt.

Wichtig: Man muss genügend Zeit investieren

Schliesslich kommt eine ganz wichtige Anforderung hinzu: Ein Gemeinderatsamt, aber auch jedes andere in einer Behörde, Kommission oder Organisation erfordert Zeit. Es ist Zeit, die man sich auch tagsüber nehmen muss, wenn man eigentlich im Beruf arbeiten sollte; Zeit, die man sich abends nehmen muss, wenn man eigentlich mit der Familie zusammen, im Sportverein oder im Kino wäre; Zeit am Wochenende, wenn man lieber im Winter zum Skifahren oder im Sommer an den See gehen möchte.

Eigenverantwortung und Vorgaben von oben

In den meisten Gebieten, die sie direkt betreffen, haben die Gemeinden weitgehende Kompetenzen und Freiheiten – immer im Rahmen der Kantonsverfassung. In anderen Gebieten vollziehen sie lediglich Gesetze und Vorschriften der Kantone und des Bundes. Diese Aufgaben gehören zu den Verantwortlichkeiten von Gemeindebehörden:

- Finanzwesen
  - Eigenverantwortung der Gemeinde: Verwaltung des Vermögens, Planung und Verwaltung der Gemeindefinanzen, Budgetierung, Rechnung
- Sozial- und Gesundheitswesen
  - Eigenverantwortung der Gemeinde: Altersheime und Betreuungseinrichtungen für ältere Personen
  - Nach Vorgaben des Bundes und der Kantone: Asylpolitik, also die Unterbringung und Betreuung von Flüchtlingen und Asylsuchenden, Bereitstellen von Unterkünften; Gesundheits-, Sozial- und Alterspolitik, etwa Pflege zu Hause (Spitex), Gesundheitsförderung, Sozialhilfe und Ergänzungsleistungen
- Bildung/Schule/Sport
  - Eigenverantwortung der Gemeinde: Kindergärten
  - Nach Vorgaben des Bundes und des Kantons: Primarschule
- Bau: Hoch- und Tiefbau
  - Eigenverantwortung der Gemeinde: Zonenplanung, Planung und Bau von Gemeindestrassen
- Sicherheit
  - Eigenverantwortung der Gemeinde: Gemeindepolizei, Feuerwehr
- Dienste: Wasserversorgung, Abwasserentsorgung, Energieversorgung, öffentlicher Verkehr
  - Eigenverantwortung der Gemeinde: lokale Bus- und Tramlinien, Verkehrsbetriebe – meist in Zusammenarbeit mit Nachbargemeinden, oft auch mit überregionalen Verkehrsunternehmen wie Postauto, SBB und Regionalbahngesellschaften
  - Nach Vorgaben von Bund und Kantonen: Abfallbehandlung und -entsorgung, Abwasserreinigung
- Unterstützende Dienste wie Gemeindekanzlei, Einwohnerkontrolle und andere
  - Nach Vorgaben des Bundes und der Kantone: Einwohnerkontrolle, Gemeindekanzlei, Handels- und Gewerbepolizei, Baupolizei, Kontrolle der Zivilschutzräume

RESSORTEINTEILUNGEN IN GEMEINDEEXEKUTIVEN

INS BE	FALERA GR	FLAWIL SG
Landgemeinde im Berner Seeland mit 3300 Einwohnern. Vor allem Landwirtschaft, liegt im grössten Gemüseanbaugebiet der Schweiz.	Gemeinde mit 600 Einwohnern im Vorderrheintal. Lebt vor allem vom Tourismus, gehört zur Destination Flims/Laax	10 400 Einwohner. Stark von Industrie und Gewerbe geprägt.
Gemeinderat mit 9 Mitgliedern	Gemeindevorstand mit 5 Mitgliedern	Gemeinderat mit 7 Mitgliedern (Gemeindepräsident: Vollamt, Schulratspräsident: 80-Prozent-Pensum)
Präsidialabteilung Verwaltung, Personelles, Information, Presse, Ortspolizei (Gemeindepräsident)	Departement Allgemeine Verwaltung, Finanzen, Steuern, Gemeindepersonal, Fürsorgewesen, Krankenpflege (wird grundsätzlich vom Gemeindepräsident übernommen)	Bereich Verwaltung, Finanzen und Sicherheit (Gemeindepräsident)
Ressort Volkswirtschaft (Vizepräsident) Forstkommission, Pachtland, Umwelt-, Naturschutz	Departement Bauwesen und Planung, Gemeindestrassen, Wasserversorgung, Kanalisation	Bereich Wirtschaft (Vizepräsidentin)
Ressort Bauwesen und Planung, privater Verkehr Bau- und Planungskommission, Baupolizei, Wirtschaftsförderung, Privater Verkehr, Verkehrsberuhigung, Schulraumplanung	Departement Schulwesen	Bereich Bildung (Schulratspräsident)
Ressort Energie- und Wasserversorgung, Kultur/Freizeit Energie- und Wasserkommission, Tourismus-, Jugend-, Kultur- und Freizeitkommission, Freizeit, Dorfvereine, Märkte	Departement Landwirtschaft, Alpen, Forstamt, Meliorations- und Waldstrassen, Kehrichtbeseitigung, Friedhofswesen, Natur- und Umweltschutz, Polizei, Feuerwehr, Militär, Zivilschutz	Bereich Bau und Infrastruktur
Ressort Finanzen, öffentlicher Verkehr Finanzkommission, Versicherungen, AHV-Zweigstelle, öffentlicher Verkehr	Departement Wirtschaft, Tourismus, Kultur, Sport (Vizepräsident)	Bereich Soziales und Gesundheit
Ressort Soziales Regionaler Sozialdienst, Gesundheit, Asylwesen		Bereich Versorgung (Technische Betriebe)

INS BE	FALERA GR	FLAWIL SG
Ressort Bildung Primarschul- und Kindergartenkommission, Tagesschule, Oberstufe, Schulzahnpflege, Erwachsenenbildung, Bibliothek, Musikschule		Bereich Kultur, Freizeit und Sport
Ressort Öffentliche Sicherheit, Liegenschaften Feuerwehrkommission, Verband für öffentliche Sicherheit, Katastrophenhilfe, Schiesswesen, Liegenschaftskommission		
Ressort Gemeindebetriebe Entsorgungskommission, Wegkommission, Friedhofkommission, ARA-Verband, Kadaversammelstelle, Schulhausabwarte		

Die Tabelle zeigt drei unterschiedliche Beispiele der Organisation einer Gemeindeexekutive. Je nach Situation der Gemeinde und Bedarf werden die Ressorts unterschiedlich ausgestaltet und andere Bereiche zu Ressorts zusammengefasst. Das Vizepräsidium ist in der Regel nicht einem bestimmten Ressort, sondern einer Person zugeordnet.

Quelle: Websites der Gemeinden, von den Gemeindeschreibern kontrolliert und geringfügig ergänzt (Ins: gekürzte Liste)

Zusätzliche Anforderungen für die einzelnen Bereiche

Abgesehen von den Anforderungen, denen jedes Mitglied der Gemeindeexekutive so gut und vollständig wie möglich genügen sollte, stellen sich für bestimmte Bereiche noch weitere. Der Gemeindepräsident zum Beispiel bringt mit Vorteil von allem etwas mehr und vor allem Führungs- und Kommunikationskompetenz mit.

Für die einzelnen Ressorts ist keine fachspezifische Ausbildung erforderlich, zumindest aber ein Interesse für das Gebiet: Für die Finanzverwaltung etwa ist eine kaufmännische oder buchhalterische Ausbildung nicht zwingend, wenn auch gewiss von Vorteil. Sicher nötig ist hingegen Verständnis für das Finanz- und Rechnungswesen, ein Flair für Zahlen also. Ein Bauvorstand sollte Sympathie für die Materie Bau sowie für Raumplanung und -ordnung empfinden und die Fähigkeit haben, Pläne zu lesen. Für das Ressort Schule/Bildung sind neben der Freude an jungen Menschen Erfahrungen im Bereich Erziehung oder Ausbildung etwa mit eigenen Kindern oder Lehrlingen durchaus von Vorteil.

Für die einzelnen Ressorts kommen etwa folgende spezifischen Anforderungen hinzu, die die Verantwortlichen idealerweise erfüllen – wobei je nach Kanton und Gemeinde die Aufgabenbereiche sehr unterschiedlich sein können:

«Ich bin nach meiner Wahl aus zwei Vereinen ausgetreten, weil ich hundertprozentig hinter dem Amt stehen wollte. Wenn das Budget vom Stadtrat kommt und wir das im Gemeinderat durcharbeiten und wenn man das im Detail verstehen will, ist man tagelang dran. Man muss bereit sein, sich zu engagieren und in einer solchen Phase mit anderen Dingen zurückzufahren. Man tut dies aus Eigeninteresse, weil man für die Gemeinde etwas tun will, und sollte nie einen Dank erwarten, sonst wird man enttäuscht.»

Peter Nabholz, Gemeinderat und Präsident FDP Kloten ZH

Gemeindepräsidium
- Freude am Umgang mit Menschen
- Führungskompetenz
- Sozialkompetenz
- kommunikative Fähigkeiten

Für diese Position sind breite, solide Kenntnisse in den verschiedensten Gebieten sehr nützlich – ein Gemeindepräsident, eine Gemeindepräsidentin sollte mit Vorteilen von allen Bereichen etwas verstehen, muss bei allen Geschäften mitreden können. Wenn der Gemeinderat die Geschäftsleitung ist, so ist diese Person der CEO.

Finanzwesen
- Interesse am und Kenntnisse im Rechnungswesen

Dieses Ressort ist besonders wichtig in einer Gemeindebehörde: Die Finanzen betreffen auch alle anderen Bereiche, ohne finanzielle Gesundheit gehts der ganzen Gemeinde nicht gut.

Thema sind hier zum einen die rechtlichen Grundlagen, zum anderen und vor allem die Grundlagen des Finanzwesens: Wie liest man eine Gemeinderechnung, wie budgetiert man fürs nächste Jahr, wie plant man die Finanzen längerfristig, worauf muss man achten? Oder anders gesagt: Welches sind die wesentlichen Kennzahlen, und wie hängen sie zusammen? Und schliesslich: Wie kontrolliert man dies alles? Die Dimensionen sind durchaus respektabel: Eine Gemeinde wie Densbüren AG mit 600 Einwohnern rechnet für 2016 mit Aufwand und Ertrag von 3,5 Millionen sowie Investitionen von 300 000 Franken; für Balsthal SO mit 6000 Einwohnern sind es 30 Millionen Aufwand und Ertrag und 3 Millionen Investitionen. Uzwil SG mit 12 000 Einwohnern budgetiert Aufwand und Ertrag von 62 Millionen, dazu Investitionen von 15 Millionen Franken.

> **INFO** *HRM2 – den Gemeinden wie auch den Kantonen ist vorgeschrieben, dass sie ihre Finanzgeschäfte nach dem «Harmonisierten Rechnungsmodell 2» abwickeln. Dieses orientiert sich an dem in der Privatwirtschaft gebräuchlichen Modell mit Erfolgsrechnung, Bilanz, Finanzierungs- und Mittelflussrechnung und entspricht internationalen Standards. Als zuständiger Gemeinderat für das Finanzressort müssen Sie also einigermassen solide Kenntnisse auf diesen Gebieten mitbringen oder sich erarbeiten, wenn Sie nicht die ganze Arbeit der Verwaltung überlassen können oder wollen.*

Bauwesen
- Interesse am Bauwesen
- Klingt banal, aber ist es nicht: Kenntnisse im Lesen von Plänen
- Kenntnisse im oder zumindest Verständnis für Baurecht

In diesem Ressort geht es um die allgemeinen rechtlichen Grundlagen für das Bauwesen. Weiter um Baubewilligungsverfahren und baupolizeiliche Vorschriften wie auch um die Kontrolle, ob sie eingehalten werden. Im grösseren Zusammenhang sind die Grundlagen und Vorgaben der Raumplanung zu beachten und umzusetzen und Erschliessungen mit den verschiedenen Elementen der Infrastruktur wie Energie, Wasser und Abwasser, Verkehr zu realisieren.

Bildungs-/Schulwesen
- Interesse an Menschen und dem Umgang mit ihnen
- Interesse am Bildungs- und Erziehungswesen
- Noch besser: Kenntnisse und Erfahrungen im Bereich – entweder aus der beruflichen Vergangenheit oder aus persönlicher Erfahrung mit eigenen Kindern oder Lehrlingen

In diesem Ressort geht es um viele der Themen, die die ganze Gemeindeexekutive betreffen: Personalführung und -planung, Budgetierung und Rechnungskontrolle, aber auch um die Erstellung von Schulräumen, also ums Bauen. Und vor allem geht es stärker als in den meisten anderen Ressorts darum, dass alles direkt mit Menschen zu tun hat.

Sozial-/Gesundheitswesen
- Interesse an Menschen und am Umgang mit ihnen
- Interesse am Sozialbereich
- noch besser: berufliche Erfahrung in diesem Bereich
- Erfahrung in Gesprächsführung, im Verhandeln und im Umgang mit Konflikten

In diesen Bereichen müssen Sie sich sowohl mit der Planung der nötigen Pflegeplätze für Kranken-, Alters- und Behindertenpflege beschäftigen als auch mit der aktuellen Situation, etwa im Spitex-Bereich, bei der Unterbringung von Flüchtlingen und der Prämienverbilligung. Auch in diesem

Ressort geht es direkt um Menschen – vor allem in kleinen und kleinsten Gemeinden müssen Sie sich höchstwahrscheinlich persönlich um Menschen kümmern, die krank, gebrechlich oder aus irgendeinem Grund in Not sind.

Ein Milizamt soll mit gesundem Menschenverstand zu bewältigen sein

Wohlgemerkt: Dies alles sind Empfehlungen oder Wünsche der Gemeinden an neue Behördenmitglieder, aber keine Vorschriften. Ein verbindliches Anforderungsprofil gibt es, wie bereits erwähnt, nicht.

Dies ist durchaus gewollt: Die Personen, die politische Führungspositionen besetzen, sollen die Bevölkerung vertreten – und dank dem Proporz bei den Wahlen ergibt sich wohl ein recht repräsentativer Querschnitt der Bevölkerung in diesen Ämtern. Und wenn man bedenkt, dass sogar die Anforderungen an den Präsidenten der Vereinigten Staaten weder klar definiert noch bei der ganzen Bevölkerung dieselben sind, darf man für einen Schweizer Gemeinderat gewiss keine strengeren Massstäbe anlegen. Auch insofern, als zumindest in den grösseren Gemeinden und den Städten ohnehin die Verwaltung die Professionalität gewährleistet.

Exekutivämter sollen, das gehört zum Milizsystem, für mehr oder weniger alle Bürgerinnen und Bürger mit gesundem Menschenverstand zu bewältigen sein. Die Fähigkeiten sollen mit «Learning by Doing» erworben werden können. Es ist bekanntlich auch im Berufsleben oft so, dass man – auch wenn man sich mit einer Lehre oder einem Studium gezielt darauf vorbereitet hat – erst an der konkreten Stelle die dafür wirklich nötigen Fähigkeiten erwirbt.

> *«Ein politisches Milizamt kann die berufliche Karriere fördern. Aber es gibt auch die andere Seite: Man muss eine Vision haben und sich dafür manchmal unbeliebt machen. Man setzt sich zum Beispiel ein für etwas, das noch nicht mehrheitstauglich ist. Im Allgemeinen hat man etwa gleich viele Gegner wie Fans. Allein schon aus dem Grund, weil viele Leute in einer anderen Partei sind und deshalb eine andere Meinung haben.»*
>
> Alexandra Fingerhuth-von Muralt, Vorstand FDP.Die Liberalen Zürich 7+8

Kommt hinzu: Die meisten Exekutivpolitiker haben ja bereits Erfahrung gesammelt: in grösseren Gemeinden im Parlament, in kleineren in einer Kommission oder in einem Verein.

Professionalität wird immer wichtiger

Die meisten Schweizer Gemeinden werden von ein paar wenigen gewählten Milizpolitikern mit Teilzeitpensum geführt, also eigentlich von Laien. Doch der Trend geht langsam in Richtung Professionalisierung. Unabhängig von Amtspensen, Anstellungsverhältnissen und Strukturen ist es wichtig, dass die Aufgaben heute professionell angegangen und bewältigt werden. Denn die Welt wird komplizierter, der Umgang mit den Herausforderungen schwieriger – und von diesen Entwicklungen bleiben die Gemeinden nicht verschont. Was in der Welt geschieht, wird in der Gemeinde sichtbar und spürbar.

«Man muss nicht alles wissen, bevor man ein Amt antritt. Man kann sehr rasch und viel lernen, wenn man sich danach intensiv mit der Materie befasst. Und man sollte dies auch tun.»
Ursina Schärer, GL-Mitglied Junge Grüne Zürich, Präsidentin Grüne Bezirk Pfäffikon ZH

Gesellschaftliche Tendenzen haben verschiedenste und weitreichende Einflüsse: Die Alterung der Bevölkerung beispielsweise wirkt sich aus auf das gesamte Gesundheitswesen, auf die Altersheime, auf die Spitäler, auf die ärztliche Versorgung. Die Schweizer Hausärzte sind im Durchschnitt knapp 50 Jahre alt, bis ins Jahr 2021 werden sich gemäss Prognosen 75 Prozent von ihnen pensionieren lassen. Die Folgen davon werden in den Gemeinden zu spüren sein.

Entwicklungen irgendwo weit weg im Ausland haben ihre Auswirkungen hierzulande. Kriege wie in den Neunzigerjahren des letzten Jahrhunderts im auseinandergebrochenen Jugoslawien und aktuell in Syrien haben zur Folge, dass Menschen aus diesen Ländern flüchten, auch in die Schweiz. Sie brauchen Wohnungen, ihre Kinder brauchen Plätze in den Schulen. Dafür müssen die Gemeinden sorgen.

Der Klimawandel ist Tatsache, auch wenn wir in der Schweiz noch keine schlimmen Auswirkungen spüren. Doch der trockene Sommer 2015 bescherte nicht nur vielen Gemeinderäten den schwierigen Entscheid, ob sie 1.-August-Feuerwerke verbieten sollten, sondern auch Bauern Ernteausfälle – und solche Hitzeperioden werden wir wieder erleben. Gemeinden, die stark landwirtschaftlich geprägt sind, müssen sich darüber Gedanken machen. Gemeinden mit Industriebetrieben, die ihre Produkte im Ausland absetzen, müssen damit rechnen, dass ihre Bewohnerinnen und Bewohner die Arbeitsstelle verlieren, wenn diese Firmen wegen des starken Frankens in grosse Schwierigkeiten geraten.

Salopp ausgedrückt: Auch ein Gemeinderatsmitglied in einem 500-Seelen-Dorf irgendwo in der Schweiz muss damit rechnen, dass er oder sie sich ganz persönlich und direkt mit den Folgen der Globalisierung auseinandersetzen muss.

MANCHMAL STEHT MAN ALS GEMEINDERAT vor Herausforderungen, die sich nicht voraussehen lassen: Bei der Umsetzung der Zweitwohnungsinitiative kam es vor, dass zu gewissen Fragen nicht einmal der Kanton richtig Auskunft geben konnte. Aber ein Bauverwalter, der nur alle paar Monate ein Baugesuch auf dem Pult hat, musste dennoch entscheiden, ob er das aktuelle bewilligen durfte oder nicht.

Holen Sie sich Rat!

Ein ganz banaler Tipp für Neulinge in der Politik: Auch alle anderen waren früher einmal Neulinge. Und standen vor den gleichen oder zumindest ähnlichen Schwierigkeiten. Holen Sie sich Rat:
- von Leuten, die schon seit einiger Zeit in dem Gremium tätig sind, in das Sie gewählt werden möchten oder in dem Sie neu sitzen. Scheuen Sie sich nicht, auch auf Leute aus anderen Parteien oder mit anderen politischen Ansichten zuzugehen. In den Gemeinden geht es um Sachpolitik.
- von Fachleuten, die sich beruflich mit Politik befassen, etwa vom kantonalen Gemeindeverband beziehungsweise vom Gemeindeschreiber- oder Gemeindepräsidentenverband
- von persönlichen Freundinnen und Freunden. Diese können Sie gut einschätzen und können Ihnen helfen, Entscheidungen zu überprüfen.

Aufgepasst aber vor allem bei den letzteren Kontakten, dass Sie keine Interna aus dem politischen Amt ausplaudern.

Denken Sie über Ihre Politkarriere hinaus

Milizämter von 20 Prozent lassen sich neben einem beruflichen Vollamt meist bewältigen. Bei höheren Pensen – wenn die zeitliche Belastung höher ist als etwa ein Tag pro Woche – wird es schwierig, daneben voll berufstätig zu sein. Auch ein politisches Haupt- oder Vollamt ist nicht ohne Risiko: Nach zwei oder drei Legislaturperioden, das sind in der Regel acht oder zwölf Jahre, ists meist fertig mit diesem Amt. Wenn man Pech hat, wird man sogar früher abgewählt, ohne dass man sich darauf vorbereiten kann.

Wenn jemand in einem solchen Fall nicht bereits kurz vor dem Pensionierungsalter steht, muss er oder sie sich in der Regel nach einer neuen Tätigkeit und einem neuen Einkommen umsehen. Führungskräfte der Privatwirtschaft – die für Führungspositionen in der Politik gesucht sind – werden in den meisten Fällen nicht mehr in ihren alten Bereich und sicher nicht auf die gewünschte höhere Stufe zurückkehren können. Dafür haben sie durch ihr Amt die Möglichkeit bekommen, sich neu oder besser zu vernetzen, und können dies womöglich zu ihren Gunsten ausnützen. Und nicht zu unterschätzen: Die Erfahrungen, die man aus einem politischen Mandat gewinnt, sind nicht nur für einen selber sehr nützlich, sondern können auch für einen künftigen Arbeitgeber sehr attraktiv sein.

> **INFO** *Behalten Sie Ihre Karriere nach der Politik immer im Auge. Einen Plan B zu haben, der nicht nur für das geplante Ende des politischen Engagements taugt, sondern auch für den Fall, dass etwas Unvorhergesehenes passiert, ist sicher nicht schlecht.*

«Ich habe als Dienstleister mehr Selbstsicherheit gewonnen.»

BERNHARD DEMMLER ist Geschäftsleiter der Gemeinde Twann-Tüscherz im Kanton Bern. Um sich das nötige Wissen anzueignen, hat er je eine Weiterbildung als Gemeindefachmann und als Gemeindeschreiber absolviert.

Wie sind Sie in die Gemeindeverwaltung gekommen?
Ich bin ein Quereinsteiger. Ich studierte in Bern Medienwissenschaften, Ethnologie und Geschichte und arbeitete danach als Redaktor bei Zeitungen. Dann gründete ich eine Familie und wollte mich beruflich neu orientieren. Der Einstieg in die Verwaltungsarbeit gelang mir in der Berner Gemeinde Zollikofen, wo ich während neun Jahren als Informationsbeauftragter angestellt war.

Weshalb haben Sie sich entschlossen, einen Fachausweislehrgang zum Gemeindefachmann zu absolvieren?
Mir gefiel die Verwaltungsarbeit und ich wollte mich weiterentwickeln. Mit dem einjährigen Lehrgang am Bildungszentrum für Wirtschaft und Dienstleistung in Bern fand ich eine Möglichkeit, mich berufsbegleitend und praxisorientiert weiterzubilden. Mit dieser Ausbildung wollte ich fundierteres Wissen über die Verwaltungsarbeit erwerben.

Und weshalb dann noch zusätzlich der anderthalbjährige Diplomlehrgang Gemeindeschreiber?
Zunächst war es für mich kein erklärtes Ziel, in diese Richtung zu gehen. Aber die Gemeindeschreiberei entspricht meinen Kompetenzen am besten, und ich sah in dieser Ausbildung die Möglichkeit, beruflich voranzukommen. Noch während der Ausbildung wurde ich 2012 Geschäftsleiter der Verwaltung von Twann-Tüscherz. Den Lehrgang schloss ich ein Jahr später ab. Im Kanton Bern wird das Gemeindeschreiberdiplom für dieses Amt in der Regel vorausgesetzt.

Wie können Sie das Gelernte in Ihrem Alltag umsetzen?
Es ist die Grundlage meiner Arbeit. Während der Ausbildung kam ich zur Erkenntnis, dass sämtliches Handeln der Verwaltung auf einer Rechtsgrundlage beruht. Obwohl ich bereits seit Längerem auf einer Gemeindeverwaltung gearbeitet hatte, war mir dies nicht so deutlich bewusst gewesen. Der Lehrgang ist zwar rechtslastig, aber auch sehr praxisbezogen, weil die Anwendung der Gesetze unser Alltag ist. Auch andere Inhalte, etwa den Unterricht im Erarbeiten von Leitbildern, kann ich bei meiner Arbeit gut umsetzen. Die Ausbildung schärft die Sinne für Abläufe, die in allen Verwaltungsbereichen entstehen können.

Was hat Ihnen die Ausbildung persönlich gebracht?
Dank dem fundierten Wissen habe ich mehr Selbstsicherheit in meiner Rolle als Dienstleister gegenüber den Gemeindebewohnerinnen und -bewohnern wie auch der Exekutive.

Wie gross war der Aufwand für diese Weiterbildung?
Der Zeitaufwand, den ein solcher Lehrgang mit sich bringt, ist nicht zu unterschätzen. Ich war durchschnittlich mindestens einen Tag pro Woche damit beschäftigt, oft auch am Wochenende.

Wann ist eine Weiterbildung sinnvoll?
Gemeinden müssen grundsätzlich ein Interesse daran haben, dass sich ihr Personal weiterbildet. Die Abläufe in der Verwaltung werden immer komplexer, deshalb braucht es sowohl in grossen wie auch in kleinen Gemeinden wie unserer mit etwas mehr als 1100 Einwohnerinnen und Einwohnern gut ausgebildete Mitarbeitende. Die Fachkompetenz vor Ort soll gefördert werden – der Besuch eines Töpferkurses würde deshalb wohl eher nicht unterstützt.

Der Schweizerische Gemeindeverband arbeitet an einem eidgenössisch anerkannten Fachausweis für Verwaltungsangestellte. Was halten Sie davon?
Ich würde ein solches Attest begrüssen. Damit wäre unsere Arbeit auch vom Bund anerkannt. Die Umsetzung dürfte allerdings schwierig sein, da für eine eidgenössische Prüfung in einem so ausgeprägt föderalistischen System wie der Schweiz höchst unterschiedliche Erwartungen an das kommunale Verwaltungswesen unter einen Hut gebracht werden müssten.

Glauben Sie, dass eine Weiterbildung, wie Sie sie absolviert haben, auch einem Milizpolitiker, einer Milizpolitikerin etwas bringen würde? Hatten Sie auch solche Personen in Ihren Lehrgängen?
Ich denke eher nicht. Ich habe auch keine Milizpolitiker kennengelernt, die an einer solchen Ausbildung Interesse gezeigt

hätten. Ganz einfach deshalb, weil der Zeitaufwand für kommunale Exekutivämter schon jetzt an der Grenze des Zumutbaren liegt. Wer als Milizpolitiker nicht untergehen will, muss sich auf das Strategische beschränken und das Operative der Verwaltung überlassen. Selbstverständlich ist es immer von Vorteil, zu wissen, wie eine Verwaltung funktioniert, doch wir Gemeindeschreiber sind ja dafür da, mit unserem Fachwissen und unserer Kompetenz den Milizpolitikern beratend zur Seite zur stehen.

Gibt es denn eine andere Art von Weiterbildung, die sie Kommunalpolitikern empfehlen?
Am ehesten eine, in der man das Wissen über regionale Entscheidungsfindungsprozesse und die gesetzlichen Rahmenbedingungen vertiefen kann. Der Regionalpolitik wird vonseiten des Bundes und der Kantone immer mehr Gewicht eingeräumt. Es wird erwartet, dass die Gemeinden sich auch dort einbringen. Doch vielen Ortspolitikern fällt es schwer, sich bei all den kommunalen Sachgeschäften auch noch für die regionalen Belange zu interessieren. Ich kann das gut verstehen, denn wie gesagt: Der Zeitaufwand für kommunale Exekutivämter hat schon jetzt die Grenze des Zumutbaren erreicht.

Das Interview wurde geführt von Julia Konstantinidis und in der Ausgabe 6/14 der Zeitschrift «Schweizer Gemeinde» des Schweizerischen Gemeindeverbands veröffentlicht. Für dieses Buch wurde es überarbeitet und leicht gekürzt.

DER GEMEINDESCHREIBER ALS GESCHÄFTSLEITER

Twann-Tüscherz liegt am Bielersee und hat 1100 Einwohnerinnen und Einwohner. Bernhard Demmler ist Gemeindeschreiber und Geschäftsleiter der Gemeinde wie auch Sekretär des Gemeinderats. Dieses fünfköpfige Gremium hat vor allem strategische und repräsentative Aufgaben. Es wird unterstützt von einer Verwaltung unter der Führung von Bernhard Demmler, die inklusive Werkhof, Hauswartsdienst und Externen aus elf Personen mit zusammen 900 Stellenprozenten besteht.

Auch Parteilose haben Platz im Milizsystem

In den kleinsten und kleinen Gemeinden ziehen sich die Parteien aus der Politik zurück. Vielerorts gibt es gar keine oder nur noch eine einzige Partei. Dies schafft Raum für unabhängige Milizpolitikerinnen und Milizpolitiker – und die werden dringend gebraucht: Rund 40 Prozent aller Mitglieder von Gemeindeexekutiven sind heute parteilos.

Exekutivwahlen sind in aller Regel Persönlichkeitswahlen. Das heisst, es wird in erster Linie eine Person gewählt und erst in zweiter Linie eine Parteizugehörigkeit – wenn es überhaupt eine solche gibt.

Doch wer für ein Exekutivamt kandidiert, braucht die Unterstützung einer grossen Zahl von Wahlberechtigten. Diese zu gewinnen, ist ohne eine Partei im Rücken schwieriger. Trotzdem kann es gelingen, sogar in grossen Gemeinden und Städten. Dort braucht es aber besondere Konstellationen. Ein Beispiel dafür ist Emilie Lieberherr, die 1970 bis 1994 Mitglied des Stadtrats von Zürich war, zuerst für die SP. Dann wurde sie von der Partei ausgeschlossen, aber dank ihrer Popularität und dem Amtsbonus dennoch wiedergewählt.

Zofingen und Baden: zwei Beispiele

2005 wurde in Zofingen AG der Parteilose Hans-Ruedi Hottiger zum Stadtrat und später sogar zum Stadtpräsidenten gewählt, weil einerseits die anderen Parteien keinen entschlossenen Wahlkampf führten und Hottiger anderseits durch seine Verankerung in der Handballszene, die in Zofingen sehr wichtig ist, breite Unterstützung genoss. Seither wurde er bereits zweimal wiedergewählt. Hottiger sagte in einem Zeitungsinterview: «Wenn es in einer Stadt nicht rund läuft, dann ist für viele Wähler die Parteifarbe nicht entscheidend, sondern die sozialen Kompetenzen und die Führungsqualitäten der Politiker.»

Einen ähnlichen Erfolg erreichte 2015 in Baden AG Erich Obrist: Als Mitglied der SP war er im innerparteilichen Nominationsverfahren einem Konkurrenten unterlegen. Darauf trat er aus der Partei aus und kandidierte wild für die Stadtratswahlen. In Baden standen die beiden relativ klar umrissenen und gefestigten Blöcke der Links-Grünen einerseits und der Bürgerlichen anderseits einander gegenüber. Erich Obrist, der eher am rechten Rand der SP politisierte und parteiübergreifend gut vernetzt war, erhielt viel Sympathie aus bürgerlichen Kreisen. Das reichte für die Wahl in die Stadtregierung, mit grossem Vorsprung, und Obrist wird bereits als Kandidat für die Stadtpräsidentenwahl 2017 gehandelt.

«Bis vor acht Jahren war ich völlig apolitisch. Als ich eine Mitgliederversammlung der FDP besuchte, fand ich das sehr interessant. Dann trat ich in die Partei ein, ging bald darauf in den Vorstand und kam auf die Liste. Gewählt wurde ich nicht, weil ich viel politische Erfahrung hatte, sondern weil ich in Kloten bekannt war, weil ich dort ein Netzwerk hatte und habe. Man braucht also nicht langjährige politische Erfahrung zu haben, um in ein solches Amt zu gelangen.»

Peter Nabholz, Gemeinderat und Präsident FDP Kloten ZH

In der Legislative ist die Fraktionszugehörigkeit sinnvoll

So wie Exekutivwahlen Persönlichkeitswahlen sind, ist der Erfolg in einem Exekutivamt vor allem von den persönlichen Qualifikationen und vom Engagement abhängig und weniger von der Parteizugehörigkeit. In der Legislative, also im Gemeinde- oder Kantonsparlament, ist die Situation etwas anders: Zwar kann man sich auch dort hineinwählen lassen, ohne Mitglied in einer Partei zu sein. Aber da in grösseren Gemeinden – und in der Deutschschweiz gibt es Parlamente praktisch nur in solchen – die Parteien doch eine Rolle spielen, schliesst man sich, um sinnvoll politisieren zu können, mit Vorteil einer Fraktion an. Man muss sich einfach bewusst sein, dass man sich zumindest teilweise ihr anpasst und auch als ein Teil davon wahrgenommen wird.

Von der Bewegung zur Partei

Wenn es gut läuft, kann aus einer Bewegung von wenigen Parteilosen eine richtige Partei werden. Ein Beispiel dafür ist die Grüne Partei der Schweiz.

Ende der Sechzigerjahre des letzten Jahrhunderts sollte die Autobahn N5 durch das Stadtgebiet von Neuenburg dem See entlang geführt werden. Alle städtischen Parteien waren dafür. Aber eine Gruppe von Bürgerinnen und Bürgern wehrte sich und lancierte eine Petition dagegen. Da die Behörden sich davon nicht beeinflussen liessen, gründeten ehemalige Mitglieder von SP, FDP und Liberalen 1971 eine Bewegung für die Umwelt, das «Mouvement populaire pour l'environnement» (MPE). In den Gemeindewahlen von 1972 gewann diese 8 von 41 Sitzen im Parlament und wurde damit drittstärkste Partei in der Stadt Neuenburg.

1973 folgte die MPE im Kanton Waadt; sie eroberte in Lausanne 5 und in den Vorortgemeinden weitere 15 Sitze. 1977 zog die Nachfolgeorganisation in der Lausanner Stadtexekutive ein, und 1979 erhielten die Waadtländer Grünen ein erstes Mandat im Nationalrat. In der Deutschschweiz kam es in den Achtzigerjahren zu Zusammenschlüssen verschiedener ökologischer Gruppen, 1986 wurde daraus die Grüne Partei der Schweiz.

5

Kommunikation ist in der Politik (fast) alles

Die Kommunikation gegen aussen ist eine der grossen Herausforderungen für die Behörden. Und sie hat sich in den letzten Jahren stark verändert: Waren früher die Parteien wichtige und berechenbare Ansprechpartner, sind es heute vermehrt Gruppen, die sich spontan organisieren und rasch wieder verschwinden. Und lief früher die Kommunikation einbahnstrassenmässig von den Behörden über traditionelle Medienkanäle zu den Bürgern, melden sich diese heute lautstark über Social Media zu Wort und können ziemlich Druck ausüben.

Die Formen der Kommunikation ändern sich immer rascher

Die Kommunikation ist in der Politik eminent wichtig: Sie ist das Mittel, um den Kontakt zur breiten Bevölkerung zu pflegen. Früher war es eine Ein-Weg-Kommunikation von oben nach unten. Dies ist heute nicht mehr der Fall. Das kann Schwierigkeiten bereiten, eröffnet aber auch neue Chancen. Und trotz neuer Formen bleiben die wichtigsten Grundregeln nach wie vor gültig.

Schon der Aufstieg von Adolf Hitler und seinem Dritten Reich basierte zu einem guten Teil auf Propaganda, für deren Verbreitung ein eigener, für alle erschwinglicher Radioapparat, der «Volksempfänger», hergestellt wurde.

Die Sendung «Arena», mit der das Schweizer Fernsehen 1993 die eher behäbige «Freitagsrunde» durch eine konfrontative Form ersetzte, wurde rasch zu einem wichtigen Instrument der politischen Meinungsbildung. Legendär ist die Sendung zur Abstimmung über die Alpeninitiative im Februar 1994, als der zuvor unbekannte Urner Landammann Hansruedi Stadler sich überraschend gegen Bundesrat Adolf Ogi durchsetzte und eine so gute Figur machte, dass die Initiative mit 52 Prozent Ja-Stimmen angenommen wurde.

In jüngster Vergangenheit haben sich neue Techniken durchgesetzt, die nicht nur die Information von oben an die ganze Bevölkerung erlauben, sondern auch deren Antworten an die «dort oben». Deswegen und weil die Bürgerinnen und Bürger gegenüber Autoritäten generell kritischer und sogar ablehnender werden, ist es schwieriger geworden, mit ihnen zu kommunizieren. Die Zeiten, in denen ein Gemeindepräsi-

> *«Wichtig ist die Sozialkompetenz. In der Lokalpolitik liegen die Interessen oft näher beieinander als die Positionen, die man gegen aussen vertritt. Es ist wichtig, nicht gleich auf den Kampf einzusteigen, sondern geschickt zu argumentieren und herauszuarbeiten, dass man eigentlich näher beieinander ist, als es aussieht.»*
>
> *Corinne Strebel Schlatter, Präsidentin Schulpflege Rorbas-Freienstein-Teufen ZH, parteilos*

dent der Lokalzeitung eine Information schicken konnte, worauf diese sie abdruckte und die Leserschaft sie nickend zur Kenntnis nahm, sind lange vorbei. Hingegen kann es passieren, dass eine Behörde wegen tatsächlicher oder angeblicher Fehler von Betroffenen und über die Medien und Social Media angegriffen wird.

Das zeichnet gute Kommunikation aus

Gute Kommunikation ist eine Kernaufgabe der Führung – auch von Gemeinden. Hier ist in erster Linie wichtig, dass klar ist, wer dafür zuständig ist und was wann wie kommuniziert wird. Auch für Kandidatinnen und Kandidaten im Wahlkampf und sogar für gewählte Politiker ist zu empfehlen, sich grundsätzliche Gedanken darüber machen, wie sie nach aussen kommunizieren.

Gute Kommunikation ist entscheidend. Sie muss korrekt, angemessen und im richtigen Moment erfolgen:

- **Rechtzeitige Information** bedeutet in den meisten Situationen frühzeitige Information. Es ist besser, im Voraus mitzuteilen, was kommen wird, als im Nachhinein zu melden, dass etwas geschehen ist. In einer überraschenden Situation ist es wichtig, rasch zu informieren – aber nur so rasch, dass man das, was man sagt, auch verlässlich weiss.
- **Korrekte Information** bedeutet, dass die Fakten stimmen müssen. Etwas wegzulassen ist besser, als zu spekulieren.
- **Angemessen** heisst, dass man den Leuten die Informationen gibt, die sie brauchen und die für sie interessant sind. Nicht mehr, aber auch nicht weniger. Auch die Ansprache, der Ton oder der Schreibstil, müssen stimmen.

In jedem Gremium, in jeder Organisation braucht es die klare Information nach aussen, wer wofür zuständig ist und an wen sich die Bürgerinnen und Bürger, aber auch Medienleute und andere Interessierte bei Fragen und Problemen wenden können.

TIPP *Vergessen Sie nicht, dass andere Personen eine andere Sichtweise, einen anderen Informationsstand und andere Informationsbedürfnisse haben als Sie selber.*

Das gehört in ein Kommunikationskonzept

Am besten ist es, ein Konzept zu erstellen (oder von externen Fachleuten erstellen zu lassen), das festhält, was in welcher Situation zu tun ist. Das kann – oder besser: sollte – so detailliert sein, dass zu erwartende Fragen und mögliche Antworten darauf vorformuliert werden. Und das sind die Eckpunkte:

- **Ziele und Inhalte**

    Was müssen und wollen Sie kommunizieren? Als Behörde oder Institution wahrscheinlich, was Sie tun, wie Sie es tun und was Sie erreichen wollen. Zudem wollen Sie ein positives Bild über sich und Ihre Institution transportieren.

- **Zuständigkeiten**

    Grundsätzlich sollen diejenigen Personen, die für eine Sache zuständig sind, auch darüber informieren. In grösseren Organisationen kann man diese Aufgabe an die Person oder Stelle delegieren, die für die gesamte Kommunikation verantwortlich ist. Die Kommunikation muss dann allerdings zwischen beiden Stellen abgesprochen sein. Je wichtiger das Thema, desto höher oben in der Hierarchie ist die Informationsverantwortung angesiedelt. Konkret heisst dies etwa: Wenn es um ein Thema der Feuerwehr geht, informiert je nach Bedeutung der zuständige Gemeinderat oder der Feuerwehrkommandant. Über Budget und Rechnung spricht im Allgemeinen der Finanzvorstand, für Einzelfragen kann er die Informationsverantwortung an eine Fachperson aus der Verwaltung delegieren.

- **Mit einer Stimme sprechen**

    Die Inhalte müssen allen Involvierten bekannt und untereinander abgesprochen sein. Alle müssen wissen, was kommuniziert wird, wie und von wem. Widersprüchliche Informationen sind schädlich. In Ergänzung zum obigen Punkt heisst dies auch: Jeder informiert nur über seinen eigenen Bereich.

- **Intern vor extern**

    Informationen sollen zuerst unter den Personen und Stellen innerhalb der Organisation, zum Beispiel der Gemeindebehörde, kommuniziert werden und dann erst nach aussen. Niemand will aus der Lokalzeitung erfahren, dass seine Abteilung reorganisiert wird.

RASTER FÜR DAS KOMMUNIKATIONSKONZEPT EINER SCHULE

Information	Wer	Wann/Wie
Wiederkehrende Informationen		
Personelle Informationen wie neue Lehrpersonen, allgemein jährliche Schulinformationen (z.B. Ferienplan)	Schulleitung Schulleitung / Redaktion Ressortverantwortlicher	■ Jahresplanung Eltern ■ Schulspuren (Informationsmagazin) ■ Anzeiger
Aktuelle Informationen		
Projektwochen, kurzfristige Änderungen innerhalb der Schulorganisation	AG Projektwoche Lehrperson	■ Elternbrief
Mitteilungen der Schulleitung, Projekte	Schulleitung	■ Elternbrief
Notfallsituation		
Kurzfristige Ereignisse mit grosser Auswirkung auf Schule, Eltern oder Schüler (z.B. Übergriffe von Lehrpersonen auf Schüler, tödliche Unfälle usw.)	Medienverantwortlicher des Kriseninterventionsteams	■ Aktiv, transparent, möglichst rasch ■ Medienmitteilung oder ■ Pressekonferenz (in der Regel in Zusammenarbeit mit der Polizei)

Übersicht der Schule Kestenholz SO, wer was wann kommuniziert

Quelle: www.kestenholz.ch

- **Zielgruppen**
  Wer muss was wissen? Bevölkerung, Parteien und Organisationen, andere politische Institutionen wie Nachbargemeinden oder der Kanton, Mitarbeiterinnen und Mitarbeiter der Verwaltung, Medien.
- **Kernbotschaften**
  Es erleichtert die Kommunikation erheblich, wenn zentrale Aussagen klar formuliert werden, damit sie korrekt und von allen gleich verbreitet werden.
- **Richtige Ansprache**
  Dazu gehört die richtige Tonalität, damit die Empfängerinnen und Empfänger sich ernst genommen fühlen. Aber auch Sprachregelungen, also die Festlegung, wie bestimmte Sachverhalte beschrieben, welche Begriffe verwendet werden.
- **Kanalgerechte Kommunikation**
  An einer Gemeindeversammlung muss anders und anderes kommuniziert werden als in einer Medienmitteilung.
- **Termine**
  Wann soll was kommuniziert werden? Grundsätzlich ist es sinnvoll, im Voraus zu informieren, damit die Angesprochenen etwas Zeit haben, sich vorzubereiten, und sich nicht übergangen fühlen. Anderseits ist es wichtig, erst dann zu kommunizieren, wenn man etwas zu sagen hat, das auch standhält.

Wichtig ist die nachträgliche Beurteilung. Überprüfen Sie regelmässig, wie die Kommunikation ankommt, und passen Sie das Konzept wenn nötig an.

Je grösser das Projekt, desto wichtiger die Kommunikation

Besonders wichtig ist die richtige Information über grosse Vorlagen. Ein Projekt, das mehrere Millionen Franken kostet, sollte nicht daran scheitern, dass man die Kommunikation aus Kostengründen nicht richtig gemacht hat. Damit ist wohlverstanden nicht gemeint, dass die Stimmberechtigten mit Propaganda überschüttet werden sollen. Aber ein solches Vorhaben wird ja deshalb lanciert, weil sich die Promotoren davon einen Nutzen versprechen, und diesen Nutzen wollen sie auch vermitteln.

TIPP *Über Erfolge informiert man immer gern, aber man muss auch über Misserfolge informieren, soweit sie für andere Personen und Gruppen von Bedeutung sind. Einer der schlimmsten Fehler, nicht nur bei grossen Vorhaben, ist es, etwas unter dem Deckel halten zu wollen, das man nicht unter dem Deckel halten kann. Und das ist bei den allermeisten Sachverhalten der Fall, über die mehrere Personen Bescheid wissen.*

Kommunikation über Grossprojekte, zum Beispiel Fusionen

Beispiele für grosse und wichtige Vorlagen sind Fusionsprojekte, wobei dabei ja nicht Millionenausgaben resultieren sollen, sondern idealerweise Einsparungen. Allerdings ist es durchaus möglich, dass zumindest während der Planungs- und Einführungsphase Kosten entstehen. Auf jeden Fall sind es Vorhaben, die viel Engagement erfordern und deren Erfolg sehr stark davon abhängt, dass sie allen Betroffenen möglichst gut vermittelt werden.

Gemeindefusionen sind äusserst heikle Geschäfte, weil sehr viele Bürgerinnen und Bürger sich mit ihrer Gemeinde verbunden fühlen und an ihr hängen: am Namen, am Wappen, an den lokalen Institutionen von der Gemeindekanzlei über die Ortspolizei und die Feuerwehr bis zur Gemeindeversammlung. Umso wichtiger ist eine aktive, offene, lückenlose und kontinuierliche Kommunikation über die ganze Dauer des Projekts, die über die Projektorganisation, die Beteiligten, die Eckdaten und -zahlen, die angestrebten Ziele, die Termine und den Stand orientiert. Und wahrscheinlich müssen verschiedene Gruppen zu unterschiedlicher Zeit Informationen in unterschiedlichen Formen und mit unterschiedlichen Inhalten erhalten. Ein Fusionsprojekt durchläuft in etwa folgende Phasen:

1. **Anstoss**
   Erfassung und Darstellung der Ausgangssituation, Aufbau der Projektorganisation. Zuerst werden nach dem Grundsatz «intern vor extern» die beteiligten Behörden und Verwaltungsmitarbeiter informiert, dann die Bürgerinnen und Bürger. Das Projekt ist noch abstrakt, in dieser Phase geht es erst einmal darum, einen Grundsatzentscheid zu fällen, ob es überhaupt angepackt werden soll.
2. **Ausarbeitung der Grundlagen**
   Die Ergebnisse werden in einem Bericht festgehalten. Dieser analysiert, wie sich die Fusion auf die Beteiligten – Gemeinden, Behörden, Amtsstellen, Verwaltungen – auswirkt, was sie kosten dürfte, welche

Einsparungen und anderen Effekte zu erwarten sind. Der Bericht wird allen Interessierten und Betroffenen zugänglich gemacht (zum Beispiel mit einem Versand an alle Einwohner).

3. **Fusionsvertrag**
Er legt alle wesentlichen Elemente verbindlich fest, beispielsweise Besitzstandsgarantien für Personen, deren Position sich verändert. Aber auch die Zusammenlegung von Abteilungen, die Standorte für Dienstleistungen und ein angestrebter Steuerfuss sind darin geregelt. Dann wird der Vertrag den Bürgern zur Abstimmung vorgelegt.

4. **Realisierung**
Behörden werden bestellt, die neuen Institutionen, etwa die zusammengeführte Verwaltung, werden gebildet, Regelwerke erarbeitet. Die Information erfolgt kontinuierlich und zielgruppengerecht auf verschiedenen Kanälen: für die Bevölkerung beispielsweise über die Medien und mit öffentlichen Informationsveranstaltungen, für die Beschäftigten der Verwaltung mit internen Informationsanlässen und Newsletter, für die Entscheidungsgremien mit Berichten.

5. **Verfeinerung, Abschluss des Projekts**
Im «Normalbetrieb» der neuen Gemeinde werden zweifellos Anpassungen nötig sein. Deshalb sollen die Entwicklung aufmerksam beobachtet und die Wirkungen kontrolliert werden, damit diese Anpassungen richtig vorgenommen werden können. Auch über diese Erkenntnisse und über die Anpassungen wird zielgruppengerecht informiert.

Kanäle zur Kommunikation mit Bürgerinnen und Bürgern

Je nach Art der Information, die verbreitet werden soll, und je nach Zielgruppe können verschiedene Formen am besten geeignet sein:
- Pressemitteilung und/oder Pressekonferenz: Deren Inhalte werden anschliessend von den Medien verbreitet. Allerdings können sie von diesen auch redigiert, das heisst verkürzt oder durch zusätzliche Informationen ergänzt werden.
- Interviews: in gedruckter Form oder live am Radio.
- Inserate in Zeitungen: Sie werden weniger gut beachtet als redaktionelle Beiträge und haben den Beigeschmack von Werbung. Für die Kommu-

nikation von Gemeinden und anderen öffentlichen Institutionen sind sie nur selten zu empfehlen.
- Plakate: Hier gilt in etwas dasselbe wie für Inserate.
- Gedruckte Materialien wie Flyer und Broschüren, die direkt in die Briefkästen verteilt werden: Deren Inhalte kommen – anders als Mitteilungen, die über die Medien verbreitet werden – genau so bei den Empfängern an, wie sie die Absender formuliert haben. Aber auch sie haben den Beigeschmack von Werbung.
- Digitale Kanäle: Eine Website ist heute für Gemeinden ein Muss.

«Mich freut es, wenn ich eine Idee, einen Vorschlag durchbringe. Wenn dann sogar diejenigen, die vorher noch äusserst kritisch oder ablehnend waren und meinten, das sei ein Mist und hinausgeworfenes Geld – wenn dann sogar diese Leute stolz sind auf das Neue, dann macht mir das sehr grosse Freude. Ich hätte vorher nicht gedacht, dass es so viel Zufriedenheit bereitet, wenn etwas, das man mitgestaltet hat, nachher in der Gemeinde ‹gelebt› wird.»

Eva Hauser, Sozialbehörde Männedorf ZH, SP

Je nach Aufwand, den diese betreibt, ist der Inhalt karg oder üppig. Wichtig ist, dass die Website einigermassen attraktiv aussieht und dass sie aktuell ist. Newsletter sind eine gute Form für Situationen, die sich rasch ändern oder entwickeln und in denen kontinuierlich informiert werden muss. Social-Media-Kanäle werden heute erst von wenigen Gemeinden und öffentlichen Institutionen genutzt. Sinnvoll sind sie allenfalls für ganz bestimmte Zwecke (siehe auch Seite 172).
- Veranstaltungen, etwa die Gemeindeversammlungen oder themenspezifische Infoveranstaltungen für Stimmberechtigte, Gesamtbevölkerung oder Mitarbeiter: Die Adressaten können persönlich angesprochen werden, sie können sich aber auch selber zu Wort melden. Hier sind direkte und emotionale Kontakte möglich, hier ist die Gelegenheit, den Puls der Betroffenen zu fühlen. Ähnliche Möglichkeiten sind Events mit spezifischen Aktionen oder länger dauernde Ausstellungen.

  Eine besondere Form solcher Veranstaltungen sind die sogenannten Zukunftswerkstätten: Ihr Zweck ist es, die Bevölkerung aktiv zum Mitdenken und Mitgestalten der Zukunft einzuladen. In geführten Diskussionen werden die Leute aufgefordert, ihre Meinung und ihre Ideen einzubringen.
- Nicht zu vergessen: persönliche Kontakte, organisiert oder spontan auf der Strasse, im Restaurant oder im Verein.

«Durch Zuschauen und Zuhören lernt man, wie die Welt der Politik funktioniert.»

JOLANDA URECH, SP, ist Stadtpräsidentin von Aarau. Für sie ist das Amt ein guter Einstieg in die Politik und eine Möglichkeit, die Regeln und Mechanismen schrittweise und durch konkrete Mitarbeit kennenzulernen.

Wie gut sind die Leute, die neu in die Politik einsteigen, Ihrer Erfahrung nach auf ihr Amt vorbereitet, darüber informiert und dafür qualifiziert?

Häufig werden Leute von den Parteien angefragt. Vielleicht weil sie durch ihr Engagement aufgefallen sind. Sie sind aus Betroffenheit über eine konkrete Situation aktiv geworden, etwa wegen fehlender Kulturangebote, wegen Umweltthemen oder Verkehrsfragen. Möglicherweise trauen sie sich die neue Aufgabe zuerst gar nicht zu, werden aber ermuntert, denn die Parteien sind unter Druck, ihre Listen zu füllen. Manche Leute lassen sich auch aufstellen im Glauben, sie würden ohnehin nicht gewählt. Und auf einmal sind sie doch in einem Amt drin. All diese Gründe führen dazu, dass Neulinge in der Regel nicht besonders gut auf ihre Aufgabe vorbereitet sind und ihnen auch zu wenig bewusst ist, worauf sie sich einlassen – zeitlich und inhaltlich. Natürlich gibt es Ausnahmen.

Was hat dies für Konsequenzen?

Die Politik funktioniert nach bestimmten Verfahrens- und Spielregeln. Sie verfügt über verschiedene Instrumente, mit denen man in das politische Geschehen eingreifen und es mitgestalten kann. Leute, die diese nicht kennen und beherrschen, wissen nicht, was sie bewirken können – aber auch nicht, was andere bewirken können, von dem sie dann betroffen sind.

Ist diese Entwicklung neu?

1990 bis 1997 war ich als Einwohnerrätin Mitglied der wichtigen Finanz- und Geschäftsprüfungskommission, der FGPK; das war damals eine Ehre. Man musste sich zuvor in der Partei bewährt haben, ein Schwergewicht und stark vernetzt sein. Die Entscheide der Kommission waren immer massgebend für die Ratsdebatte, der Einwohnerrat folgte in der Regel der Kommissionsempfehlung. Heute sitzen dort nebst Meinungsmachern oft auch neue, unerfahrene Mitglieder. Ihre Entscheide sind somit häufig wenig verbindlich. Die Anträge der FGPK scheitern dann im Einwohnerrat, weil die Geschäfte dort intensiver und tiefgründiger diskutiert werden. Dies kann dazu führen, dass die FGPK sich abwertet und an Gewicht verliert. Ich denke, das ist nicht nur in Aarau so.

Was empfehlen Sie jemandem, der oder die in die Politik einsteigen will?
Es ist sicher wertvoll, wenn man sich aus persönlicher Betroffenheit engagiert und dabei wichtige Erfahrungen sammelt. Diese Arbeit kann dann in einer Partei, zum Beispiel in einer Arbeitsgruppe, fortgesetzt werden. Zudem rate ich, an Fraktionssitzungen und an Gemeindeversammlungen teilzunehmen oder an Sitzungen des Einwohnerrats, wo es einen solchen gibt. Durch Zuschauen und Zuhören lernt man, wie die Welt der Politik funktioniert. Dann merkt man auch schnell, ob man sich wirklich dafür interessiert.

Denn die Politik ist ein Stück weit immer auch eine Bühne, auf der man sich gern bewegen muss.

Und das genügt Ihrer Ansicht nach?
Sehr wichtig ist es, sich ein Netzwerk aufzubauen, auch zu Personen in anderen Parteien. Man muss glaubwürdig sein, Allianzen schmieden und Brücken bauen können. Denn um Erfolg zu haben, braucht es immer Mehrheiten. Diese Aufbauarbeit braucht Zeit. Deshalb halte ich es für unerlässlich, dass man ein möglichst langfristiges politisches Engagement in Betracht zieht.

Wie könnte man Interessierte am besten unterstützen?
Am ehesten könnten die Parteien etwas tun, beispielsweise, indem sie ein Gottebeziehungsweise Götti-System etablieren, mit dem die Neulinge Schritt für Schritt in die Welt und die Regeln der Politik eingeführt werden. Wichtig scheint mir auch, dass den Interessierten klarer Wein eingeschenkt wird in Bezug auf den zeitlichen Aufwand und das persönliche Engagement. Politik bedeutet oft Knochenarbeit.

DIE MITTELGROSSE HAUPTSTADT
Aarau ist Kantonshauptstadt und seit der Fusion mit Rohr mit gut 20 000 Einwohnerinnen und Einwohnern die einwohnerstärkste Gemeinde des Kantons Aargau, knapp vor Wettingen. Die Exekutive, der Stadtrat, umfasst sieben Mitglieder, vier sind Frauen. Das Parlament, der Einwohnerrat, besteht aus 50 Mitgliedern.

Die klassischen Medien sind nach wie vor wichtig

Die Kommunikation über Medien ist für öffentliche Institutionen wie für Politikerinnen und Politiker sehr wichtig. Sie kann über Erfolg oder Misserfolg eines Projekts, einer Kandidatur entscheiden. Über die traditionellen Medien Zeitung, Radio und Fernsehen erzielt man auch heute noch die grössten Wirkungen. Für Lokalpolitiker sind besonders Auftritte im Lokalradio und -fernsehen beliebte und wirksame Mittel, um sich, ihre Anliegen und ihr Gesicht bekannt zu machen.

Zeitungen und Zeitschriften, Radio und Fernsehen haben nach wie vor eine grosse Bedeutung in der Politik. Die meisten dieser Medien sind parteipolitisch mehr oder weniger neutral, Ausnahmen sind die Weltwoche und die Basler Zeitung, beide nationalkonservativ und SVP-nahe, sowie die linke Wochenzeitung. In der Lokal- und Regionalpolitik sind die Zeitungen im Gebiet nach wie vor wichtig für die Information. Pressekonferenzen und Pressemitteilungen sind bewährte Mittel, um der Bevölkerung politische Entscheidungen und Vorgänge bekannt zu machen.

Es liegt auf der Hand: Je grösser das Verbreitungsgebiet eines Mediums, desto weniger befasst es sich mit lokalen Ereignissen und Angelegenheiten. An national verbreiteten täglichen Medien gibt es nur die beiden Tageszeitungen NZZ und Blick sowie Radio und Fernsehen SRF. Sie alle interessieren sich nur beschränkt für lokale und regionale Ereignisse. Gefässe dafür sind allenfalls der Regionalteil der NZZ, die Regionaljournale von Radio SRF und die Sendung Schweiz aktuell von Fernsehen SRF.

Daneben gibt es die grossen überregionalen Blätter wie Tages-Anzeiger, Bund (mit derselben internationalen und nationalen Berichterstattung, sie gehören zum selben Verlag), die Basler Zeitung, die Neue Luzerner Zeitung, die AZ Nordwestschweiz mit den regionalen Ausgaben Aargauer Zeitung, Badener Tagblatt, Basellandschaftliche Zeitung, Limmattaler Zeitung, Solothurner Zeitung, Grenchner und Oltner Tagblatt sowie die

Südostschweiz. Sie alle werden in vielen Gemeinden verbreitet und können die lokale Ebene ebenfalls nur selektiv beleuchten. Aber sie haben jeweils separate Seiten und regionale Redaktionen für die verschiedenen Gebiete in ihrer Region.

Die Sonntagszeitung, die NZZ am Sonntag, die Schweiz am Sonntag und der Sonntagsblick werden mehr oder weniger in der ganzen Deutschschweiz verbreitet; die Zentralschweiz am Sonntag und die Ostschweiz am Sonntag in ihren Regionen.

Lokal- und Regionalzeitungen interessieren sich für ihr Gebiet

Für die Berichterstattung über Lokalpolitik besonders interessant sind die Lokal- und Regionalzeitungen, von denen es in der Schweiz mehrere Hundert gibt. Abonnierte mit eigener Redaktion, die Themen journalistisch behandeln, wie auch gratis verteilte, die fast nur Anzeigen enthalten. Einige Titel beziehen den sogenannten Mantelteil – das sind nationale und internationale Nachrichten aus Politik, Wirtschaft, Kultur sowie Sport – von grösseren Zeitungen ausserhalb ihres Verbreitungsgebiets. Einige Publikationen erscheinen jeden Werktag, andere nur an bestimmten Tagen. Es gibt dickere und dünnere. Kurz: Die Spannweite ist gross.

Konzentration aufs Lokale

Eines ist allen diesen Titeln gemeinsam: Sie konzentrieren sich auf das Gebiet, in dem sie verteilt und gelesen werden. Viele davon durchaus mit hohen journalistischen Ansprüchen; sie wollen umfassend und ausgewogen über ihre Region berichten. Viele werden auch gut gelesen: Der Bote der Urschweiz beispielsweise geht in Schwyz und Umgebung sechsmal pro Woche in über die Hälfte aller Haushalte. Der Freiämter erscheint zweimal wöchentlich und erreicht in Muri AG und der näheren Umgebung eine ähnliche Abdeckung, Grossauflagen gehen in alle Haushalte. Viele dieser Publikationen sind in ihrem Gebiet gleichzeitig amtliche Anzeiger, amtliche Anzeigen über Baugesuche, Abstimmungstermine, Einladungen zu Gemeindeversammlung und Ähnliches müssen also dort publiziert werden. Entsprechend hoch ist die Beachtung.

> **TIPP** *Je kleiner dotiert eine Redaktion ist, desto mehr ist sie angewiesen auf Beiträge von Externen: auf sogenannte Einsendungen von Vereinen und anderen Organisationen, die die Bevölkerung über ihre Aktivitäten und Anliegen informieren wollen. Dort haben Sie also grosse Chancen, dass Ihr Bericht über die Eröffnung des Spielplatzes, die Gründung einer Interessengemeinschaft für die Erhaltung eines Amphibien-Schutzgebiets oder die Ankündigung Ihres Einstiegs in den Wahlkampf aufgenommen werden.*

Ebenfalls regional verankert: Radio- und TV-Stationen

Die Pendants zu diesen Zeitungen sind regionale Radio- und TV-Stationen. Es gibt rund vierzig kommerzielle lokale oder regionale Radiostationen, die praktisch das ganze Gebiet der Schweiz abdecken. Zu finden sind sie in allen grossen Städten und in Agglomerationen, aber auch in ländlichen Gebieten, zum Beispiel Radio BeO im Berner Oberland und in Teilen des Emmentals oder Radio Rottu im Oberwallis. Dazu gibt es gegen zwanzig nicht kommerzielle Sender wie die beiden politisch eher links stehenden Radio LoRa in Zürich und Radio RaBe in Bern. Die Lokalradios senden regelmässig, meist stündlich, Nachrichten, sie erarbeiten journalistische Berichte und senden Interviews. Politik hat ihren Platz.

Die regionalen TV-Stationen beleuchten das politische Leben in ihrer Region, bringen aber auch viele Boulevard-Themen wie Unfälle, Verbrechen und Skandale. Sie strahlen in der Regel eine Nachrichtensendung pro Tag aus mit drei, vier oder fünf Filmbeiträgen und verlesenen Meldungen, die höchstens eine halbe Stunde dauert und mehrmals wiederholt wird. Die meisten Stationen haben zudem täglich eine Hintergrundsendung im Programm.

Die Sender Tele Züri mit einem Verbreitungsgebiet etwas grösser als der Kanton Zürich, Tele M1 für die Kantone Aargau und Solothurn sowie Tele Bärn für Bern, Freiburg und Teile von Solothurn, die alle zur gleichen Familie gehören, bringen anschliessend an die Nachrichtensendung meist eine halbstündige Studiodiskussion. Diese behandelt sowohl politische als auch andere Themen und ist manchmal regional unterschiedlich, manchmal überall dieselbe.

> **TIPP** *Diese Diskussionssendungen und besonders die Sonntagsausgabe «Sonntalk» haben einen hohen Stellenwert: Wer dort auftreten und seine Argumente vortragen kann, wird von der Sprachgrenze in den Freiburger Alpen bis in die Ostschweiz gesehen und gehört.*

Radio und Fernsehen brauchen Stimmen und Bilder

Denken Sie daran, dass für die Berichterstattung in Radio und Fernsehen Tondokumente beziehungsweise Bilder im Zentrum stehen. Ein Radiosprecher verliest zwar auch mal eine redigierte und gekürzte Pressemitteilung, ein TV-Sender erwähnt sie vielleicht in ein, zwei Sätzen. Aber die wichtigeren und interessanteren Themen werden in beiden Medien in journalistischen Berichten abgehandelt.

Für solche braucht das Radio speziell dafür erstellte Tonaufnahmen, fast immer in Form eines gesprochenen Interviews oder von einzelnen Aussagen, die in einen vom Moderator gesprochenen Beitrag eingebaut werden. Wenn Radiojournalisten eine Veranstaltung besuchen, kommen sie oft danach auf die Verantwortlichen zu, um ein kurzes Interview zu bekommen. Üblich ist auch, dass die Radioleute zuerst von ihrem Arbeitsplatz aus recherchieren und dann ein Interview telefonisch führen. Für diese Recherchen ist eine Medienmitteilung ein guter Anfang, deshalb sind die Radioleute durchaus dankbar dafür.

> **TIPP** *Bestimmen Sie schon im Vorfeld einer Veranstaltung jemanden, der sich für Radiointerviews zur Verfügung stellt. Und bereiten Sie sich auf Fragen vor, die Ihnen gestellt werden könnten.*

Das Fernsehen braucht Filmsequenzen, entweder von einer Situation, die von den TV-Leuten eigens erstellt oder aus dem Archiv geholt wird, oder Interviewaufnahmen mit Personen. Versammlungen sind undankbar für Fernsehbeiträge, weil hier meist wenig passiert, ein Podium mit einem halben Dutzend Damen und Herren, die nett über ein politisches Thema reden, ist optisch langweilig. Falls eine TV-Station die Hagendinger

> **BUCHTIPP**
> Reden muss man als Politiker oder Politikerin nicht nur vor der Fernsehkamera oder dem Radiomikrofon. Praktische Hilfe für jede rhetorische Gelegenheit finden Sie in diesem Ratgeber: **Reden wie ein Profi. Selbstsicher auftreten – im Beruf, privat, in der Öffentlichkeit.**
> www.beobachter.ch/buchshop

Gemeindeversammlung (siehe Medieneinladung auf Seite 163) interessant genug findet, um darüber zu berichten, wird der Journalist wahrscheinlich vor der Versammlung den Gemeindeschreiber vor dem «Hirschen» filmen und ihm ein paar Fragen zum Geschäft stellen. Die eigentliche Versammlung kommt dann – wenn überhaupt – nur ganz kurz vor.

Das Wie ist meist wichtiger als das Was

In einem Bereich unterscheidet sich die Berichterstattung in elektronischen Medien – ganz ausgeprägt im Fernsehen – von derjenigen in Zeitungen und Zeitschriften: Hier zählt neben dem Inhalt der Botschaft auch der Eindruck, den die Person vermittelt.

Im Radio ist es nur die Stimme. Sie lässt sich nicht gross beeinflussen. Aber wenn jemand stockt, sich verheddert, mehrmals neu ansetzt, immer wieder Verlegenheits-Ähs von sich gibt, wirkt er oder sie schon allein dadurch weniger kompetent als jemand, der flüssig und präzis sein Anliegen formuliert.

> **TIPP** *Üben Sie Ihre Aussagen so, dass Sie Ihr Anliegen in einem Zug mit wenigen Sätzen formulieren können. Für Radio- und Fernsehinterviews sind 15 bis 20 Sekunden für ein solches Statement ein guter Richtwert. Packen Sie nur eine Aussage hinein, die nächste Aussage bringen Sie im nächsten Statement.*

Im Fernsehen kommt noch die optische Komponente hinzu. Der Begriff «telegen» beschreibt es recht treffend: Die Endung «-gen» bedeutet etwa passend, geeignet. Wer telegen ist, wirkt im Fernsehen gut. Unabhängig davon, was eine Person sagt und wie kompetent sie ist – eine attraktive, jüngere, gut gekleidete Frau wirkt besser als ein älterer Mann mit Doppelkinn, schütterem Haarwuchs, zerknittertem Veston und verschmierter Brille. Auf jeden Fall aber sollten Sie sich selber bleiben und sich nicht verstellen wollen. Authentische Menschen wirken am überzeugendsten.

> **TIPP** *Nicht allen Menschen ist überzeugendes Auftreten angeboren. Für solche mit höheren Ambitionen oder für solche, die oft auftreten müssen, empfiehlt es sich, ein richtiges Medientraining zu absolvieren. Die einfacheren Varianten der Vorbereitung sind das Üben vor der Ehefrau, dem Ehemann oder einem guten Freund sowie vor dem Spiegel.*

IHRE WIRKUNG NACH AUSSEN

Zumindest teilweise können Sie Ihre Wirkung gegen aussen beeinflussen. Für einen Fernsehauftritt sollten Sie Folgendes beachten:

- **Kleidung:** Wählen Sie einen klassischen Stil und einfarbige Stücke. Wilde Muster lenken ab, kleine Musterungen lassen das Fernsehbild flimmern. Ganz schwarze und ganz weisse Kleidung ist schlecht, da die Kamera damit nicht gut zurechtkommt.
- **Krawatten, Halstücher, Accessoires:** Auch hier eher zurückhaltend, was Farben und Muster angeht. Krawattenknopf richten, richtige Länge beachten – untere Spitze auf Gürtelhöhe – und obersten Knopf des Jacketts schliessen. Ohrringe und Brillen sollten nicht zu auffällig sein. Allerdings kann man mit solchen Dingen auch ein Statement aussenden: Linke Politiker tragen gern rote Krawatten oder Halstücher, rechte solche mit Schweizerkreuz.
- **Frisur:** Auch sie soll nicht ablenken.
- **Körperhaltung:** Halten Sie den Körper aufrecht und ruhig, lassen Sie die Schultern nicht hängen. Sie können auch den Interviewer oder Kameramann fragen, ob Ihre Haltung stimmt.
- **Blickrichtung:** Blicken Sie auf den Interviewer und nicht in die Kamera.
- **Umgebung, Hintergrund:** Dies zu wählen, ist Sache des Kameramanns. Sie sollten aber auch selber darauf achten und überprüfen, was in der Aufnahmerichtung hinter Ihnen zu sehen ist. Bewegungen im Hintergrund – etwa Leute, die vorbeigehen oder sogar in die Kamera winken – lenken ab. Gegenstände, Gebäude oder Installationen geben einen Eindruck, und der sollte dem Thema nicht widersprechen. Wenn Sie als Gemeinderat eine Steuererhöhung vertreten müssen und hinter Ihnen sind Gemeindearbeiter beim Znüni zu sehen, kann dies den Eindruck erwecken, dass die Leute zu wenig zu tun haben, auch wenn es ihre reguläre Neun-Uhr-Pause ist.
- **Kameraposition:** Auch diese ist Sache des Kameramanns. Seien Sie sich einfach bewusst, dass eine Person, die von unten gefilmt wird, eher mächtig oder überheblich erscheint; von oben abgelichtet wirkt sie schwach.

Medienmitteilung und Medienkonferenz

Wenn Sie – ob als Gemeinde, als Institution oder als Person – etwas über die Medien verbreiten wollen, müssen Sie auf sich aufmerksam machen.

Eine Pressemitteilung zu verschicken, ist eine einfache Möglichkeit. Die Chance, dass sie genügend Aufmerksamkeit erregt, hängt stark vom Thema und vom Medium ab und stark auch davon, wie sie formuliert und gestaltet ist. Kleine Zeitungen sind dankbar, wenn sie Informationen bekommen, für die sie nicht viel Aufwand brauchen. Je grösser die Zeitung, desto schwieriger wird es. Eine Mitteilung an Radio- oder TV-Sender zu schicken, ist sinnvoll – aber rechnen Sie nicht damit, dass sie berücksichtigt wird. Redaktionen erhalten täglich Dutzende davon. Mit E-Mail ist es immerhin sehr einfach und gratis, ein paar Empfänger mehr damit zu beliefern.

Eine weitere Möglichkeit, auf sich beziehungsweise auf ein Thema aufmerksam zu machen, ist eine Medienkonferenz. Damit die Medienleute kommen, muss das Thema oder die Person allerdings schon sehr attraktiv sein. Auf Ebene der Lokalpolitik kann dies beispielsweise die Gründung einer Bewegung sein oder das Ergreifen des Referendums gegen eine behördliche Vorlage. In einem solchen Fall erscheinen, wenn Sie Glück haben, Vertreter aller drei Lokalzeitungen, einer von der Regionalzeitung und einer vom regionalen Radiosender. Dazu als Zaungäste ein paar Sympathisanten und andere interessierte Privatpersonen. Für weniger attraktive Themen mit voraussichtlich weniger Publikum sind der Versand einer Medienmitteilung und persönliche Gespräche mit zwei, drei Journalisten, auch per Telefon, der bessere und billigere Weg.

Für eine Medienkonferenz – aber auch für andere Anlässe, etwa Veranstaltungen – ist es sinnvoll, eine Medienmappe zu erstellen. Da hinein gehören neben der Medienmitteilung in Kurz- (eine Seite) und in Langform (drei bis vier Seiten), ein Titelblatt mit den wichtigsten Angaben wie Titel, Untertitel, Absender, Ort und Zeit, dazu Manuskripte der Referate und Bilder.

Persönliche Beziehungen bringen am meisten

Ein nicht so einfacher Weg, der aber langfristig am meisten bringt, ist es, persönliche Kontakte aufzubauen: Sprechen Sie die richtigen und wichtigen Medienleute direkt an – bei einer Veranstaltung, per Mail oder telefonisch, wenn Sie etwas Wichtiges mitzuteilen haben. Pflegen Sie den

Kontakt auch dann, wenn Sie gerade kein Interesse an einem Artikel haben. Geben Sie auch mal eine Information weiter, die Ihnen direkt nichts einbringt. Bauen Sie Vertrauen auf – gegenseitig.

Wenn Sie sich in einem oder zwei Themen profilieren, erhöhen Sie die Chance, dass der Journalist Sie um eine Auskunft fragt, wenn er zu diesen einen Beitrag oder einen Artikel macht.

TIPP *Aufgepasst: Sehen Sie dies als Beziehung oder Vertrauensverhältnis auf professioneller Ebene an, nicht als Freundschaft. Professionell bedeutet: Es geht um das Berufliche, eine gewisse Distanz, unterschiedliche Ansichten und Kritik müssen möglich bleiben.*

BEISPIEL FÜR EINE GUTE KURZE MEDIENEINLADUNG
Hagendinger Gemeindeversammlung entscheidet über Zukunft der Liegenschaft «Hirschen»

Umstrittene Neunutzung kommt zur Abstimmung

An der Gemeindeversammlung vom kommenden Donnerstagabend ist die stimmberechtigte Bevölkerung von Hagendingen aufgerufen, über die Neunutzung der Liegenschaft «Hirschen» zu bestimmen.
Der Entscheid dürfte knapp ausfallen, da das Konzept zur Neunutzung umstritten ist.
Gerne laden wir Sie ein, der Gemeindeversammlung beizuwohnen.
- Ort: Gemeindesaal, Hauptstrasse 39, 9413 Hagendingen
- Zeit: 19.00 bis 22.00 Uhr
- Anmeldung: erwünscht unter gemeindeschreiber@hagendingen.ch
- Fragen: Kontaktieren Sie Herrn Manfred Neugebauer, Gemeindeschreiber, Tel. 071 345 67 8. Er ist erreichbar von 08.00 bis 12.00 Uhr und von 13.30 bis 16.30 Uhr.

Für den Gemeinderat: Manfred Neugebauer, Gemeindeschreiber

Die Einladung beschreibt ganz knapp, was das Thema der Gemeindeversammlung ist. Und sie streicht das Besondere heraus: «Der Entscheid dürfte knapp ausfallen.» Das lockt die Medien an.

Quelle: Patrick Rohr: Erfolgreich präsent in den Medien

So sind Sie für die Medien attraktiv

Seien Sie sich bewusst, dass für die Medien bestimmte Gesetzmässigkeiten gelten. Eine der wichtigsten: Es ist das Aussergewöhnliche, das interessiert. Pointiert bringt es das geflügelte Wort auf den Punkt: Good news is no news – gute Nachrichten sind keine Nachrichten. Dass eine Gemeinde seit Jahren einen ausgeglichenen Rechnungsabschluss erzielt, erregt kein Aufsehen; wenn sie auf einmal in die roten Zahlen abrutscht, vielleicht schon. Wenn ein Schulbetrieb ohne Reibungen und Probleme läuft, berichtet keine Zeitung, kein Radio darüber. Wenn zwei muslimische Schüler der Lehrerin den Handschlag verweigern, wie dies im Frühling 2016 in Therwil geschah, stürzen sich die Medien – in diesem Fall sogar die nationalen – auf die Geschichte.

Dieser Begriff «Geschichte» trifft es gut: Die Medien wollen Geschichten, die sie erzählen können, Geschichten, in denen etwas passiert, in denen Menschen etwas tun. Solche Geschichten haben einen hohen «Nachrichtenwert». Nachrichtenwert schaffen zum Beispiel diese Elemente: Aktualität, prominente Person(en), Skandal/Empörung, Unfälle und Verbrechen, Streitigkeiten, Sex, räumliche Nähe.

Nachrichtenwert kreieren
Dies können Sie ausnutzen, indem Sie versuchen, selber Nachrichtenwert zu schaffen. Zum Beispiel:
- Lassen Sie an einer Gemeindeversammlung einen prominenten Politiker auftreten, der aus seiner Erfahrung zu einem Thema spricht, das an der Versammlung behandelt wird.
- Organisieren Sie für eine Informationsveranstaltung eine Diskussion mit Pro- und Kontra-Vertretern. Bei der Information über ein Fusionsprojekt vielleicht den Vertreter einer Gemeinde, die bereits eine Fusion hinter sich hat, dazu je einen Befürworter und einen Gegner des aktuellen Projekts.
- Laden Sie zur Einweihung einer neuen Turnhalle eine bekannte Sportlerin ein, die erzählt, wie sie bereits als Schülerin jeweils abends in der Turnhalle trainiert und so ihre Karriere gestartet hat.
- Buchen Sie für die Eröffnung eines neuen Velowegs den regionalen Mountainbike-Club, dessen Mitglieder eine Kostprobe ihres Könnens geben.

TIPP *Versuchen Sie zu vereinbaren, dass diese Personen sich für ein oder zwei Interviews mit der regionalen Zeitung oder dem Radio zur Verfügung stellen, und bieten Sie dies den für Sie wichtigsten Medien an.*

Regeln für eine gute Medienmitteilung

Egal, wie wichtig die Gemeindeversammlung, der Anlass – es gibt kein Recht auf Veröffentlichung Ihrer Medienmitteilung. Sie können Ihre Chancen aber deutlich erhöhen, wenn Sie beim Verfassen folgende Punkte beachten:

- **Elemente:** Der Titel ist das wichtigste Element. Eine Ober- oder Unterzeile und ein Lead ergänzen ihn mit zusätzlichen Informationen, zum Beispiel mit dem Namen des Anlasses oder des Absenders. Alle drei Elemente zusätzlich zum Titel sind zu viel. Titel und Lead allein können auch genügen.
- **Titel:** Ein Titel soll aussagekräftig, prägnant, verständlich und kurz sein. Er bringt das Wichtigste oder Interessanteste, was in der Mitteilung steht, auf den Punkt. Wenn es Ihnen leicht fällt, einen guten Titel zu finden, ist die Medienmitteilung (wahrscheinlich) gut und das, was Sie mitzuteilen haben, wichtig. Andernfalls sicher nicht.
- **Lead:** Diese Ergänzung und Erweiterung zum Titel erklärt mit maximal zwei bis drei Sätzen, worum es geht. Mit Titel, Obertitel und Lead sollte der Leser die zentralen Informationen haben, auch wenn er den darunter stehenden Text nicht liest.
- **Text:** Schreiben Sie sachlich, verständlich und auf den Punkt. Verwenden Sie keine Fachausdrücke und schwierigen Fremdwörter, machen Sie kurze Sätze von maximal 15 Wörtern. Fassen Sie sich kurz und beschränken Sie sich auf die wirklich wesentlichen Informationen. Die Mitteilung sollte die wichtigen Fragen beantworten: Was, wer, wie, wann, wo und allenfalls auch warum. Achten Sie darauf, dass sie zumindest ein, besser zwei oder drei Zitate enthält, die die Zeitung übernehmen kann. Schreiben Sie im Lauftext das Wichtigste zuerst, denn wenn gekürzt wird, dann meist von hinten.
- **Kontaktadresse:** Machen Sie klar, wer für den Text verantwortlich ist. Geben Sie den Namen, die Mailadresse und die Telefonnummer

einer Person an, die Fragen beantworten und weitere Auskünfte geben kann. Diese Person muss dann auch tatsächlich erreichbar sein.
- **Foto:** Legen Sie wenn möglich oder nötig ein Foto bei.

Und der richtige Zeitpunkt? Wenn Sie auf ein kommendes Ereignis aufmerksam machen oder dafür einladen wollen, tun Sie das rechtzeitig, aber nicht allzu früh. Tageszeitungen, Radio und Fernsehen arbeiten und planen tagesaktuell, eine Einladung sollte etwa zwei, drei Tage vor dem Anlass dort eintreffen. Sonntagszeitungen beginnen am Dienstag mit der Arbeit, dann sollte die Einladung auf dem Tisch liegen. Berichten Sie über ein Ereignis, das bereits stattgefunden hat, tun Sie dies sofort – wenn immer möglich, beziehungsweise wenn es nicht erst am späteren Abend stattgefunden hat, noch am selben Tag.

Wichtig: Ihre Mitteilung sollte nicht länger als eine A4-Seite sein, das sind ungefähr 2000 Zeichen, alles inklusive, besser ist weniger. Das Beispiel auf der nächsten Seite hat etwas weniger als 2000 Zeichen, der Lauftext allein knapp 1400.

TIPP *Eine Medieneinladung ist grundsätzlich gleich aufgebaut wie eine Mitteilung, aber kürzer. Hier sind die korrekten Orts- und Zeitangaben und die Kontaktadresse besonders wichtig (siehe Beispiel auf Seite 163).*

Bilder erhöhen die Chance, beachtet zu werden
Bilder sind attraktiv und sagen oft mehr als ein langer Textabschnitt. Wenn Sie eine Medienmitteilung verschicken, ist es empfehlenswert, ein Bild oder ein paar Bilder (nicht viele!) mitzuliefern. Sie erhöhen die Chance, dass Ihr Beitrag beachtet und dann auch abgedruckt wird. Beachten Sie dabei Folgendes:
- Lebendige Menschen sind am attraktivsten: Das kann eine Gemeinderätin am Rednerpult sein, die gestikuliert, eine Gruppe von Personen mit Helmen, die die Baustelle besichtigen, ein Politiker im Gespräch mit Teilnehmern der Versammlung. Die Bilder dürfen nicht gestellt wirken.
- Schicken Sie verschiedene Sujets mit verschiedenen Personen und verschiedenen Perspektiven zur Auswahl. Wenn es um ein technisches Thema geht, können Sie zusätzlich ein Bild des Geräts, der Anlage etc. ohne Personen beilegen.

BEISPIEL FÜR EINE GUTE MEDIENMITTEILUNG

Privatschule Ehrsam auf Erfolgskurs

Schülerzahl verdreifacht!

Egoldingen. – Der Privatschule Ehrsam ist es in den fünf Jahren ihres Bestehens gelungen, die Zahl der Schülerinnen und Schüler von 100 auf 300 zu steigern, was einen grossen Erfolg bedeutet. Neu bietet die Schule während der Sommerferien Spezialkurse für Sprachinteressierte an.

Die Privatschule Ehrsam in Egoldingen wurde vor genau fünf Jahren von den Mittelschullehrern Karl Imhof und Moritz Neuhaus gegründet. Ihr Ziel war es, Jugendlichen im Alter von 13 bis 18 Jahren eine Schule zu bieten, die neben den klassischen Fächern wie Rechnen und Schreiben auch die musischen Fähigkeiten fördert.
Gestartet ist die Schule, die in der ehemaligen Ehrsam-Spinnerei untergebracht ist, vor fünf Jahren mit 100 Schülerinnen und Schülern, verteilt auf sechs Klassen. Das Konzept hat derart überzeugt, dass pro Jahr zwei bis drei neue Klassenzüge eingeführt werden konnten. Heute wird die Schule von 300 Schülerinnen und Schülern besucht.
Zusätzlich zum bestehenden Angebot führt die Privatschule Ehrsam ab diesem Sommer Freiwilligen-Sprachkurse in Englisch, Französisch und Spanisch durch, die nicht nur den Schülerinnen und Schülern, sondern auch der breiten Öffentlichkeit offenstehen.
Moritz Neuhaus sagt zum Erfolg «seiner» Schule: «Es erfüllt mich mit Stolz und Freude, dass es geschafft haben, mit unserem musisch orientierten Angebot in kurzer Zeit so viele Jugendliche und ihre Eltern anzusprechen. Dieser Erfolg ermutigt uns, den Weg weiterzugehen.»

Am kommenden Sonntag feiern Lernende und Lehrpersonen das fünfjährige Bestehen mit einem grossen Fest, zu dem auch die Eltern eingeladen sind.

Bei Fragen wenden Sie sich bitte an Moritz Neuhaus, verantwortlicher Schulleiter, Tel. 071 222 44 66, Mail: m.neuhaus@ehrsam.ch. Er steht Ihnen heute, 13.4.2016, und morgen Nachmittag gerne ab 14 Uhr zur Verfügung.

Die drei Elemente Oberzeile, Titel und Lead enthalten bereits die wesentlichen Informationen in knappster Form.

Quelle: Patrick Rohr: Erfolgreich präsent in den Medien

- Text-Bild-Kombination: Wählen Sie das Bild beziehungsweise die Bilder aus, die den Text am besten illustrieren. Machen Sie den Test, ob der Titel des Textes und das Bild dasselbe aussagen. Wenn der Titel lautet: «Grosse Freude über die Abstimmung» und das Bild zeigt einen missmutigen Gemeindepräsidenten, ist dies ein Widerspruch.
- Komposition: Achten Sie auf den Gesamteindruck. Das Bild soll dynamisch wirken, das heisst das inhaltlich Wichtige als optischen Schwerpunkt enthalten, der den Blick anzieht. Es soll Wichtiges neben «Beigemüse», zum Beispiel Hintergrund, zeigen. Personen sollen erkennbar sein, das Bild dominieren, aber in die Umgebung «eingebettet» sein.
- Auflösung: Für den Druck braucht es eine Auflösung von 300 ppi. Die Auflösung moderner Kameras und auch Smartphones genügt. Faustregel: Ein Foto für den Druck muss mindestens rund 1 Megabyte gross sein.
- Legende: Verfassen Sie zu jedem Bild eine aussagekräftige Legende, die beschreibt, was es zeigt, wer darauf zu sehen ist – Namen, Funktionsbezeichnungen, von links nach rechts oder ähnlich –, und das Datum wie auch den Fotografen nennt.

Vom Umgang mit Medienschaffenden

Als Politikerin oder Politiker wird es Ihnen wohl gelegentlich passieren, dass Sie von jemandem von der Zeitung, vom Radio oder Lokalfernsehen um ihre Einschätzung zu einer bestimmten Angelegenheit gebeten werden. Das kann entweder in Form einer einzelnen Aussage – oder mehrerer Aussagen – für einen Artikel sein oder als ganzes Interview.

In einem solchen Fall sollten Sie sich möglichst absichern, dass Ihre Statements korrekt und im richtigen Zusammenhang wiedergegeben werden. Es kommt immer wieder vor, dass jemand sich hinterher beschwert, seine Aussagen seien entstellt oder aus dem Zusammenhang gerissen worden. Ob das wirklich so ist, lässt sich meist nicht mehr feststellen, wenn es nicht eine Ton- oder sogar Bildaufzeichnung gibt. Und dies ist oft nur dann der Fall, wenn die Aussagen für Radio oder Fernsehen verwendet werden. Dann sind die Aufzeichnungen beim Journalisten und er muss bereit sein, sie zu veröffentlichen.

Natürlich haben Sie die Möglichkeit, selber ein Aufnahmegerät mitlaufen zu lassen, dafür genügt ein Smartphone. Damit können Sie im Zweifelsfall Ihre Version beweisen. Doch selbst wenn dies der Fall ist: Wenn Sie falsch wiedergegeben wurden und die Sätze gedruckt oder gesendet wurden, sind diese in praktisch allen Fällen auch gespeichert und für lange Zeit auffindbar. Und das kann Ihnen noch viel später schaden.

Es empfiehlt sich deshalb, vor einem Gespräch mit einem Medienvertreter die wichtigsten Punkte zu klären. Worauf Sie dabei achten sollten, sehen Sie im unten stehenden Kasten.

DIE WICHTIGSTEN PUNKTE, WENN SIE DEN MEDIEN AUSKUNFT GEBEN
- Wer ist der Journalist? Für welches Medium und Ressort arbeitet er?
- Geht es um ein oder mehrere Zitate in einem Artikel oder um ein Interview? In einem Artikel kommen meist noch andere Personen zu Wort, fragen Sie, wer das ist.
- Worum geht es bei dem Artikel oder Bericht? Will der Journalist etwas Bestimmtes aussagen und von Ihnen eine Bestätigung oder eine Widerlegung seiner These bekommen?
- Wann erscheint der Beitrag?
- Regeln Sie die Autorisierung. Sie können verlangen, Ihre Aussagen in der Form, in der sie publiziert werden sollen, noch einmal zu lesen beziehungsweise anzuhören. Vereinbaren Sie klar, wann und wie das geschieht. Bitten Sie, dass Sie auch das Umfeld Ihrer Aussagen vorgelegt bekommen, also etwa den Satz, mit dem Ihr Zitat eingeführt wird.
- Halten Sie Ihre Zusagen ein, vor allem bezüglich Zeiten und Terminen. Wenn Sie Ihre autorisierte Version erst nach dem Druck oder der Sendung zurückschicken, ist es zu spät.
- Formulieren Sie Ihre Änderungen leserlich und unmissverständlich.
- Bei Interviews für ein gedrucktes Medium: Verzichten Sie darauf, den Stil zu korrigieren, sofern er Ihrem Sprachstil nicht völlig widerspricht. Bedenken Sie: Ein geschriebenes Interview ist eine doppelte Übersetzung – von gesprochener in geschriebene Sprache und vom Dialekt ins Hochdeutsche. Die Sprache eines Interviews kann und soll näher an der gesprochenen Sprache sein als die eines amtlichen Textes. Vermeiden Sie auf jeden Fall, das ganze Interview umzuschreiben. Beschränken Sie sich möglichst auf sachliche Fehler.
- Stellen Sie während eines Gesprächs fest, dass der Journalist eine vorgefasste Meinung hat – etwa, weil er Ihnen Suggestivfragen stellt, die die Antwort bereits beinhalten –, bleiben Sie möglichst ruhig und sachlich. Korrigieren Sie seine Aussagen in Ihrem Sinn und achten Sie darauf, dass er diese Korrekturen auch wirklich wiedergibt. Im Extremfall können Sie das Gespräch abbrechen.

TIPP *Werden Sie spontan für Radio- oder Fernsehinterview angefragt, können Sie durchaus sagen, dass Sie im Moment keine Zeit haben, aber gern in einer Viertelstunde zur Verfügung stehen. Das gibt Ihnen Gelegenheit, sich vorzubereiten: Überlegen Sie, welche Fragen kommen könnten, machen Sie sich dazu Notizen. Und halten Sie sich dann an diese Notizen.*

Wie Sie sich gegen Medienberichte wehren

Es gibt wohl niemanden, der sich noch nie über einen Zeitungsartikel geärgert hat. Wenn man nicht persönlich betroffen ist, schluckt man den Ärger meist herunter. Wenn doch, ist es vielleicht angezeigt, sich zu wehren. Dafür gibt es verschiedene Möglichkeiten.

Leserbrief

Das ist die unverbindlichste Reaktion. Leserbriefe können zu jedem Thema geschrieben werden, aber Texte, die sich auf einen Artikel in der Zeitung beziehen, haben grössere Chancen, abgedruckt zu werden. Ein Recht auf Abdruck haben Sie nicht.

Fassen Sie sich kurz, beschränken Sie sich auf ein Thema und auf eine halbe A4-Seite. Bleiben Sie sachlich. Unterschreiben Sie mit Ihrem richtigen Namen, dem Wohnort und Ihrer Funktion und Organisation.

Richtigstellung

Damit können Sie eine klare Falschaussage korrigieren, etwa eine falsche Zahl oder eine falsche Funktionsbezeichnung. Tun Sie dies nur, wenn es wichtig ist – nicht nur Ihnen, sondern für das Verständnis der Sache. Berechtigte Richtigstellungen werden meist abgedruckt, gewisse Zeitungen haben dafür eine eigene Rubrik; Fernsehen SRF bringt sie auf seiner Website unter dem Link «Korrekturen».

Gegendarstellung

Dies ist ein juristischer Begriff. Das Zivilgesetzbuch hält in Artikel 28 fest: «Wer durch Tatsachendarstellungen in periodisch erscheinenden Medien, insbesondere Presse, Radio und Fernsehen, in seiner Persönlichkeit unmittelbar betroffen ist, hat Anspruch auf Gegendarstellung.»

Gegendarstellungsfähig sind nur Tatsachenbehauptungen, nicht aber persönliche Urteile und Einschätzungen. Eine Gegendarstellung muss veröffentlicht werden, und zwar am gleichen Ort wie der frühere beanstandete Artikel. Die Redaktion darf allerdings dazu schreiben – und sie tun dies oft –, sie halte an ihrer Darstellung fest. Wird eine Gegendarstellung nicht publiziert, kann man die Publikation vor Gericht einklagen.

Presserat, Ombudsleute
Der Presserat ist eine «Beschwerdeinstanz für medienethische Fragen». Er kann Stellungnahmen abgeben, hat aber nicht die Möglichkeit, Strafen oder andere verbindliche Massnahmen anzuordnen.

Das nationale Radio und Fernsehen SRF sowie grosse Verlage haben Ombudsleute. Diese beschäftigen sich ebenfalls mit Beschwerden und versuchen, zwischen Beschwerdeführer und Redaktion zu vermitteln. Sich an sie zu wenden, ist oft der beste Weg zu einer Klärung.

UBI und Bundesgericht
Führt ein Verfahren beim Ombudsmann nicht zum Erfolg, können Sie die Unabhängige Beschwerdeinstanz für Radio und Fernsehen (UBI) anrufen. Dies ist eine Bundesbehörde, die über SRF und die übrigen konzessionierten Sender wacht. Sie kann Massnahmen anordnen, an die sich die Sender halten müssen.

Gegen ein Urteil der UBI können Sie beim Bundesgericht klagen, wenn Sie direkt betroffen sind. 2015 gab es drei solcher Klagen: gegen einen Beitrag der Nachrichtensendung «19:30» von RTS über einen Weinhändler, gegen einen Bericht des «Regionaljournals Ostschweiz» von Radio SRF 1 über eine Urteilsberatung des Bundesgerichts sowie gegen einen Beitrag des «Kassensturzes» von Fernsehen SRF über «Zahnarztpfusch».

Strafanzeige
Schliesslich bleibt noch die Möglichkeit, eine Strafklage gegen den Redaktor oder Chefredaktor einer Publikation einzureichen, etwa wegen Verletzung der Persönlichkeitsrechte oder Ehrverletzung.

Überlegen Sie immer, ob es sich lohnt, einen solchen Schritt zu ergreifen. In der Regel will der Journalist Sie oder Ihre Institution nicht persönlich angreifen. Und auch wenn Sie selber die ganzen Hintergründe kennen, können und dürfen Sie nicht erwarten, dass ein Artikel oder Bericht diese alle erzählt. Und schon gar nicht, dass er Ihre Position einnimmt. Einerseits müssen Journalisten auf das Wesentliche reduzieren und anderseits verschiedene Positionen berücksichtigen. Bedenken Sie auch den Spruch: Nichts ist älter als die Zeitung von gestern. Mit einer Beschwerde oder Klage verhindern Sie, dass die Sache rasch vergessen wird.

> **TIPP** *Besser, als sich hinterher wehren zu müssen, ist es, sich bereits im Vorfeld beim Kontakt mit den Medienleuten abzusichern, indem Sie möglichst genau klären, was das Ziel des Berichts sein soll (siehe Kasten auf Seite 169).*

Websites und Social Media

Digitale Medien gehören heute in der politischen Kommunikation zum unverzichtbaren Instrumentarium. Facebook, Twitter und andere digitale Kommunikationskanäle werden vor allem von Einzelpersonen und Gruppen benutzt, um Anhänger und Öffentlichkeit zu informieren. Gemeinden und Behörden sind bisher noch eher zurückhaltend. Der grosse Vorteil dieser Techniken: Sie überwinden die Ein-Weg-Kommunikation und erlauben einen echten Dialog mit der Bevölkerung.

Die Möglichkeiten für den Auftritt in der digitalen Welt sind zahlreich. Sinnvoll ist der Betrieb einer Website. Zwar bedeutet die Erstellung einen gewissen Aufwand, aber wenn sie einmal steht, muss sie nicht allzu häufig bewirtschaftet werden und Sie können dort vieles unterbringen, was für längere Zeit gültig bleibt. Zudem ist die Website sinnvollerweise die Basis Ihres ganzen digitalen Auftritts, auf die Sie von anderen Kanälen wie einer Facebook-Präsenz oder einem Twitter-Kanal verlinken können.

Die Website

Die Website wird oft als Visitenkarte im Netz bezeichnet, aber sie ist eigentlich viel mehr: Neben Adresse und Funktion gibt sie auch Auskunft darüber, wer Sie sind – ob als Politiker und Person oder als Institution –, was Sie tun, was Sie erreichen wollen, was Sie anzubieten haben. Sie ist also eher ein Informationsprospekt über Sie. Eine Website muss nicht dauernd aktualisiert werden; für tägliche oder wöchentliche Informationen gibt es geeignetere Instrumente wie Facebook oder Twitter.

Aufgepasst: Nicht dauernd aktualisiert heisst nicht, dass Sie die Website einfach stehen lassen können. Namen von Personen, ob Ansprechpersonen, Verantwortliche oder Mitarbeitende, wie auch deren Funktionen müssen aktuell sein. Ebenso Öffnungszeiten, Adressen, Reglemente, Positionspapiere – kurz: Überhaupt alles, was dort steht, muss gültig sein. Aber die Geschichte der Gemeinde, deren Reglemente, Ihre persönliche Biografie, Ihre politischen Positionen ändern sich nicht dauernd.

Die Website ist auch eine gute Basis, auf die Sie über andere Kanäle, digitale und klassische, verweisen können: Als Wahlkämpfer oder als Gemeinde können Sie über Twitter oder Facebook etwas mitteilen, für die Hintergrundinformationen verweisen Sie aber auf Ihre Website, wo diese ausführlich dargestellt sind, zum Beispiel ein Wahlergebnis mit den detaillierten Zahlen oder ein aktualisiertes Reglement. In einem Zeitungsartikel oder einem Flyer können Sie die Webadresse angeben, über die weitere Informationen zu finden sind.

Responsive Design – Websites auch für Mobilgeräte
Ein grosser Teil der Internetnutzung läuft heute über Mobilgeräte, so etwa die Hälfte der Suchanfragen an Google. Eine Website muss also auch auf solch kleinen Monitoren funktionieren. Der englische Fachbegriff für diese Gestaltung heisst «Responsive Design», moderne Werkzeuge zum Erstellen einer Site berücksichtigen dies automatisch.

Optimieren Sie also Ihre Site unbedingt für Mobilgeräte, wenn Sie wollen, dass auch Benutzer von Smartphones und Tablets sie gut betrachten, darin navigieren und die Texte lesen können. Mit den heutigen schnellen Mobilverbindungen nicht mehr so wichtig wie früher, aber dennoch zu empfehlen: Achten Sie darauf, dass die Seiten schlank sind und schnell geladen werden.

> **EINE GUTE WEBSITE: DIE KRITERIEN**
> - Die Site ist aktuell. Das heisst, dass neue Inhalte darauf zu finden und auch als solche zu erkennen sind, am besten durch das Datum der Erstellung.
> - Die Site ist modern und ansprechend gestaltet, die Einzelseiten haben alle denselben Raster und Aufbau und dasselbe Farbschema.
> - Die Site und die einzelnen Unterseiten sind logisch aufgebaut, in der Navigation finden sich die Besucher zurecht. Links sind als solche gekennzeichnet und funktionieren.
> - Die Site funktioniert auch auf den kleinen Monitoren von Smartphones und Tablets (Responsive Design).
> - Die Site bietet den Besucherinnen und Besuchern die Möglichkeit, Fragen zu stellen oder Kommentare und andere Mitteilungen zu hinterlassen – per E-Mail oder Kontaktformular. Und selbstverständlich beantworten Sie solche Mitteilungen innerhalb nützlicher Frist.

Twitter und Facebook sind am wichtigsten

Die Hälfte aller Nationalrätinnen und Nationalräte haben einen Twitter-Account, einige davon mit vielen Followern: Cédric Wermuth von der SP über 30 000, Natalie Rickli von der SVP knapp 20 000 und Balthasar Glättli von den Grünen 15 000 (Stand Anfang 2016). Drei Viertel dieser Parlamentarier verfügen über einen Facebook-Account; hier hat Natalie Rickli am meisten Anhänger, nämlich 24 000, mehr als doppelt so viele wie Cédric Wermuth (10 000).

Diese beiden Kanäle sind denn auch die wichtigsten für die aktuelle politische Information. Twitter mit der Beschränkung auf 140 Zeichen – das ist weniger, als eine SMS erlaubt – ist der schnelle, knappe Kanal. Facebook ähnelt eher einer normalen Website, ist aber dynamischer; diese Präsenz sollte denn auch viel häufiger aktualisiert werden. Twitter ist das Medium für unterwegs für die Bewirtschaftung auf dem Smartphone. Facebook kann zwar durchaus auf dem Smartphone oder Tablet aktualisiert werden, passt aber ebenso gut auf den Laptop oder Bürocomputer. Eine Ergänzung sind Filme auf Youtube oder anderen Videokanälen, die auch in Twitter, Facebook oder in die Website eingebunden werden können.

Blogs sind Kanäle, auf denen Sie Ihre Meinungen und Positionen verbreiten können. Hier müssen kontinuierlich neue Beiträge publiziert werden. Sie laden zudem die Leserinnen und Leser ein, zu antworten, deshalb müssen Sie auch die Diskussion mit ihnen führen.

Neue Dienste wie Instagram – zum Versenden von Bildern und Kurznachrichten – und Snapchat – über dieses System können Fotos und Videos verschickt werden, die sich nach kurzer Zeit automatisch zerstören – sind besonders bei Jugendlichen beliebt und werden bisher für politische Kommunikation kaum genutzt.

Am wirksamsten ist die Vernetzung

Am effizientesten funktioniert die Kommunikation, wenn die verschiedenen Kanäle miteinander verbunden sind, wenn Beiträge vom einen auf den anderen oder auf mehrere andere verlinkt werden – beispielsweise indem Sie als Politiker oder Kandidatin auf Twitter auf ein Referat von Ihnen oder einem Vertreter Ihrer Partei hinweisen, dessen Manuskript auf Ihrer Website heruntergeladen werden kann. Oder wenn eine Gemeindeverwaltung auf Facebook auf die Einweihung des neuen Feuerwehrlokals aufmerksam macht und auf die Youtube-Seite verlinkt, auf der das von der Feuerwehr selber gedrehte Image-Video angeschaut werden kann.

Allerdings heisst dies nicht, dass man sich auf vielen verschiedenen dieser Plattformen engagieren soll – vor allem aus Zeitgründen. Denn auf mehreren ständig mit den passenden Formen präsent zu sein und auch noch die Reaktionen der Benutzer aufzunehmen und den Dialog mit diesen zu führen, das wäre ein Vollzeitjob.

«Wichtig ist, dass man das ganze Jahr über etwas tut – und authentisch tut. Die Leute nehmen das wahr. Wenn man erst kurz vor den Wahlen ein Twitter-Konto eröffnet und es dann nicht mehr pflegt, macht dies keinen guten Eindruck.»

David Berger, Mitglied Grosser Gemeinderat Winterthur, Alternative Liste

Namen auch auf Plattformen besetzen

Für Politiker wie auch für Gemeinden ist es zu empfehlen, auf Plattformen wie Facebook oder Twitter den Namen zu besetzen – unabhängig davon, ob man diese Präsenzen tatsächlich nutzen will. Damit verhindert man, dass jemand anderes diesen Namen nutzt und Inhalte verbreitet, die einem nicht passen.

WIE VIEL AUFWAND BRAUCHT DIE PRÄSENZ AUF SOCIAL-MEDIA-KANÄLEN?

	Kurznachrichten	Blog	Newsletter	Bilder	Video
Dienst (Beispiele)	Twitter Tumblr	WordPress	Mailchimp	Flickr Instagram Pinterest Tumblr	Youtube
Format	Text	Text Fotos Illustrationen Grafiken	Text Bilder	Fotos Illustrationen Grafiken	Video
Zeitbedarf pro Nachricht	1–5 Minuten	5–30 Minuten	30–60 Minuten	5–15 Minuten	5–20 Minuten
Frequenz	1–10 Nachrichten pro Tag	1–5 Artikel pro Woche	1 Newsletter pro Woche/Monat	1–20 Fotos pro Woche	1–5 Videos pro Monat

Quelle: Phlow.de

TIPPS *Plattformen wie Twitter oder Facebook, aber auch Blogs zu beobachten, ist aufwendig. Mit spezialisierten Suchmaschinen wie www.icerocket.com, www.socialmention.com oder www.trackur.com (10-Tage-Test gratis, danach kostenpflichtig) lassen sich diese Netzwerke gezielt durchforsten.*

Lassen Sie Google für sich suchen: Der Dienst Google Alerts informiert Sie, wenn etwas Neues zu den Begriffen auftaucht, die Sie nach Wunsch definieren können. Sie brauchen für diesen Dienst ein Google-Konto.

Facebook-Präsenz von Gemeinden

Bescheidener sind die Facebook-Auftritte von Gemeinden. Zwar gibt es solche, aber die allermeisten haben viel weniger Likes beziehungsweise Fans als die vorne erwähnten Politiker: Luzern immerhin 7000, Rüti ZH 800, Utzensdorf BE 200, Oberentfelden AG 120 – die beiden letzteren Auftritte werden allerdings nicht sehr oft aktualisiert. Auch Privatpersonen erstellen Facebook-Sites über «ihre» Gemeinde – sodass manchmal über eine Gemeinde mehrere Sites mit ähnlichen Namen existieren.

Gegenüber einer normalen Website hat ein Facebook-Auftritt einerseits den Vorteil, dass es dafür keinerlei Programmierkenntnisse braucht, Facebook stellt einfach zu bedienende Werkzeuge zur Verfügung. Anderseits können die Besucherinnen und Besucher sehr einfach ihre Meinung kundtun, da die Möglichkeiten dazu in den Sites fest integriert sind. Dafür erfordert die Bewirtschaftung einen gewissen Aufwand; am wenigsten dann, wenn vor allem Inhalte der normalen Gemeindesite zusätzlich auf Facebook publiziert werden oder wenn darauf verlinkt wird. Da Facebook aber ein Zwei-Weg-Kommunikationsmittel ist, müssen die Beiträge von Besuchenden gesichtet und nötigenfalls auch beantwortet werden. Dieses Netz eignet sich deshalb auch gut für Umfragen unter der Bevölkerung.

Das Risiko der Facebook-Präsenz

Mit einer Facebook-Präsenz gehen Sie – ob als Politiker oder als Gemeinde – ein gewisses Risiko ein. Denn damit vertrauen Sie auf die Marke und die Bedeutung von Facebook und liefern sich diesem Unternehmen aus. Es kann durchaus vorkommen, dass Facebook einfach so die Regeln ändert.

DIES PASSIERTE BEISPIELSWEISE 2012 der Stadt München, deren Site mit 400 000 Fans ohne Vorwarnung gesperrt wurde und eine Zeitlang gesperrt blieb. Auf Nachfrage der Münchner Behörden teilte Facebook mit, dass der Name München nicht mehr genutzt werden dürfe, die Site könne aber «umziehen» und unter anderem Namen wieder online gehen. Für eine Weile lief darauf die Münchner Facebook-Site unter «Stadtportal München»; heute heisst sie wieder «München».

Im schlimmsten Fall kann eine Lawine von negativen Reaktionen in Bewegung kommen, ein Shitstorm (siehe Seite 193). Durch die Grösse des Netzes, seine enge Verknüpfung und die Geschwindigkeit, mit der sich Nachrichten verbreiten, ist eine solche Entwicklung sehr schwierig zu beeinflussen.

So wehren Sie sich gegen negative Beiträge im Internet

Tauchen im Internet negative Beiträge über Sie oder Ihre Gemeinde auf, können Sie sich dagegen wehren – oder es zumindest versuchen. Wenden

REGELN FÜR DIE BENUTZUNG VON FACEBOOK UND ANDEREN PLATTFORMEN
Der Politikberater Mark Balsiger empfiehlt, sich bei der Benutzung von Facebook an folgende Regeln zu halten. Sie gelten sinngemäss auch für andere Plattformen:

- Senden Sie Freundschaftsanfragen nur an Personen, die Sie kennen, oder die Sie von Bekannten und Facebook-Freunden als vertrauenswürdig empfohlen bekommen. Gestalten Sie diese Einladungen persönlich mit einer speziellen Ergänzung.
- Akzeptieren Sie nur Freundschaftsanfragen von Personen, die Sie zumindest flüchtig kennen oder die Sie von Bekannten als vertrauenswürdig empfohlen bekommen.
- Überlegen Sie gut, was Sie veröffentlichen. Schützen Sie Ihre Privatsphäre. Seien Sie sich bewusst: Das Internet vergisst nichts! Sie müssen damit rechnen, dass Textbeiträge oder Bilder von Ihnen irgendwann wieder auftauchen, möglicherweise auf ganz überraschende Weise, in einem völlig unerwarteten Moment und Zusammenhang.
- Füllen Sie alle Rubriken aus, damit Ihr Publikum sich ein umfassendes Bild von Ihnen machen kann.
- Pflegen Sie Ihre Präsenz mindestens zwei- bis dreimal pro Woche.
- Achten Sie auf korrekte Sprache. Mundart ist erlaubt, Emoticons sind es auch. Fragen Sie sich jedoch, ob Sie damit von den Benutzern verstanden werden.
- Und ein ganz wichtiger Rat: Veröffentlichen Sie nichts auf solchen Kanälen, wenn Sie übermüdet oder verärgert sind oder mehr als 0,5 Promille Alkohol intus haben. Veröffentlichen Sie nur das, was Sie auch im Zürcher Hauptbahnhof mit dem Megafon verbreiten würden.

Sie sich zuerst an den Autor oder an den Betreiber der Site oder an beide und versuchen Sie, diese dazu zu bringen, dass sie den Beitrag löschen. Befinden sich diese Personen in der Schweiz, sind die Chancen auf Erfolg intakt, im äussersten Fall können Sie sich für die Durchsetzung auf verschiedene gesetzliche Grundlagen des Zivil- wie des Strafgesetzbuches berufen – etwa auf das Recht am eigenen Bild, auf Verletzung der Persönlichkeit oder auf Ehrverletzung. Einklagbar ist auch die Verletzung von Urheberrechten. Bei Betreibern im Ausland hingegen kann es schwierig bis völlig unmöglich sein, einen Erfolg zu erzielen.

Führen Ihre Interventionen nicht zum Ziel, ist die nächste Anlaufstelle der Provider. Hier gilt dasselbe wie oben.

«Von einer neuen Zivilgesellschaft in den Gemeinden ist nichts zu sehen.»

ANDREAS LADNER Die Ablehnung der Durchsetzungsinitiative Anfang 2016 wurde allgemein auf ein aussergewöhnliches Engagement der Zivilgesellschaft zurückgeführt. Der Gemeindeforscher Andreas Ladner sieht keine Anzeichen dafür, dass sich ähnliche Bewegungen auf lokaler Ebene breit durchsetzen.

Glauben Sie, dass Mobilisierungen wie gegen die Durchsetzungsinitiative auch auf lokaler Ebene vorkommen werden?
Am Anfang unserer Gemeindeforschungen Ende der 1980er-Jahre stand die Annahme, dass sich alternative zivilgesellschaftliche Mobilisierungsprozesse vermehrt auf Gemeindeebene finden liessen. Wir gingen davon aus, dass hier die direkte Betroffenheit grösser und die Organisation und Mobilisierung einfacher seien als auf höheren Ebenen. In der Tat fanden wir ein paar solche Gruppen, aber nur wenige.

Wie ist es denn heute?
Seither haben sich die Parteien stark aus der Lokalpolitik zurückgezogen, was mit dem Wandel der politischen Partizipation zu tun hat. Lokalparteien finden keine Mitglieder mehr.

Und wie steht es mit alternativen politischen Bewegungen?
Solche Mobilisierungsprozesse auf lokaler Ebene gibt es immer noch und wird es immer geben. Meist entstehen sie aus momentaner Betroffenheit heraus. Solche Bewegungen können sich zwar unter Umständen recht lange halten. Aber das sind Ausnahmefälle. Von der Herausbildung einer neuen Zivilgesellschaft in der grossen Mehrheit der Gemeinden ist jedenfalls nichts zu sehen – das ist kein flächendeckendes Phänomen.

Mittel wie Facebook und Twitter bringen hier keine neue Qualität?
Sie haben ihre Wirkungen eher in grösseren Dimensionen, nicht in einer Gemeinde mit 500 Einwohnern. Da gelingt es auch mit traditionellen Mitteln, etwa mit persönlichen Gesprächen, eine Gemeindeversammlung in eine ganz andere Richtung zu lenken, als die Behörden geplant hatten.

Eine besondere Situation: der Wahlkampf

Der Wahlkampf ist eine besondere Situation und erfordert eine besondere Kommunikation. Im Wahlkampf ist eine gewisse Überspitzung üblich, und es geht alles rascher und härter zu als sonst. Man kann viel gewinnen: in erster Linie ein angestrebtes Amt, aber auch Popularität. Wenn man Fehler macht, kann man allerdings auch viel verlieren.

In der jüngeren Vergangenheit hat sich der Wahlkampf verändert, Methoden wurden und werden aus dem Ausland übernommen und meist zuerst auf nationaler Ebene angewendet. Später «sickern» sie in die unteren Ebenen der Kantonal- und Lokalpolitik. Allgemein lassen sich vier Trends feststellen.

Trends im Wahlkampf

Wie vieles andere auch verändern sich die Formen und Gebräuche der politischen Wahlkämpfe. Und diese Veränderungen geschehen – ebenfalls wie vieles andere – immer schneller. Dies ist zu einem grossen Teil auf die Umwälzungen in den Medien, auf das Aufkommen von neuen Kommunikationstechniken zurückzuführen: Privat- und Regionalradio wie -fernsehen einerseits und moderne Zeitungen anderseits fördern die Personalisierung, Gratiszeitungen die Banalisierung. Neue Kommunikationskanäle im Internet, vor allem Social Media, erhöhen die Möglichkeiten, direkt mit den Bürgerinnen und Bürgern in Kontakt zu treten.

Trend 1: permanenter Wahlkampf.
Die meisten Legislaturperioden dauern vier Jahre; alle vier Jahre finden also Wahlen in Exekutiven und Legislativen statt. Auf Bundesebene und zunehmend auch in den Kantonen bezwecken Parteien und Politiker heute auch während der Legislatur, also eben permanent, sich für die Wahlen zu positionieren. Instrumente dazu sind klassische Werbemittel wie Pla-

kate; allein in den drei Monaten April bis Juni 2015, also ein halbes Jahr vor den nationalen Wahlen, gab die SVP 1,2 Millionen für den nationalen Wahlkampf aus, bei der FDP waren es 0,9 Millionen. Andere Instrumente sind Volksinitiativen, die als Mittel eingesetzt werden, um die eigene Partei ins Gespräch beziehungsweise in die Medien zu bringen. Die Bekämpfung von politischen Gegnern wird intensiver geführt als früher, es wird mit härteren Bandagen gekämpft und direkter auf die Person gespielt.

Auf den unteren Ebenen, in den Kantonen und Gemeinden, geht es noch gemächlicher zu und her. Zwar beginnen die gedanklichen Vorbereitungen auf die nächste Wahl auch hier schon kurz nach der letzten, aber die eigentlichen Kampagnen mit Plakaten und Podien laufen in der Regel erst ein paar Wochen oder allenfalls Monate vor dem Wahltermin.

> «Für gewählte Politiker läuft der Wahlkampf permanent, weil man immer sehr im Fokus steht. Klar führen auch wir den Wahlkampf mit Plakaten, Flyern und so weiter. Aber der eigentliche Wahlkampf ist das, was man in seinem Amt tut – da schauen die Leute sehr genau hin. Und sie reden dann am Stammtisch oder im Dorfladen darüber.»
>
> Corinne Strebel Schlatter, Präsidentin Schulpflege Rorbas-Freienstein-Teufen ZH, parteilos

Trend 2: Personalisierung

Treiber dieses Trends sind vor allem die Medien, die – nicht nur in der Politik, sondern in allen Bereichen – seit einiger Zeit Köpfe, Personen in den Vordergrund stellen und weniger die Zusammenhänge und Hintergründe. Auf nationaler Ebene gibt es den Begriff der «Arenatauglichkeit»: Wer sich um ein einigermassen wichtiges politisches Amt bewirbt, muss in der Fernsehsendung «Arena» mitdiskutieren und sich gegen die Kontrahentinnen und Kontrahenten durchsetzen können.

Trend 3: Banalisierung, Zuspitzung, Skandalisierung

Diese Entwicklung ist mit der Personalisierung verbunden. Wahlkämpfe (und auch Abstimmungskämpfe) werden auf Schlagworte reduziert, grundsätzliche politische Positionen und Auseinandersetzungen über Probleme bleiben ausgeblendet. Beispiele sind der Slogan «Dä packt a!» eines Nationalratskandidaten im Wahlkampf 2015, derjenige eines Kandidaten für die Berner Regierungsratswahlen im Frühling 2016, der hinter seinem Namen nur gerade mit dem Ausdruck «kann's» für sich warb, oder eine Protestaktion von Mitgliedern der Grünen Partei, die sich 2007 nackt fotografieren liessen, um gegen Leibesvisitationen der Zürcher Polizei zu protestieren (siehe auch Seite 190).

Trend 4: neue Kanäle
Websites sind heute Musts für Politikerinnen und Politiker – und für Personen, die sich zur Wahl stellen. 2014 hatten 200 von 246 Bundesparlamentariern eine Website, wie der Webdienstleister Novopage ermittelte. Allerdings war die grosse Mehrzahl nicht aktuell, nur gerade 66, also rund ein Viertel, waren im Verlauf des Monats vor der Erhebung aktualisiert worden. 57, also fast gleich viele, enthielten überhaupt keine Rubrik «Neues» oder Updates, Aktualisierungen des Inhalts. Nur gerade 36 Sites waren für Mobilgeräte optimiert (siehe auch Seite 173).

> **INFO** *Nebenbei bemerkt: Google bewertet Sites, die nicht für die kleinen Monitore von Smartphones und Tablets optimiert sind, schlechter als andere. Was für Sie als Kandidat mit einer nicht optimierten Site bedeuten kann, dass Sie über Google nur schwer gefunden werden.*

Im nationalen Wahlkampf 2015 gehörten einigermassen professionell gemachte und bewirtschaftete Profile auf Twitter und Facebook zum ersten Mal zum Pflichtprogramm für Kandidatinnen und Kandidaten. Die NZZ führte kurz vor den Wahlen eine Umfrage bei den Parteien durch und fragte: «Wie viele Kandidaten verfügen über ein eigenes Twitter-Profil oder über eine eigene Facebook-Page?» Die Zahlen in den Antworten sind Schätzwerte:
- BDP: 35 bis 40 Prozent
- CVP: Twitter-Profil: knapp ein Viertel, Facebook-Seite oder -Profil: drei Viertel aller Kandidierenden
- FDP: Twitter-Profil 35 Prozent, Facebook-Nutzung 65 Prozent
- GLP: Etwas mehr als die Hälfte der amtierenden Nationalräte sind auf Twitter, ebenfalls rund die Hälfte hat eine eigene Facebook-Seite; bei den Kandidaten wohl etwas weniger.
- Grüne: 100 Prozent der Kandidaten verfügen über das eine oder das andere, zwischen 60 und 70 Prozent pro Kanal.

- SP: Twitter-Account: rund die Hälfte, auf Facebook aktiv rund 90 Prozent
- SVP: Twitter: 40 Prozent, Facebook-Page: 80 Prozent

Trends aus den USA: Big Data und Apps

Da bekanntlich immer wieder Trends aus den USA nach Europa kommen, lohnt sich ein Blick dorthin, um zu erkennen, was voraussichtlich früher oder später auch bei uns auftauchen wird.

Beim Präsidentschaftswahlkampf in den USA zeigt sich, dass immer mehr über moderne digitale Kanäle läuft. Bereits 2008 installierte einer der Facebook-Gründer für Barack Obamas ersten Wahlkampf neben Präsenzen bei Facebook, Twitter und Youtube eine Website barackobama.com, die wie eine Art eigenes Social Network, eine Mini-Version von Facebook, aufgebaut war. Obama-Anhänger konnten dort Blogs erstellen, Fotos hinaufladen, sich in Gruppen organisieren und Geld spenden.

2016 wurde und wird massiv mit Massendaten, auch als Big Data bezeichnet, gearbeitet: Man verwendet alle möglichen verfügbaren Daten über Wählerinnen und Wähler, um ihre Präferenzen in den verschiedensten Bereichen, nicht nur in der Politik, auszuwerten. Dann werden diese Personen gezielt angesprochen, und die verschiedenen Kanäle werden unterschiedlich mit Inhalten versorgt.

Neu gibt es auch eigens erstellte Apps für Smartphones, kleine, speziell entwickelte Programme, etwa Spiele, die für Kandidaten werben; Quiz, die einem mit Fragen zur Einstellung bezüglich Sachthemen zeigen, welchem Kandidaten man nahesteht; Apps, mit denen Anhänger sich organisieren und Geld spenden können.

Social Media werden im Wahlkampf intensiv genutzt

Die NZZ fragte in ihrer oben genannten Umfrage auch nach Schulungen in Social-Media-Know-how. Alle befragten Parteien gaben an, solche anzubieten beziehungsweise durchgeführt zu haben. Die Social-Media-Kanäle der nationalen Parteien selber werden heute von den Zentralen mit mehr oder weniger Aufwand gepflegt. Auf Google-Werbung verzichteten hingegen noch die meisten Parteien, investierten aber – eher tiefe Beträge – in Werbung auf Facebook und Twitter. Ausserdem sagten alle,

> **DAS OBERSTE GEBOT: AKTUELL SEIN!**
> Die digitale Kommunikation ist schnell: Facebook, Twitter und WhatsApp sind ohnehin Plattformen, auf denen ständig etwas läuft, aber auch eine normale Website muss unbedingt regelmässig aktualisiert werden. Der Politikberater Mark Balsiger erwähnt in seinem Buch «Wahlkampf statt Blindflug» das Beispiel des Berner SP-Ständerats Hans Stöckli, dessen Site im Oktober 2014 als neueste «News»-Meldung eine vom November 2011 anzeigt. Balsiger schreibt dazu: «Das wird irritierte, womöglich sogar enttäuschte Web-Nutzer hinterlassen haben, die sich nicht ernst genommen fühlten. [...] Das kratzt am Lack des Politikers, sorgt für einen Imageschaden und kostet deshalb womöglich sogar Wählerstimmen.» Balsiger vergleicht einen solchen Webauftritt mit einer Visitenkarte mit Eselsohren oder einem Kaffeeflecken drauf und stellt die rhetorische Frage, ob man es sich erlauben würde, jemandem eine solche in die Hand zu drücken.

sie würden spezielle Inhalte für diese Kanäle produzieren, vor allem Videos. Schliesslich gaben die Parteien an, Social Media seien gerade im Hinblick auf Wahlen wichtig und hilfreich, aber nur ein Teil der gesamten Wahlkampfkommunikation.

Wie gerade dieses Beispiel der NZZ zeigt, wird durchaus beachtet, wie präsent und sicher Kandidaten, aber auch etablierte Politiker im digitalen Umfeld sind (siehe auch Seite 174), und die Medien berichten darüber. Das erhöht die Wirkung von Social Media zusätzlich.

Vor- und Nachteile der Social Media

Die Präsenz in Social-Media-Kanälen ist heute für Politiker und Kandidaten Pflicht. Vielen – zumindest älteren – kann es nicht leicht fallen, sich hier zu engagieren: Social Media sind zeitaufwendig, und man muss sich mehr oder weniger permanent damit befassen, die eigenen Kanäle bewirtschaften, mit Benutzern kommunizieren, andere Kanäle verfolgen.

Anderseits ist die Benützung gratis, wenn man die Ausgaben für den Internetzugang, die man ohnehin hat, nicht rechnet. Und man kann den Zeitpunkt, zu dem man sich damit beschäftigt, mehr oder weniger selber bestimmen, sich also auch mal unterwegs im Zug, in einer Pause oder am Abend zu Hause damit befassen.

Die Frage, ob sich der Aufwand lohnt, ist schwierig zu beantworten. Immerhin ermöglichen diese Kanäle einen direkten Kontakt mit Wählerinnen und Wählern; man erhält unverfälschtes Feedback und kann selber rasch reagieren. Bei anderen Kommunikationsformen, etwa Plakaten oder Inseraten, ist dies nicht möglich (zum Aufwand siehe auch Seite 176).

> **INFO** *Übrigens: Heute bewegen sich keineswegs nur Junge in diesen Netzwerken. Facebook-Konten gibt es in der Schweiz rund 3,5 Millionen, 60 Prozent der Nutzer sind über 30 und knapp 20 Prozent über 50 Jahre alt.*

Entscheidend sind am Schluss die Person und die Geschichte dahinter
Allerdings, um dies klarzustellen: Sie werden eine Wahl nicht allein wegen des Internets gewinnen oder verlieren, weder wegen Ihrer besonders modernen oder veralteten Site beziehungsweise weil Sie Ihr Facebook-Profil und Ihren Twitter-Kanal sehr intensiv oder schlecht bewirtschaften. Aber der Auftritt auf diesen Feldern ist ein Element, das Ihnen ein paar Wählerstimmen mehr oder weniger bringen kann – eventuell die paar entscheidenden.

In diesem Punkt gibt es zwischen den neuen und den traditionellen Kommunikationskanälen keinen Unterschied: Was am Schluss zählt,

---

DIE WICHTIGSTEN REGELN FÜR NETZWERKE
Diese grundsätzlichen Regeln gelten für Kandidatinnen und Kandidaten im Wahlkampf, aber auch für gestandene Politiker und für Gemeinden:
- Social-Media-Präsenzen erzeugen und verlangen Interaktion. Sie müssen regelmässig bewirtschaftet und mit neuen Informationen versorgt werden. Auch ist damit zu rechnen, dass die Besucher Reaktionen hinterlassen, auf die Sie eingehen müssen. Und dies bedeutet Aufwand. Wenn Sie diesen nicht aufbringen wollen oder können, verzichten Sie besser auf solche Auftritte.
- Etwas ist gleich wie auf anderen Kommunikationskanälen: Politikerinnen und Politiker dürfen hier für sich werben und Wahlkampf machen; Gemeinden sollten sich auf neutrale Informationen beschränken. Für beide gilt: Zweiwegkommunikation und persönliche Ansprache sind gefragt.
- Ob Facebook, Twitter oder weitere Kanäle wie Youtube, Google+ und alle anderen: Jede dieser Plattformen hat eigene Gesetze und Umgangsformen. Deshalb müssen Sie für jede eine separate Ansprache entwickeln.

sind die Persönlichkeit, die Ausstrahlung, die Glaubwürdigkeit. Man kann es auch so formulieren: Entscheidend ist, wie gut die Geschichte ist, die Sie zu erzählen haben.

Allgemeine Regeln für den Wahlkampf

Ein Wahlkampf muss geplant sein. Zwar gibt es immer wieder Personen, die darauf verzichten, den Sprung in ein Parlament oder eine Behörde aber dann trotzdem schaffen. In der Regel sagen sie hinterher, sie hätten gar nicht gewählt werden wollen und nicht damit gerechnet.

«Auch in Zürich ist der Strassenwahlkampf nach wie vor eines der wichtigsten Elemente: Präsent sein im Quartier, gesehen werden, mit den Leuten reden und sich ihnen persönlich vorstellen können.»
Karin Weyermann, Gemeinderätin Zürich, Fraktionspräsidentin CVP

Auch ist es zumindest in den kleinen Gemeinden heute schwieriger, Personen zu finden, die sich überhaupt zur Verfügung stellen. Deshalb stehen dann nur so viele Bewerberinnen und Bewerber zur Wahl, wie es Ämter zu besetzen gibt. Diese werden auch ohne Wahlkampf gewählt, manchmal ziemlich unabhängig von ihren Qualifikationen.

Auch eine kleine Kampagne sollte professionell geführt werden

Doch wer ernsthaft in eine Kandidatur einsteigen will und sich gegenüber Konkurrenz durchsetzen muss, sollte seine Kampagne unbedingt einigermassen professionell aufziehen. Das erfordert einerseits eine Gruppe von Helferinnen und Helfern, einen Wahlkampfstab. Diese Personen bringen Fähigkeiten mit, die diejenigen des Kandidaten ergänzen; aber es braucht auch Personen, die schlicht und ergreifend einen Teil der Arbeit übernehmen: Website aktuell halten, Social-Media-Kanäle mitbetreuen, Plakate und Inserate texten und gestalten, bei Standaktionen auf der Strasse unterstützen, Transporte ausführen – und vor allem mitdenken und den Kandidaten beraten.

Und auch für eine kleine Kampagne braucht es ein Konzept oder eine Strategie, wer wie wo und wann angesprochen werden soll. Mit dazu gehört die Planung der einzusetzenden Kommunikationsmittel und des zeitlichen Ablaufs.

Wahlkampf braucht Zeit und Geld

Ein Wahlkampf braucht Engagement und Zeit – und natürlich Geld. Je weiter oben der Einstieg, desto mehr von allem. Ein Gemeinderatswahlkampf im Dorf lässt sich wahrscheinlich noch gewinnen mit ein paar Plakaten an Strassenlaternen und Zäunen, ein paar Leserbriefen, einem oder zwei Auftritten auf Podien und allenfalls einem Flugblatt, das man zusammen mit ein paar Helfern eigenhändig in alle Briefkästen verteilt.

In den grösseren Dimensionen von Städten und Kantonen steigen der Aufwand und die Kosten rasch an. Im Zürcher Kantonsratswahlkampf 2015 gaben Kandidaten ausserhalb der Stadt Zürich Ausgaben von 10 000 bis 15 000 Franken an, die sie selber bezahlten. Und 2013 sprach eine Kandidatin für das Amt des Regierungsstatthalters in der Region Oberaargau rund um Langenthal BE von einem Budget von 50 000 bis 60 000 Franken. Nicht beziffern lässt sich der Zeitaufwand, aber es geht um Abende, um Wochenenden, um Nachtschichten. Wer das nicht will, soll auf den Wahlkampf und auf ein Amt verzichten.

TIPP *Die beste Empfehlung in dieser Situation: Setzen Sie Prioritäten! Wo in den Medien, aber auch an Veranstaltungen (Olma, Zürifäscht, Kundgebungen, Strassenstand) Sie präsent sein wollen und wo Sie verzichten. Worauf Sie sich inhaltlich konzentrieren und was Sie nicht vertieft studieren. Wo Sie sich zu Wort melden und wo Sie auch mal den Mund halten.*

DIE WAHLKAMPFBUDGETS DER PARTEIEN
2015 gaben die Parteien für den nationalen Wahlkampf aus:

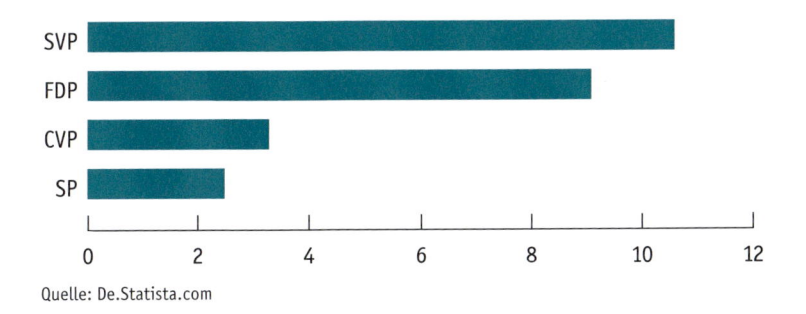

Partei	Budget
SVP	~10.5
FDP	~9
CVP	~3
SP	~2.5

Quelle: De.Statista.com

Wahlkampf: die Eckpunkte

Ein Wahlkampf kann ganz unterschiedlich lang dauern. Erste Positionen bezieht man meist schon Jahre vor dem Wahltermin: mit dem Eintritt in eine Partei, mit dem Engagement in einer Organisation oder Bewegung, mit öffentlichen Äusserungen zu politischen Themen. Dann steigt man vielleicht in ein unbedeutenderes Gremium ein mit dem Ziel, weiter nach oben zu kommen. Die eigentliche, intensive Phase startet einige Monate vor dem Wahltermin, in den letzten Wochen erreicht die Kampagne ihren Höhepunkt. Es ist sinnvoll, sich frühzeitig auf eine Linie festzulegen, diese aber anzupassen, wenn es wirklich nötig wird.

«Wenn jemand in der Schweiz wirklich will und sich engagiert, wird er irgendwann irgendwo hineingewählt. Vielleicht nicht in den Nationalrat oder Bundesrat, aber sicher in ein Gemeindeamt.»
Marc Häusler, Regierungsstatthalter Verwaltungskreis Oberaargau BE, SVP

Und das sind die wichtigsten Punkte, auf die es in einer Kampagne ankommt:

- **Strategie:** Werden Sie sich bewusst, wie Sie sich positionieren wollen. Analysieren Sie Ihre Stärken und Schwächen, betonen Sie Erstere und gleichen sie Letztere mit fähigen Mitarbeitern und Helfern aus. Loten Sie auch aus, wo Ihre Chancen am grössten sind – mit welchen Themen, bei welchen Leuten – und wo welche Risiken lauern.
- **Themen, Inhalte:** Machen Sie sich in ein paar wenigen Themen sattelfest, die Ihnen liegen und bei denen Sie sich sicher fühlen. Die Berner SVP-Nationalrätin Andrea Geissbühler führt auf ihrer Website ihre «Themen im Nationalrat» auf. Die Liste unter «Sicherheitspolitik» ist mit Abstand die längste – nicht verwunderlich: Geissbühler ist von Beruf Polizistin. Der Präsident der Grünliberalen, Martin Bäumle, hat Atmosphärenwissenschaft studiert und anschliessend im Bereich der Messung von Luftschadstoffen gearbeitet. Umweltthemen sind ihm also seit Langem vertraut. Die Nationalrätin Evi Allemann von der SP engagiert sich stark bei Verkehrs- und Umweltthemen – neben ihrer politischen Tätigkeit ist sie Zentralsekretärin des VCS.
- **Netzwerken:** Suchen Sie Verbündete, die Sie unterstützen – in der eigenen Partei beziehungsweise unter Leuten mit ähnlichen Ansichten wie Sie, aber auch im anderen Lager. Wenn Sie in einem Wahlkampf

Support von der anderen Seite erhalten, bekommen Sie von dort auch Stimmen.
- **Medientauglichkeit:** Sie ist heute sehr wichtig. Üben Sie auf unteren Ebenen – führen Sie zum Beispiel als Conférencier durch einen Turnvereinsabend –, üben Sie vor und mit Freunden, vor dem Spiegel, absolvieren Sie ein Medientraining (siehe auch Seite 160).
- **Reden mit den Leuten:** Gemeindewahlen finden in der Gemeinde statt, wo man sich meist noch kennt. Und wo man Sie kennenlernen soll. Besuchen Sie Veranstaltungen, treten Sie einem Verein bei, gehen Sie in die Beiz, an den Stammtisch. Suchen Sie den direkten Kontakt mit den Menschen.
- **Werbung:** Sie muss gut sein, auch wenn Sie keine teure Agentur engagieren. Professionell gemachte Texte und Fotos sind ein Muss. Plakate sind beliebte Mittel; viele Gemeinden stellen Plätze dafür gratis zur Verfügung. Inserate sollten besonders professionell sein und müssen immer wieder geschaltet werden, da die Konkurrenz der Anzeigen von Grossverteilern, Autofirmen und Handyanbietern riesig ist. Wenn Sie mit Facebook, Twitter und Co. die Jungen ansprechen wollen, müssen Sie deren Sprache sprechen.
- **Wahlkampfstab:** Folgende Funktionen sollten besetzt sein: Leitung des Stabs (Management, Organisation), Strategieberatung, Kommunikation (Medienarbeit, Werbung), Finanzen, Sekretariat.

«Je besser vernetzt man ist, je mehr Adressen man hat, desto mehr Leute kann man anschreiben und darum bitten, dass sie einen wählen. Das hilft sehr. Man macht sich aber damit nicht nur Freunde, wenn man überall herumerzählt, man stelle sich zur Wahl und bitte um die Stimme. Irgendwann kann man den Leuten damit auf die Nerven gehen.»

Karin Weyermann, Gemeinderätin Zürich, Fraktionspräsidentin CVP

Überraschungen wagen

Probieren Sie Neues, Überraschendes aus. 1999 liess der damalige Parteisekretär der CVP Aargau und heutige Berner Gemeinderat Reto Nause im Wahlkampf Beutel mit Duschmittel und dem Porträt von Doris Leuthard verteilen. Die Aargauer Zeitung setzte über einen Artikel den Titel: «Der Wahlhit: Duschen mit Doris», der Slogan wurde Kult und Leuthard mit einem sehr guten Resultat in den Nationalrat gewählt.

> **SCHLECHTMACHEN MACHT SICH SCHLECHT**
>
> Statt sich selber im besten Licht zu präsentieren, kann man auch den anderen Kandidaten, die andere Kandidatin heruntermachen. Dies wird als Negativkampagne bezeichnet. Im Ausland, vor allem in den USA, werden solche weit unter der Gürtellinie geführt. In der Schweiz sind sie bisher deutlich seltener und deutlich zahmer. Die Vorwürfe sind meist nicht sehr fundiert und allgemein formuliert.
>
> Negativkampagnen können sich kontraproduktiv auswirken, wenn sich das Publikum mit dem Angegriffenen solidarisiert. Im Wahlkampf sind sie nicht zu empfehlen, und für eine Behörde verbieten sie sich sowieso. ∎

Die grüne Aargauerin Susanne Hochuli, 2008 in den Regierungsrat gewählt, galt vor den Erneuerungswahlen 2012 als Wackelkandidatin: Ein FDP-Vertreter trat ab, die FDP (knapp 20 Prozent Wähleranteil) nominierte einen Ersatzkandidaten und die SVP (über 30 Prozent) wollte einen zweiten Vertreter in die Regierung bringen. Die Grünen hatten unter 10 Prozent Wähleranteil. Hochuli begann als erstes Regierungsmitglied fleissig zu twittern und wanderte im Sommer zusammen mit ihrem Hund die Kantonsgrenzen ab. Dabei besuchte sie Bauern und Restaurants, sprach mit der Bevölkerung und twitterte eifrig. Was ihr viel Aufmerksamkeit in den traditionellen Medien einbrachte – und die Wiederwahl weit vor dem SVP-Sprengkandidaten.

Neue Formen im Wahl- und Abstimmungskampf

In jüngster Vergangenheit waren bei nationalen Wahl- und Abstimmungskämpfen neue Formen zu sehen. Ein paar Beispiele:

VOR DEN NATIONALRATSWAHLEN im Herbst 2015 veröffentlichte die SVP ein Video mit dem Titel «Welcome to SVP», in dem Christoph Blocher in seinen privaten Swimmingpool sprang, Roger Köppel auf der Toilette die linke Wochenzeitung las und Thomas Matter Geld in der Waschmaschine wusch, das Ganze unterlegt mit einem Song im Rap-Stil. Die einen taten dies als «Gaga-Wahlkampf» ab, andere anerkannten, dass die Partei damit einen guten Draht zu den Jungen gefunden hatte – was sich tatsächlich im Wahlresultat auszahlte.

DIE SP IMPORTIERTE EINE WAHLKAMPFFORM aus den USA: Parteimitglieder, auch Prominente und Amtsträger, riefen Freunde, Freundinnen und Bekannte an, um sie für die Wahl zu motivieren und für die Kernthemen der Partei zu sensibilisieren. Über 100 000 solcher Telefongespräche wurden geführt. Die SP konnte in den Wahlen ihren Anteil halten.

EBENFALLS VOR DEN NATIONALRATSWAHLEN von 2015 organisierte die Gratiszeitung 20 Minuten eine Art verbalen Boxkampf, eine «Fight-Night», zwischen dem SVP-Kandidaten Roger Köppel und dem SP-Kandidaten Tim Guldimann. In einem Zürcher Lokal wurde ein Podium im Stil eines Boxrings aufgestellt, und die beiden lieferten sich einen Schlagabtausch mit Worten, der sehr grosses Echo erhielt. Beide Kontrahenten wurden mit guten Resultaten in den Nationalrat gewählt, wobei diese Fight-Night bestimmt beiden geholfen hat.

Das jüngste Beispiel ist der Ausgang der Abstimmung über die Durchsetzungsinitiative der SVP Ende Februar 2016. Innerhalb der letzten vier Monate vor der Abstimmung wurde aus den prognostizierten zwei Dritteln Ja eine Ablehnung im Verhältnis von fast 60 zu 40 Prozent. Der Grund dafür war eine breite Bewegung von Einzelpersonen und verschiedensten Organisationen. Und vor allem die Mobilisierung mit modernen digitalen Kommunikationsmitteln. Ob diese Kampagne auch eine politische Bewegung in Fahrt gebracht hat, wird sich erst noch zeigen. Ebenso, ob sich diese Art der Kampagne auch auf die kantonale oder sogar lokale Ebene übertragen lassen wird (siehe auch das Interview mit Andreas Ladner auf Seite 179).

Kommunikation in Krisensituationen

In der digitalen Welt kann es sehr rasch gehen. Dies ist manchmal willkommen und manchmal nicht. Vor allem dann, wenn man mit negativen Mitteilungen und Reaktionen eingedeckt wird. Nimmt dies sehr grosse Dimensionen an, wird es als «Shitstorm» bezeichnet; ein solcher Sturm kann rasch aufziehen und sehr unangenehm sein.

Das Gefährliche ist, dass in der digitalen Welt alles sehr leicht und sehr schnell verbreitet werden kann – eine negative Beurteilung gleich auf mehreren Kanälen zu veröffentlichen, verursacht praktisch keinen Mehraufwand. Rasch wird eine regelrechte Lawine daraus. In einer solchen Situation ist es in erster Linie wichtig, den Überblick zu behalten, was auf den verschiedenen Kanäle passiert, was über einen gesagt und vor allem geschrieben wird – soweit der Überblick überhaupt möglich ist.

Was kann man in einem solchen Fall tun? Möglichst schnell mit möglichst vielen positiven Meldungen dagegenzuhalten, ist in den allermeisten Fällen keine gute Idee. Man hat wohl nie genügend viele positive Meldungen im Vorrat, die neu, substanziell und korrekt sind. Und wenn die «News» unbedeutend oder sogar nicht absolut seriös und richtig sind, ist die Gefahr sehr gross, dass der Ruf noch mehr beschädigt wird.

Reagieren Sie rasch, aber mit Bedacht

Rasch zu reagieren ist hingegen sicher die richtige Taktik, wobei alle Äusserungen und Aktionen bis ins letzte Detail hieb- und stichfest sein müssen. Social Media sind schnell und ihre Benützer sind ungeduldig. Ist Ihnen ein Fehler unterlaufen, genügt möglicherweise eine rasche Antwort mit einer Entschuldigung, damit die erste Kritikwelle abebbt. Wichtig sind auf jeden Fall Empathie, Glaubwürdigkeit und Authentizität. Ein ganz schlimmer Fehler ist es, einfach zu schweigen und zu hoffen, dass sich ein Shitstorm von selber erledigt.

TIPP *Wenn Sie in einem Krisenfall reagieren müssen, halten Sie sich an die Fakten, und zwar an die, von denen Sie wissen, dass sie zutreffen. Vermeiden Sie Spekulationen. Bleiben Sie sachlich. Entschuldigen Sie sich, wenn es wirklich einen echten Fehler gibt, für den Sie sich entschuldigen können, etwas, was Sie oder jemand in Ihrem Umfeld verbockt hat.*

Shitstorms und wie man sie vermeiden kann

Shitstorms ziehen nicht einfach aus heiterem Himmel herauf. Wer sich in der Öffentlichkeit bewegt, muss sich bewusst sein, dass sein Verhalten genau unter die Lupe genommen wird.

IM FRÜHLING 2016 redete der Basler SP-Nationalrat Beat Jans seine SVP-Ratskollegin Martullo-Blocher mit «Frau Blocher» an. Sie unterbrach ihn gleich: «Mein Name ist Martullo!» Ein Video darüber erschien im Internet, wurde vom Schweizer Fernsehen in der Tagesschau-Hauptausgabe gezeigt und von den Zeitungen Blick und 20 Minuten aufgegriffen. Jans sagte, danach sei er im Internet mit giftigen Kommentaren und Hass-Mails eingedeckt worden. Ein Leser habe ihm beispielsweise geschrieben: «Dass Sie Frau Martullo mit Frau Blocher anreden, zeigt, was für ein ungebildeter straudummer Typ Sie sind und welche verwerfliche Gesinnung Sie haben.»
DER ZÜRCHER SVP-NATIONALRAT CLAUDIO ZANETTI verbreitete auf Twitter Neonazi-Tweets, die sich darüber aufregten, dass die deutsche Bundeszentrale für gesundheitliche Aufklärung Flüchtlinge über Sex und Verhütung aufklärte. Auf Twitter wurde Zanetti als Rassist bezeichnet und nach seiner Aussage brach ein Shitstorm über ihn herein. Zanetti beteuerte, er sei kein Rassist, er habe nur aufzeigen wollen, «dass es einfach krank ist, wenn ein Staat so eine Seite macht».
FRÜHERE BEISPIELE FÜR SHITSTORMS sind etwa die Fälle des ehemaligen SVP-Nationalrats Hans Fehr und seiner Ehefrau, einer Gemeindepräsidentin, die eine Asylbewerberin als Putzfrau beschäftigten, obwohl dies verboten ist, und ihr keine Sozialabgaben bezahlten. Oder derjenige der SP-Nationalrätin Margret Kiener-Nellen, deren Ehemann sich mit einem so hohen Betrag in die Pensionskasse einkaufte, dass das Ehepaar trotz Millionenvermögen und gutem Einkommen keine Einkommenssteuern bezahlen musste.

Nicht jeder Shitstorm lässt sich vermeiden – der eine oder andere aber schon:

Wenn das «Frau Blocher» von Beat Jans tatsächlich ein Versprecher war, wie er sagte, wäre gar nichts zu machen gewesen.

Claudio Zanetti, ein sehr eifriger Twitterer und erfahrener Politiker, hätte dagegen wissen müssen – oder hat es gewusst –, dass seine Tweets Reaktionen auslösen würden.

Von einem Politiker, der sich jahrelang mit dem Thema Asyl beschäftigt, ist zu erwarten, dass er die entsprechenden Gesetze kennt, und Hans Fehr wie auch seine Ehefrau hätten wissen müssen, dass man in der Schweiz auch Putzfrauen Sozialleistungen zu bezahlen hat.

Margret Kiener-Nellen schliesslich hätte merken müssen, dass es sich für eine harsche Kritikerin von Steueroptimierung schlecht macht, selber solche zu betreiben, auch wenn sie legal ist.

Nicht nur der Angriff, auch die Abwehr wird registriert
Ganz wichtig: Seien Sie sich bewusst, dass nicht nur der Angriff auf Sie im Internet rasch Wellen werfen kann und für lange Zeit auffindbar bleibt. Dasselbe gilt auch für Ihre Reaktion darauf. Eine Entgegnung unter der Gürtellinie wirkt rasch als Angriff ebenfalls unter der Gürtellinie – vor allem für diejenigen, die nicht die ganze Auseinandersetzung zur Kenntnis nehmen. Und das dürfte die Mehrheit sein.

Krisenkonzept: Bereiten Sie sich vor

Die Gefahr, dass Sie sich als neues Behördenmitglied in einer Krise vorne hinstellen müssen, ist gering. Hingegen kann es sein, dass Sie als Person – sei es als Kandidat oder als Mitglied einer Behörde – massiv in die Kritik geraten, sodass Sie sich dagegen zur Wehr setzen müssen.

Organisationen, Unternehmen und Städte haben für solche Situationen Konzepte oder Handbücher, kleinere Gemeinden allenfalls Richtlinien. Je nach Grösse der Organisation sind solche Anleitungen mehr oder weniger ausführlich und differenziert (siehe Kasten). Für Einzelpersonen fällt ein Element weg, das in Organisationen sehr wichtig ist: die Bestimmung, wer in welcher Situation wofür zuständig ist. Die wesentlichen Elemente sind hingegen allgemeingültig.

> **DAS EINMALEINS DER KRISENKOMMUNIKATION**
> Im Konzept für Ihre Krisenkommunikation sollten Sie Ihre Überlegungen zu folgenden Punkten festhalten:
> - Stellen Sie sich die Frage: Was kann überhaupt passieren? Als Einzelperson wissen Sie selbst am besten, ob Sie eine Leiche im Keller haben oder was als solche dargestellt werden könnte. In einer Organisation oder einer Gemeinde können alte Geschichten und Probleme existieren, die nicht bewältigt sind. Aber auch Fehden zwischen einzelnen Gruppen oder Projekte können aus dem Ruder laufen.
> - Was ist zu tun, wenn etwas passiert? In Gruppen und Organisationen zusätzlich: Wer muss was tun? Vor allem: Wer spricht gegen aussen? Am besten üben Sie dies gelegentlich.
> - Wen muss ich zuerst informieren? Für Einzelpersonen sind das wohl nahestehende Personen, etwa die Familie, politische und berufliche Vorgesetzte, enge Freunde. Für Organisationen die wichtigen Entscheidungsträger, aber auch die Mitarbeitenden.
> - Wie informiere ich die übrigen Personen, die etwas wissen müssen, und welche sind das?
> - Wann brauche ich Unterstützung und von wem? Gibt es kompetente Personen im Freundes- oder Bekanntenkreis, die mir helfen können, oder soll ich professionelle Beratung in Anspruch nehmen?

Leitfaden Krisenkommunikation für Gemeinden

Im Frühling 2016 hat die Staatskanzlei des Kantons Bern einen «Leitfaden zur Ereignis- und Krisenkommunikation» herausgegeben. Er trägt den Untertitel «Richtig kommunizieren bei Katastrophen, in Notlagen und bei Grossereignissen». Dort heisst es in der Einleitung: «In den letzten Jahren hat sich das Umfeld in der Kommunikation stark verändert. Das hat auch Auswirkungen auf die Ereignis- und Krisenkommunikation. Dank Mobiltelefon, Internet und sozialen Medien hat die Bevölkerung heute die Möglichkeit, sich unmittelbar zu informieren, und stellt den Anspruch an die Behörden, die Informationen rasch zur Verfügung zu stellen. Auch die Medienschaffenden erwarten, dass die Behörden rasch und umfassend über alle heute zur Verfügung stehenden Kanäle informieren. Dies wiederum stellt einen hohen Anspruch an die Verantwortlichen der Führungsorgane aller Stufen.»

Der Leitfaden soll eine Grundlage für die Erarbeitung eines Kommunikationskonzepts für die Führungsorgane sein, kann aber auch anderen Behörden, Organisationen oder Institutionen wie Gemeinden, Spitälern oder Schulen für ihre Kommunikationstätigkeit dienen (zum Herunterladen unter www.be.ch/krise).

Für Krisen gibt es kein Muster
Keine Krise ist wie die andere. Eine Krise kann sowohl völlig überraschend ausbrechen als auch sich langsam aufbauen – es gibt kein allgemeingültiges Muster. Auch keine übliche Dauer: Eine Krise kann nach ein paar Tagen vorbei sein oder über Wochen, Monate andauern. Es ist auch nicht möglich, vorauszusagen, wie stark sie sich auswirkt. Eine Krise, die durch objektiv schlimme Ursachen ausgelöst wird, kann ohne schädliche Folgen vorübergehen, wenn sie keine grosse Bewegung in der Öffentlichkeit auslöst. Eine andere Krise dagegen, die durch ein eher unbedeutendes Ereignis entstanden ist, kann sich zum Sturm auswachsen, wenn sie in der Öffentlichkeit sehr viel Resonanz auslöst.

Seien Sie sich deshalb bewusst, dass jeder Plan – und ein Konzept ist nichts anderes – nur so viel wert ist, wie sich die Wirklichkeit daran hält. Ihr Plan kann noch so gut sein, möglicherweise oder sogar höchstwahrscheinlich ist die Realität dann doch anders. Dann ist es wichtig, Ruhe zu bewahren und den Kopf nicht zu verlieren. Das soll aber nicht heissen,

---

DIE GRÖSSTEN FEHLER IN EINEM KRISENFALL
- Anfragen von aussen, vor allem von Medien, abwimmeln oder die Leute vertrösten. Nehmen Sie solche Anfragen grundsätzlich ernst, auch wenn sie im ersten Moment seltsam oder unsinnig erscheinen mögen.
- Immer nur gerade das zugeben, was ohnehin schon bekannt ist. Offenheit und das Zugeben eines echten Fehlers machen sich viel besser.
- Auf heikle Anfragen und auf solche, die sich nicht sofort klar beantworten lassen, unbedacht reagieren. Nehmen Sie die Anfrage zur Kenntnis, klären Sie den Sachverhalt ab und melden Sie sich dann wieder mit einer Antwort. Es ist auf jeden Fall besser, zuzugeben, dass man nichts sagen kann oder will, als zu schwindeln.
- Versprechen, sich wieder zu melden, aber dies nicht tun: Wenn sich die Medien oder die Bevölkerung nicht ernst genommen fühlen, wird alles nur noch schlimmer.
- Uneinheitlich kommunizieren: Falls Sie nicht der einzige Betroffene sind, vermeiden Sie unbedingt, anderes zu kommunizieren als die anderen. Sprechen Sie sich untereinander ab.

dass ein Plan a priori sinnlos sei. Eine möglichst gute Vorbereitung hilft auf jeden Fall.

> **INFO** *Unter Umständen benötigen Sie in einer Krisensituation externe Hilfe von Fachleuten der Krisenkommunikation. Eine Liste von solchen Fachleuten finden Sie auf der Website des Verbands für Krisenkommunikation (www.verband-krisenkommunikation.ch). Einzelpersonen können auch eine kompetente Vertrauensperson aus dem eigenen Umfeld beiziehen. Wichtig ist, dass diese Person genügend kritische Distanz, aber auch eine gewisse Nähe zu Ihnen hat und dass Sie ihr vertrauen.*

6

Neue Leute braucht das Land

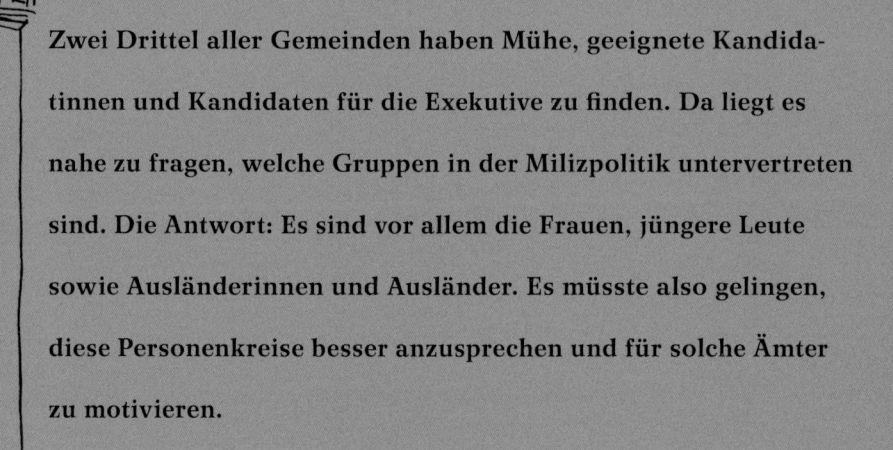

Zwei Drittel aller Gemeinden haben Mühe, geeignete Kandidatinnen und Kandidaten für die Exekutive zu finden. Da liegt es nahe zu fragen, welche Gruppen in der Milizpolitik untervertreten sind. Die Antwort: Es sind vor allem die Frauen, jüngere Leute sowie Ausländerinnen und Ausländer. Es müsste also gelingen, diese Personenkreise besser anzusprechen und für solche Ämter zu motivieren.

Besseres Personalmanagement für mehr Attraktivität

Es gibt verschiedene Rezepte, um neue Leute für politische Ämter zu gewinnen. Ein Weg wäre es, die Ämter attraktiver zu machen. Etwa indem die Pensen reduziert und die Aufgaben auf die strategische Führung beschränkt werden. Dafür müssten die gewählten Politikerinnen und Politiker von der Verwaltung besser unterstützt werden.

Eine Untersuchung aus dem Kanton Aargau hat ergeben, dass die Professionalisierung der Gemeindeexekutiven die Rekrutierung von neuen Leuten erleichtert (siehe Seite 32). Wenn mehr Aufgaben als heute von Verwaltungspersonal übernommen werden, erleichtert dies den Milizpolitikern und -politikerinnen die Amtsführung. Und wenn dadurch die Pensen reduziert werden, lassen sich diese besser mit der Berufstätigkeit vereinbaren. Milizämter werden somit attraktiver für Leute, die im Berufsleben Positionen mit Verantwortung besetzen – davon kann die Gemeindepolitik profitieren.

Politische Ämter besser vermarkten

Hinzu kommt, dass Exekutivämter auf lokaler Ebene nicht als besonders attraktiv gelten. Dabei beinhaltet ein solches Amt die Übernahme von Verantwortung und damit auch die Möglichkeit, vieles mitzugestalten. Ein Gemeinderatsposten ist gewissermassen eine Position in der Geschäftsleitung der Gemeinde, also eine durchaus anspruchsvolle Tätigkeit. Und in einem solchen Amt kann man sehr viel lernen, was einem auch im Beruf und im Leben an sich nützlich ist.

Dass dies so ist, dass ein Milizamt die persönliche Entwicklung fördern, den Status erhöhen und Wissen und neue Kompetenzen bringen kann, könnte besser kommuniziert werden. Salopp gesagt: Diese Ämter werden nicht gut «vermarktet».

Die Milizämter modernisieren und moderner positionieren

Möglichkeiten, die Attraktivität der Ämter zu steigern, liegen beispielsweise in der Übernahme von Mitteln des modernen Personalmanagements aus der Privatwirtschaft: neue flexible Arbeitszeitmodelle, Weiterbildungsmöglichkeiten – besonders wichtig, um Frauen besser zu erreichen –, effizientere Arbeitsabläufe, etwa durch rasche und einfache Kommunikation und Dokumentenbewirtschaftung, oder das Skizzieren von zeitgemässen Profilen der Ämter. Wichtig ist auch, die Sinnhaftigkeit zu vermitteln, die soziale Verantwortung zu betonen und die Vorteile aufzeigen, die ein politisches Amt für die persönliche Entwicklung und die berufliche Karriere haben kann.

Tatsächlich ist das Bild des Milizpolitikers nicht besonders modern. Die Gesellschaft verändert sich rasch, politische Muster tun dies weniger. Auch die Rekrutierung sollte sich ändern: durch die bessere Vermarktung des Berufsbilds bei Organisationen, Vereinen und Verbänden sowie in der Bevölkerung. Etwa mit der Möglichkeit, die Tätigkeit eins zu eins zu erleben, mit Tagen der offenen Rathaustür, über Social Media und andere moderne Kommunikationskanäle, indem mit konkreten Beispielen gezeigt wird, wie sich die Arbeit der Politikerinnen und Politiker positiv für die Bevölkerung auswirkt. Auch der Einbezug der Bevölkerung in die Entscheidungsprozesse verbessert das Image.

> «Umweltthemen haben mich immer interessiert. Ich habe bald gemerkt: Wenn ich hier etwas bewegen will, komme ich um die Politik nicht herum. Zuerst interessierte ich mich für die nationale Politik, ich dachte, hier in der Gemeinde sei sie ja langweilig. Dann aber erkannte ich, dass dies überhaupt nicht stimmt. Der Gemeinderat hat ein etwas verstaubtes Image, aber wer einmal drin ist, merkt rasch, dass das Amt sehr interessant ist. Das müssten wir besser vermitteln.»
>
> Christine Badertscher, Gemeinderätin Madiswil BE und Mitglied Junge Gemeinderäte Oberaargau, Grüne

Neue Leute gegen die Durchsetzungsinitiative

Die Ablehnung der Durchsetzungsinitiative der SVP im Februar 2016 war ein aussergewöhnliches Ereignis. Nachdem eine Umfrage des Instituts GfS Ende Oktober 2015, also vier Monate vor der Abstimmung, einen

«Viele Neuzuzüger, die nach Kloten kommen, wollen sich vernetzen, wollen dazugehören, viele wollen auch etwas zum Gemeindeleben beitragen. Deshalb muss die Partei ähnlich wie ein Verein funktionieren. Eine Person muss sich in der Partei wohlfühlen, sich mit ihr identifizieren. Ich erlebe es oft, dass Leute nach einem ersten Besuch einer Sitzung bei uns sagen: Ihr seid gar nicht so schlimm. Dies nicht wegen der politischen Einstellungen, sondern weil sie erkennen, dass wir auch nur Menschen sind, die miteinander reden.»

Peter Nabholz, Gemeinderat und Präsident FDP Kloten ZH

Ja-Stimmen-Anteil von 66 Prozent ergab, begannen sich verschiedene Gruppen gegen die Initiative zu engagieren.

Die prominentesten waren einerseits die «Operation Libero», eine Handvoll Leute im Alter von 20 bis 25 Jahren, repräsentiert von der Kopräsidentin Flavia Kleiner, einer 25-jährigen Studentin aus einer FDP-Familie. Anderseits der «Dringende Aufruf», initiiert vom 80-jährigen Peter Studer, Exchefredaktor des Schweizer Fernsehens, und unterzeichnet von 200 Persönlichkeiten aus allen Parteien ausser der SVP und von verschiedenster Herkunft: Gewerkschaftsmitglieder, Kulturschaffende, Kirchenleute, Juristen sowie Wissenschaftlerinnen und Wissenschaftler. Neu war aber, dass neben diesen Personen, von denen die meisten bereits in irgendeiner Form in Politik und Gesellschaft engagiert waren, viele zum ersten Mal mitmachten, besonders junge Leute.

Neue Leute, neue Formen der Mobilisierung und Motivation

Diese Kampagne zeigt sowohl, wie moderne Mobilisierung funktioniert, als auch, wie neue Leute erreicht werden können. Über Facebook-Gruppen und Twitter-Kanäle, über WhatsApp und mit verschiedenen Chats, mit Plakaten und einem Inserat auf der Titelseite der Gratiszeitung «20 Minuten», wo zuvor bereits die SVP ein Inserat für die Initiative geschaltet hatte, gelang es, die Abstimmung zu kippen. Das Geld für das Inserat, über 138 000 Franken, sammelte ein 26-jähriger Student per Crowd-Funding innerhalb von zwei Wochen. Der «Dringende Aufruf» beschaffte innerhalb weniger Wochen gar die stattliche Summe von 1,2 Millionen Franken von Einzelpersonen und Organisationen für eine landesweite Kampagne.

Dank der in der Schweiz zuvor unbekannten, intensiven Ausnutzung der modernen Kommunikationskanäle gelang es den verschiedenen Gruppen, eine sehr breite Öffentlichkeit zu mobilisieren und vor allem Junge zu einem Nein zu bewegen: Von den 18- bis 24-Jährigen lehnten 67 Prozent die Vorlage ab, fast 10 Prozent mehr als in der Gesamtbevölkerung. Auch von den Sympathisanten der FDP und der CVP legten nur jeweils 25 Prozent ein Ja ein, viel weniger als 2010 bei der Ausschaffungsinitiative.

Es wurden tatsächlich neue Leute angesprochen
Interessant ist, dass fast gleich viele Personen der Durchsetzungsinitiative zustimmten wie fünf Jahre zuvor der Ausschaffungsinitiative, nämlich knapp 1,4 Millionen. Hingegen stieg die Anzahl der Nein-Stimmenden von 1,2 auf über 1,9 Millionen. Beobachter vermuten, dass die wenigsten Ja-Sager ihre Meinung geändert hatten, dass aber sehr viele Menschen, die fünf Jahre zuvor der Urne ferngeblieben waren, dieses Mal abstimmten – zum grössten Teil mit Nein.

Wie beziehungsweise ob sich diese Mobilisation positiv auf die längerfristige Beteiligung an der Politik auswirkt und wie weit sich die Mechanismen auch auf kantonale oder lokale Abstimmungen anwenden lassen, muss sich erst noch zeigen.

«Operation Libero» will weiterhin die politische Debatte «auffrischen» und lud beispielsweise am Abstimmungssonntag Anfang Juni 2016 zum politischen «Public Viewing» ein, bei dem über die Revision des Asylgesetzes und das bedingungslose Grundeinkommen diskutiert und die Berichterstattung über die Abstimmungen live verfolgt werden konnte.

Die Frauen sind nach wie vor untervertreten

1971 haben die Schweizer Frauen das Stimm- und Wahlrecht erhalten, später als fast alle ihre Geschlechtsgenossinnen in Europa. In den Jahren seither haben sie in den meisten Exekutiven und Legislativen einen Teil der Sitze errungen, im Durchschnitt sind es 25 bis 30 Prozent. Das heisst: Die Frauen sind nach wie vor deutlich untervertreten.

Im Nationalrat sitzen in der aktuellen Legislatur mehr Frauen als je: 64, das entspricht 32 Prozent der Sitze – 2003 bis 2007 waren es 24 Prozent. Bei der SP beträgt der Frauenanteil erstmals mehr als die Hälfte, nämlich 58 Prozent; bei den Grünen sind es 45 Prozent, bei der GLP 42, bei der CVP 33, bei der FDP 21, bei der SVP 17 (hier hat sich der Anteil gegenüber der letzten Legislatur fast verdoppelt) und bei der BDP 14 Prozent. Im Ständerat sind 7 Frauen vertreten, gleich viele wie in der vorangehenden Legislaturperiode; der Anteil beträgt somit 14 Prozent. 2003 bis 2007 waren es 11 Prozent. Im Bundesrat sind aktuell 2 Frauen; 2010 bis 2012 waren sie mit 4 für kurze Zeit in der Mehrheit.

Die Frauen sind im Bundesparlament auf der linken und grünen Seite deutlich besser vertreten als auf der anderen: Gemäss Bundesamt für Statistik sind 62 Prozent aller Nationalrätinnen Mitglieder nicht-bürgerlicher Parteien; diese Parteien besetzen jedoch im Nationalrat insgesamt nur 35 Prozent aller Sitze. In der kleinen Kammer gehören 4 der 7 Ständerätinnen zur SP.

In den kantonalen Regierungen beträgt der Frauenanteil 24 Prozent; von den 29 Regierungsratsmitgliedern der SP sind 13 Frauen (45 Prozent). In der BDP und der Grünen Partei, die 4 beziehungsweise 8 Regierungssitze innehaben, ist das Verhältnis jeweils 50 zu 50. In den kantonalen Parlamenten beträgt der Anteil der Frauen 26 Prozent; auch hier liegen die Grünen mit 50 und die SP mit 42 Prozent an der Spitze.

In den Parlamenten der Gemeinden mit mehr als 10 000 Einwohnern sitzen rund 30 Prozent Frauen. Auch hier sind die Frauen bei den Grünen und der SP überdurchschnittlich vertreten, ebenso bei der EVP. Bei der FDP und vor allem bei der SVP sind sie untervertreten. In den kommunalen Exekutiven beträgt der Anteil der Frauen seit knapp 20 Jahren konstant rund 25 Prozent.

Kaum mehr Frauenbonus in den bürgerlichen Parteien

Vor rund dreissig Jahren erstellten die ersten Parteien eigene Frauenlisten. 1999 gab es in der ganzen Schweiz deren 22, 12 davon von der SP. 2015 waren es noch halb so viele. Bei den gemeinsamen Listen achten SP und Grüne auf ein ausgewogenes Geschlechterverhältnis; den bürgerlichen Parteien ist dies deutlich weniger wichtig. Zwar reichen auch sie in gewissen Kantonen noch Frauenlisten ein, aber diese dienen lediglich dazu, Stimmen zu sammeln, die dann den Kandidaten auf den Hauptlisten – sehr oft nur Männer – zugute kommen.

Auch die Frauengruppen der grossen Parteien verlieren ihre Bedeutung: Die SVP beschloss Anfang 2016, ihre Frauengruppe aufzulösen. Vizepräsident Oskar Freysinger begründete dies mit dem Argument, es brauche keine Politik für Frauen, da Frauen keine spezifischen Bedürfnisse hätten, es brauche «eine Politik für Menschen». Zudem sei die Politik der SVP frauenfreundlicher als jede andere, weil sie als einzige Partei die Ausländerkriminalität, die oft Frauen betreffe, konsequent bekämpfe.

«Es ist für Frauen einfacher, wenn sie in eine Partei eintreten. Wenn man sich dort engagiert, kann man recht schnell auf eine Liste kommen, weil dafür immer Leute gesucht sind – besonders Frauen. Und wer sich engagiert, kann sich rasch hinaufarbeiten.»

Karin Weyermann, Gemeinderätin Zürich, Fraktionspräsidentin CVP

Die FDP will ihre Frauengruppe nicht abschaffen, aber sie auch für Männer öffnen: Die FDP-Frauen hätten an ihrer Zukunftstagung vor zwei Jahren entschieden, dass sie nicht einfach «Frauenpolitik» aus der Optik der Frauen betreiben wollten, sondern dass sie das Sprachrohr sein wollten für eine moderne Gesellschaftspolitik für Frauen und Männer.

Lösungsansätze

In der Studie «Die Milizorganisation der Gemeindeexekutiven im Kanton Aargau» des Zentrums für Demokratie Aarau haben die Autoren in mehreren Kantonen die Vertretung von Frauen in Gemeinderäten untersucht und sich Gedanken über die Untervertretung gemacht.

Um solche Ämter für Frauen attraktiver zu machen, schlagen sie vor, dass Gemeinden mit eher grösseren Pensen für ihre Exekutivmitglieder diese durch einen voll- oder hauptberuflichen Ammann entlasten und damit die Pensen reduzieren. Teil- und Vollämter in professionalisierten Systemen schienen «einem langfristigen Engagement von Frauen eher abträglich zu sein». Zur Abhilfe empfehlen die Autoren zudem spezifische Weiterbildungen zur Kompensation allfälliger Mängel von Berufs- und Führungserfahrung (mehr zur Weiterbildung siehe Seite 120).

Interessant ist zudem die Feststellung, es gebe keine Hinweise darauf, dass Frauen weniger Chancen hätten, gewählt zu werden, als Männer, wenn sie sich zur Wahl stellten.

INFO *Neben den Weiterbildungs- und Informationsveranstaltungen, die kantonsspezifische Informationen über die Politik vermitteln, gibt es Angebote für Frauen, die auf die persönliche Entwicklung ausgerichtet sind. Frauenzentralen und Gleichstellungsbüros führen vor allem vor den Wahlen Kurse und Informationsveranstaltungen zum Thema Politik durch. Diese sollen die eigenen, persönlichen Ressourcen fördern und helfen, entschlossener aufzutreten.*

Wo junge Leute Demokratie üben können

Es ist eine bekannte Klage: Viele Jugendliche interessieren sich nicht für Politik. Andersherum gesagt: Die traditionelle Politik beziehungsweise ihre Vertreterinnen und Vertreter erreichen die Jugendlichen nicht mehr. Sie sprechen eine andere Sprache. Viele Junge – allerdings nicht nur sie – empfinden die Politik als abstrakt und abgehoben, nicht ihren persönlichen Bedürfnissen entsprechend.

Man weiss, dass die Menschen am besten als Jugendliche an die Politik herangeführt und dafür motiviert werden, damit sie sich nicht ihr Leben lang davon fernhalten. Dies wäre eine Aufgabe der Schulen, doch viele vermitteln nur theoretische Grundkenntnisse. Immerhin gibt es vielerorts Beteiligungs- und Meinungsbildungsorgane wie Klassen- und Schülerräte.

Klassenräte, Schülerräte

Klassen- und Schülerräte sind Miniaturversionen von demokratischen Entscheidungsgremien, allerdings mit Einschränkungen: Hier diskutieren Lehrpersonen zusammen mit den Schülerinnen und Schülern über Dinge,

---

EASYVOTE: ABSTIMMUNGS- UND WAHLHILFE FÜR JUNGE

Es ist nicht neu: Junge beteiligen sich weniger an der Politik als Ältere. Ein Indikator ist die Wahlbeteiligung: Von den 18- bis 25-Jährigen nehmen durchschnittlich nur ein Drittel an den Wahlen teil. In der Gesamtbevölkerung sind es rund die Hälfte.

Easyvote ist ein Projekt des Dachverbands der Schweizer Jungparlamente, das die Wahl- und Stimmbeteiligung der Jungen langfristig auf 40 Prozent steigern soll. Die Easyvote-Betreiber glauben, dass die jungen Erwachsenen von der komplizierten Sprache und der riesigen Auswahl an Kandidaten überfordert sind. Deshalb erklären sie in Prospekten und auf der Website die Politik in verständlichen Worten (www.easyvote.ch).

die die Schule betreffen. Doch die Organisation des Schulwesens und die Lernziele setzen Grenzen, deshalb bleibt die Mitbestimmung der Schüler in einem engen Rahmen.

Immerhin gibt dieser eingeschränkte demokratische Prozess den Jugendlichen die Möglichkeit, sich mit den Mechanismen vertraut zu machen, die auch in der richtigen Politik gelten. Hier können sie das Suchen und Finden von Konsens lernen. Fähigkeiten wie das Leiten einer Versammlung nach Traktandenliste, das Moderieren von Gesprächen oder das Führen von Protokollen werden ebenfalls geübt. Auf diese Weise leisten Klassen- und Schülerräte durchaus einen Beitrag zum Verständnis der Demokratie.

DIE SCHULE ILGEN IN DER STADT ZÜRICH beschreibt den Klassenrat so: «Die Erziehung zu Selbstverantwortung wird in unserer Schule gepflegt und das Zusammenleben im Schulalltag wird demokratisch von den Schülerinnen und Schülern mitgestaltet. Der Klassenrat leistet hierzu einen wichtigen Beitrag und hilft bei der Konfliktbewältigung. […] Hier lernen die Kinder, ihre Fragen und Vorschläge zum Lebensraum Schule einzubringen sowie ihre Anliegen und Konflikte selbst zu verhandeln.»

An der Schule Ilgen haben alle Klassen einen solchen Rat, der sich wöchentlich trifft. Der Schülerrat, das übergeordnete Gremium, besteht aus Delegierten aller Klassen; er tagt dreimal jährlich. Diese Delegierten werden von ihren Klassen gewählt, die Themen, die sie diskutieren, werden ihnen von den Mitschülern mitgegeben.

Die Mitarbeit in Schülerorganisationen explizit ausweisen
Es gibt eine Dachorganisation der Schülerräte, die Union der Schülerorganisationen der Schweiz und Liechtensteins (USO), mit rund 80 Mitgliedern. Sie vertritt laut eigenen Angaben «die Interessen der Schülerschaft gegenüber der Politik, den Medien und der Öffentlichkeit. Ausserdem ist es unser Ziel, Schülerinnen und Schüler von überall zusammenzubringen und somit wichtige Kontakte zu knüpfen.»

Die USO streicht den Vorteil ihrer Arbeit heraus: «Vorstandsmitglieder von Schülerorganisationen und Schülerräten eignen sich eine Vielzahl wertvoller Kompetenzen an, unter anderem in Anlassorganisation, Kommunikation, Teamleitung usw.» Sie bemängelt allerdings, dass dies von den Schulen wie auch von der Wirtschaft zu wenig anerkannt werde. Sie wünscht sich von den Schulen, dass die Aneignung solcher Kompetenzen formell bestätigt wird. Etwa durch einen Nachweis in Zeugnissen oder durch die Ausstellung eines zusätzlichen Belegs analog zum Sozialzeitausweis.

Schon fast richtige Politik: Jugendparlamente

Eine Stufe höher sind die Jugendparlamente angesiedelt: Sie sind Plattformen für Jugendliche, die dort miteinander diskutieren sowie Projekte entwickeln und umsetzen können, wenn nötig mit Unterstützung der etablierten Politik – etwa die Realisierung eines Skaterparks oder die Verbesserung der Nachtbusverbindungen.

Zurzeit gibt es in der Schweiz rund 65 Jugendparlamente mit insgesamt über 1500 Aktiven. Knapp ein Drittel davon sind kantonale, die übrigen kommunale Jugendparlamente. Der Dachverband Schweizer Jugendparlamente beantwortet die Frage «Warum ein Jugendparlament gründen?» so: «Wenn du dich für deine Anliegen einsetzen und dazu noch Verantwortung übernehmen und Erfahrungen sammeln möchtest, dann ist ein Jugendparlament gerade richtig für dich. In einem Jugendparlament kannst du effektiv etwas bewirken und dich politisch engagieren, ohne bereits einer Partei beitreten zu müssen.»

DAS JUGENDPARLAMENT BERN hat an einer Vollversammlung im Frühling 2016 die Jugendmotion «Bemalen lassen der Multifunktionsgehäuse der ewb» überwiesen. Mit dieser ersucht es den Gemeinderat der Stadt Bern als Mehrheitsaktionär von «Energie Wasser Bern» (ewb), sich dort dafür einzusetzen, dass die grauen Kästen von Stromverteilungs- und Signalsteueranlagen «mit einem legal und sorgfältig gestalteten Bild einer Graffitikünstlerin oder eines Graffitikünstlers verschönert» werden können. Ausserdem kandidieren zwei Mitglieder des Jugendparlaments für die Wahlen in den Stadtrat im November 2016, also für das Stadtparlament.

Sie sind nicht die ersten, die diesen Schritt wagen wollen: Im Gemeinderat von Interlaken sitzen gleich zwei Personen, die 2011 im Alter von rund dreissig Jahren aus dem Jugendparlament in die siebenköpfige Exekutive gewählt wurden (siehe das Interview mit Sabina Stör auf Seite 213).

Jugendparlamente geniessen die Unterstützung der etablierten Politik: Ende 2015 zum Beispiel sprach der Solothurner Regierungsrat dem «Verein Jugendparlament Kanton Solothurn» für ein Pilotprojekt einen Beitrag von 86 500 Franken zu, damit dieses weiterhin Jugendsessionen organisieren und Aufbauarbeit für eine rechtliche Grundlage für die Institution leisten kann.

Jugendmotionen
Verschiedene Gemeinden und Städte kennen das Instrument der Jugendmotion: Jugendliche können einen Vorstoss zuhanden der Gemeindebehörden einreichen. In Bern etwa braucht es dafür 40 Personen im Alter von 14 bis 18 Jahren. Eine solche Motion verlangte beispielsweise die bessere Beleuchtung von Sportanlagen; sie wurde vom Stadtrat angenommen.

Schnuppern im Bundeshaus: eidgenössische Jugendsession

Auf nationaler Ebene findet seit der 700-Jahr-Feier der Schweizerischen Eidgenossenschaft 1991 jedes Jahr die eidgenössische Jugendsession statt: 200 Jugendliche im Alter von 14 bis 21 Jahren aus dem ganzen Land treffen sich in Bern, um miteinander zu diskutieren und politische Forderungen zu erarbeiten. Die Themen werden durch eine vorgängige öffentliche Online-Abstimmung bestimmt.

Organisiert wird die Jugendsession von einem Organisationskomitee aus freiwilligen Jugendlichen und einem Projektteam des Dachverbands der Schweizer Jugendorganisationen (SAJV). Die Session ist keine Veranstaltung der Jungparteien, die Teilnahme steht allen offen, die Teilnehmenden werden nach Alter, Geschlecht und geografischer Herkunft möglichst ausgewogen ausgewählt. Die Jugendlichen erhalten Unterstützung von Expertinnen und Experten. Diskutiert wird in Sitzungszimmern und im Nationalratssaal des Bundeshauses. Ihre Petitionen und Forderungen übergeben die Jugendlichen anschliessend dem Präsidium des Nationalrats zuhanden der Parlamentskommissionen. Die Forderungen sind allerdings nicht verpflichtend.

> **JUNGE GEMEINDERÄTE: FÜHRUNGSPOSITIONEN IN DER RICHTIGEN POLITIK**
> Im Ostteil des Kantons Bern gibt es eine Gruppierung, die sich «Junge Gemeinderäte Oberaargau» nennt. Darin organisieren sich junge Mitglieder von Gemeindeexekutiven, die Gleichaltrige zu motivieren versuchen, sich ebenfalls aktiv in der Politik zu engagieren. Matthias Zurflüh, Gemeinderat mit Ressort Finanzen in Seeberg BE, der 2011 als 24-Jähriger in einen Gemeinderat in der Region gewählt wurde, sagt in einer Broschüre über diese Gruppierung: «Es gibt wohl in der Privatwirtschaft keine Aufgabe, die mit ähnlichen Kompetenzen ausgestattet ist und sich im jungen Alter bereits ausüben lässt.» Man könne viel mehr beeinflussen, als die meisten Leute glaubten. Die Mitgestaltungsmöglichkeiten seien «nahezu unendlich». Und: «Die Tragweite der Entscheide finde ich absolut beeindruckend. Es ist sehr spannend zu sehen, wie vielfältig eine Gemeinde ist und wie viele ‹Stellhebel› es zur Steuerung gibt.»
> Inspiriert von dieser Gruppierung, plant der Schweizerische Gemeindeverband, das Modell per Spätherbst 2016 auf die nationale Ebene auszudehnen.

Einstieg bei einer Jungpartei oder einer Bewegung

Neben Schülerorganisationen gibt es weitere Möglichkeiten, bereits vor dem 18. Altersjahr Politik zu üben: Nachdem die Parteien früher die Jungen zu wenig als potenzielle Wählerinnen und Wähler erkannt haben, hat sich dies in den letzten Jahren etwas geändert. Alle Parteien sind heute bemüht, jüngere Kandidatinnen und Kandidaten zu portieren. Und sie erkennen auch, dass sie neue Kanäle benutzen müssen, um diese Gruppe zu erreichen.

Bei den Jungsozialisten gibt es kein Mindestalter und auch Ausländerinnen und Ausländer können Mitglied werden. Die Junge SVP nimmt Personen im Alter von 14 bis 35 Jahren auf. Die Junge CVP kennt keine untere Altersgrenze, die obere liegt bei 34 Jahren. Die Jungfreisinnigen nennen weder eine Unter- noch Obergrenze.

Sogar im Kaninchenzüchterverein kann man Politik lernen

Wer sich keiner Partei anschliessen will, fühlt sich vielleicht wohl in einer Bewegung, die Ziele vertritt, die ihm oder ihr persönlich sympathisch sind: bei einer Umweltbewegung wie Greenpeace, WWF oder Pro Natu-

«Schon als ich noch zu jung war, um abstimmen zu können, interessierte mich die Politik. In dem Dorf, wo ich wohnte, gab es keine Partei. Ich musste also ins Nachbardorf gehen, wo es eine Partei gab, bei der rund 60 Prozent der Bevölkerung waren. Deshalb war es klar, dass auch ich ihr beitrete. Als Junger, mit all der Vorstandstätigkeit, bin ich dann rasch «ufeglüpft» worden. Später kam die Regionalpartei auf mich zu und fragte mich für meine Mitarbeit an.»

Marc Häusler, Regierungsstatthalter Verwaltungskreis Oberaargau BE und Vorsitzender Junge Gemeinderäte Oberaargau, SVP

ra; beim Verkehrsclub der Schweiz VCS oder in einer kirchlichen Organisation. Auch Turnvereine, Schützenvereine oder Gesangsvereine haben ihre Strukturen und damit auch Gremien: Sogar der sprichwörtliche Kaninchenzüchterverein mit zwei oder drei Dutzend Mitgliedern braucht ein paar Leute für den Vorstand: eine Präsidentin oder einen Präsidenten, jemanden, der die Kasse führt, Leute, die die Jahresversammlung organisieren und leiten. Und wenn der Verein eine grössere Ausstellung mit Rassekaninchen durchführen will, bekommt man als Vorstandsmitglied möglicherweise bereits in jugendlichen Jahren die Gelegenheit, mit dem Gemeinderat darüber zu verhandeln, dass er dem Verein die Turnhalle zur Verfügung stellt und eine Defizitgarantie gewährt.

TIPP *Wo auch immer man sich engagiert: Dies aus persönlichem Interesse oder aus Betroffenheit zu tun, ist sicher ein sehr guter Einstieg. Und wenn man mit diesem Engagement ein Erfolgserlebnis hat, ist dies positiv und ermutigend. Wobei natürlich nicht gesagt ist, dass aus einem jungen Vorstandsmitglied des Kirchenchors später eine interessierte und initiative Gemeinderätin wird. Aber wenn doch, wird ihr das, was sie im Vorstand gelernt hat, sicher zugute kommen.*

«Politik betrifft uns alle im Alltag.»

SABINA STÖR gründete im Alter von 18 Jahren das Jugendparlament Interlaken und war dessen erste Präsidentin. Heute ist sie 36 und Mitglied des Gemeinderats, der Exekutive.

Sie sind seit 2010 Mitglied des Gemeinderats Interlaken. Was ist Ihre Bilanz dieser Amtszeit?
Wir wollen als Gemeinderat gestaltend und nicht einfach verwaltend wirken. Wir hatten bezüglich Verkehrsführung, Bauvorhaben und Reorganisationsideen eine äusserst angeregte Legislatur. Wir mussten uns für unsere Vorhaben nach Kräften engagieren, denn wer Veränderungen vornimmt oder vorschlägt, erntet nicht nur Applaus.

Und persönlich?
Persönlich bin ich als Ressortvorsteherin der Industriellen Betriebe Interlaken (IBI) von Amtes wegen Verwaltungsratspräsidentin des gleichnamigen Energieversorgungsunternehmens. Hier setzte ich mich mit der Energiewende und der teilweisen Öffnung des Strommarkts auseinander. Die wichtigste Frage war: Wie werden die IBI fit für die Zukunft? Als Antwort darauf erarbeitete ich unter anderem, zusammen mit dem Gemeinderat, eine Eignerstrategie. Wir definierten also als Eigentümer die Grundlagen für die Entwicklung des Unternehmens in den kommenden Jahren. Wir investieren in die Produktion von erneuerbaren Energien und haben die Vorgaben für den Verwaltungsrat so verändert, dass er nicht mehr nur nach parteipolitischen, sondern auch nach fachlichen Kriterien zusammengesetzt ist.

Was haben Sie nicht erreicht, was Sie erreichen wollten? Was haben Sie daraus gelernt?
Wir haben als Gemeinderat die Volksabstimmung verloren über ein Grossprojekt für einen Bau mit Hotel, Wohnungen und

Parkhaus, das über Jahre entwickelt worden war. In diesem Zusammenhang habe ich einiges gelernt über die Dynamik und Kommunikation bei komplexen Projekten. Es reicht nicht, das Parlament und die Parteien zu überzeugen, um eine Abstimmung zu gewinnen. Der Umgang mit einem breiten Fächer von Ablehnungsgründen und emotional geführten Kampagnen dünkt mich für eine Behörde anspruchsvoll. Gerade auch im Zeitalter von Social Media.

Ihre Amtszeit endet Ende Jahr. Wollen Sie weitermachen?
Ich kandidiere im Herbst erneut. Derzeit bin ich die einzige Frau im Interlakner Gemeinderat – deshalb möchte ich dafür sorgen, dass dieser Anteil nicht noch sinkt.

Wie gross ist Ihr Arbeitspensum?
In der Regel rund 20 Stellenprozent. Letztes Jahr waren es deutlich mehr, als wir bei einem Direktorenwechsel in der IBI eine achtmonatige Übergangszeit zu bewältigen hatten. Das ist eine der grossen Herausforderungen bei solchen Milizämtern: Die Belastung kann stark schwanken und muss sich trotzdem mit Beruf, Familie und weiteren Tätigkeiten vereinbaren lassen.

Wie werden Sie entschädigt?
Bis Ende Legislatur beträgt die Entschädigung pauschal 25 000 Franken pro Jahr. Nächstes Jahr wird ein neues Reglement mit höheren Ansätzen gelten.

Inwiefern ist Ihr Alter ein Vorteil im Amt als Gemeinderätin?
Es hat mir ermöglicht, das Amt sehr unbeschwert anzutreten. Nach mittlerweile fast sieben Amtsjahren wünschte ich mir diese Unbeschwertheit manchmal zurück!

Gibt es auch Nachteile?
Im Gegensatz zu älteren Ratsmitgliedern absolviere ich neben meinem Beruf als Schulsozialarbeiterin auch noch Weiterbildungen und bin privat als Pflegemutter eines Teenagers zeitweise ziemlich gefordert. Der Alltag erfordert viel Organisation, Selbstdisziplin und die Bereitschaft, zugunsten eines spannenden Amtes oft auf freie Abende und Wochenenden zu verzichten.

Ist oder war Ihr Alter überhaupt ein Thema im Gemeinderat?
Im Gemeinderat nicht, in meinem Ressort hingegen schon. Ich bin die erste Frau, die den IBI-VR präsidiert – und zusätzlich eine junge, die erst noch deutlich jünger aussieht. Da ich damit unverkrampft umgehe und Menschen mag, habe ich immer versucht, diese Ausgangslage als Chance zu nutzen. Mich dünkt, das habe ich nicht allzu schlecht geschafft.

Profitieren Sie von Ihren Erfahrungen in der Politik auch auf anderen Gebieten, etwa im Privatleben oder im Beruf?
Auf jeden Fall! Ich baue mein Netzwerk aus, sammle Führungserfahrung und lerne mich mit Themen und Menschen auseinanderzusetzen, zu denen ich vorher kaum Berührungspunkte hatte.

Wie sind Sie in die Politik gekommen?
Als Jugendliche empfand ich vieles als ungerecht. Anstatt nur zu motzen, habe ich mich fürs und im Jugendparlament engagiert, als dieses gegründet wurde. Die Chance, unabhängig von Parteien politisch aktiv zu werden, wollte ich unbedingt nutzen. Später trat ich dann in die SP ein, weil ich sah, dass mir eine Partei mehr Möglichkeiten eröffnet, etwas zu bewegen.

Was empfehlen Sie anderen Leuten, die in die Politik einsteigen wollen, als Vorbereitung?
Keine lange Vorbereitung, sondern Mut, es zu wagen! Oft sagen mir Menschen, es gebe keine passende Partei für sie oder sie hätten keine Lust auf starre Strukturen. Ihnen antworte ich jeweils, dass man parteiintern abweichende Positionen vertreten darf – man sollte sich einfach gut überlegen, welche Ausrichtung generell zu einem passt. Und wer mit der klassischen institutionellen Politik nichts anfangen kann, hat ja auch die Möglichkeit, sich in Verbänden, Initiativen, bei Kampagnen und in anderen Formen für konkrete Anliegen zu engagieren. Für Jugendliche und Menschen ohne Schweizer Pass bleibt leider oft gar kein anderer Weg.

Wie würden Sie jemanden motivieren, sich in der Gemeindepolitik zu engagieren?
Ich versuche seit Jahren, Menschen für die Politik zu gewinnen. Dabei geht es mir um drei Punkte: Erstens zu vermitteln, dass Politik uns alle im Alltag betrifft. Zweitens zu ermutigen, damit sich insbesondere Frauen und junge Menschen den Einstieg zutrauen. Und drittens klarzustellen, dass man nicht zu jedem Thema alles wissen muss, sondern in erster Linie Interesse haben und zu einem Engagement bereit sein sollte.

VOM TOURISMUS GEPRÄGT

Interlaken im Kanton Bern hat knapp 6000 Einwohner. Wirtschaftlich dominiert der Tourismus: Die Hotels, Ferienwohnungen und anderen Unterkünfte bieten zusammen etwa dieselbe Zahl von Betten an. Im siebenköpfigen Gemeinderat, der vor allem strategische Funktionen hat, sitzt neben Sabina Stör mit Kaspar Boss ein weiteres Exekutivmitglied, das im Jugendparlament aktiv war.

Ausländer: ein kaum genutztes Reservoir für Milizämter

Die Forderung, Ausländern auf kantonaler oder Bundesebene das passive Wahlrecht zu gewähren, ist zurzeit sicher chancenlos. Aber würde sie gestellt, könnte dies eine interessante Diskussion auslösen. Was allerdings kaum bekannt ist: In rund sechshundert Gemeinden der Schweiz haben Ausländerinnen und Ausländer schon heute das passive Wahlrecht auf kommunaler Ebene. Und es gibt tatsächlich einige Mitglieder von Gemeindeexekutiven, die keinen Schweizer Pass besitzen.

Weitgehende politische Rechte für Ausländerinnen und Ausländer einzuführen, ist in der Schweiz sehr schwierig. Seit Jahren gibt es immer wieder Versuche, dies zu ändern. Ein Postulat zur Gewährung des Stimmrechts auf Bundesebene wurde 2002 abgelehnt. In vielen Kantonen gab es im Lauf der letzten vierzig Jahre insgesamt rund dreissig Volksabstimmungen darüber, die allesamt mit grossen Mehrheiten von bis gegen 90 Prozent abgelehnt wurden. Wenn solche Rechte eingeführt wurden, dann immer im Rahmen von Totalrevisionen der Kantonsverfassung.

Ein Viertel der Bevölkerung ist ausgeschlossen

Der liberale Thinktank Avenir Suisse hat 2015 in einem Papier «Avenir Debatte» mit dem Titel «Passives Wahlrecht für aktive Ausländer» dieses Thema ausgeleuchtet. Bereits kurz zuvor hatte Avenir Suisse die Idee eines obligatorischen Bürgerdienstes zur Diskussion gestellt: So wie der Militärdienst sollten zivile und soziale Tätigkeiten ebenfalls zur Pflicht werden, und dies auch für Frauen sowie in der Schweiz wohnhafte Ausländer. In der Weiterführung der Idee stellt sich gemäss Avenir Suisse die Frage: Sollen Ausländerinnen und Ausländer, wenn sie für einen solchen Dienst verpflichtet werden können, nicht auch die Möglichkeit bekommen, in der Politik mitzureden? Im Übrigen darf man nicht vergessen, dass sie bereits heute in der Schweiz Steuern zahlen, also mit Geld etwas für unser Land leisten, und dass sie auch den hiesigen Gesetzen unterstehen.

Hinzu kommt, dass die ausländische Bevölkerung heute bereits 25 Prozent ausmacht – diese zwei Millionen Personen von der Gestaltung der Politik auszuschliessen, ist nicht einfach zu vertreten. Avenir Suisse bezeichnet es als «eine zentrale Frage des Liberalismus»: Welche politischen Mitbestimmungs- und Mitwirkungsrechte sollten jene Einwohnerinnen und Einwohner des Landes haben, die keinen Schweizer Pass besitzen, aber schon lange hier leben oder sogar hier geboren sind? Die dieses Land an ihrem Arbeitsplatz wesentlich mitgestalten – vielleicht sogar mehr als gewisse Staatsbürger? Sie auszuschliessen, führe zu einer «merkwürdigen Schräglage»: «Menschen, die mit ihren unternehmerischen Entscheiden, etwa für die Schaffung oder die Aufhebung von Arbeitsplätzen, ganze Regionen massiv beeinflussen können, dürfen nicht einmal mitentscheiden, ob nun in ihrer Gemeinde eine Umfahrungsstrasse gebaut oder das Schulhaus erweitert werden soll.»

In 2 Kantonen und 600 Gemeinden mit dabei

Auf Bundesebene haben nur Schweizerinnen und Schweizer politische Rechte, das schreibt die Verfassung vor. Vorstösse, dies zu ändern, sind bisher gescheitert, zuletzt 2002 ein Postulat, das das Stimmrecht für Ausländer forderte, die seit zehn Jahren in der Schweiz leben.

In zwei Kantonen, Jura und Neuenburg, hingegen, sind Ausländerinnen und Ausländer in die politische Entscheidfindung eingebunden, ebenso in vielen Gemeinden.

Auf Kantonsebene: politische Rechte in zwei Kantonen
In den Kantonen Jura und Neuenburg haben Ausländerinnen und Ausländer, die seit einiger Zeit dort wohnen, das Stimm- und das aktive Wahlrecht, nicht aber das passive Wahlrecht: Sie können also an kantonalen Abstimmungen teilnehmen und wählen, aber nicht selber gewählt werden. Der Kanton Jura kennt diese Regelung bereits seit seiner Gründung im Jahr 1979, Neuenburg seit der Totalrevision der Kantonsverfassung 2002.

In vielen anderen Kantonen fanden bereits Volksabstimmungen darüber statt, ob Ausländerinnen und Ausländer politische Rechte erhalten sollten, allein seit dem Jahr 2000 über 20. Alle wurden negativ entschieden, meist deutlich.

Auf Gemeindeebene: politische Rechte in acht Kantonen
Hingegen haben aktuell acht Kantone Verfassungs- und Gesetzesbestimmungen, die den Gemeinden erlauben, Ausländerinnen und Ausländern politische Rechte zu gewähren (Stand 2016):
- In Freiburg, Neuenburg, dem Jura und der Waadt haben Ausländer in den Gemeinden das Stimmrecht sowie das aktive und passive Wahlrecht. Der jurassische Kantonshauptort Delsberg hat eine Vorreiterrolle in Europa gespielt: Hier wurde 2005 ein Italiener zum Vorsitzenden des Conseil de ville, der Legislative, gewählt. Bis 2014 war das passive Wahlrecht im Jura auf die Legislative beschränkt; seither können Ausländer auch in die Exekutive – ausser ins Gemeindepräsidium – gewählt werden.
- In Appenzell Ausserrhoden, Basel-Stadt und Graubünden dürfen die Gemeinden Ausländern politische Rechte gewähren. Von den 20 Gemeinden in Appenzell Ausserrhoden haben bisher deren 3 dies getan. In Graubünden gewähren 22 von 125 Gemeinden Ausländern das passive Wahlrecht. Die Situation in Basel-Stadt ist insofern speziell, als dieser Kanton nur aus den drei Gemeinden Basel, Riehen und Bettingen besteht, Basel aber als Gemeinde praktisch nicht autonom ist, sondern dem Kantonsrecht untersteht. Somit könnten nur die beiden Aussengemeinden Ausländern politische Rechte zugestehen, sie haben dies bisher nicht getan.
- In Genf dürfen Ausländerinnen und Ausländer abstimmen sowie Volksinitiativen und Referenden unterschreiben, sich aber nicht wählen lassen.

In 600 Gemeinden haben Ausländer das passive Wahlrecht
Insgesamt könnten somit in nicht weniger als rund 700 Gemeinden der Schweiz Ausländerinnen und Ausländer das passive Wahlrecht haben – faktisch sind es rund 600 mit total einer Million Einwohnern. Denn nicht alle Gemeinden, die dieses Recht nach kantonalem Recht gewähren dürften, tun das auch tatsächlich. Dass die Möglichkeit besteht, ist offenbar

nicht allgemein bekannt: Die Autoren von Avenir Suisse stellten bei der Recherche für ihre Studie erstaunt fest, «dass zahlreiche Gemeindevertreter nicht wussten, dass Ausländer in ihrer Gemeinde überhaupt gewählt werden können».

Es zeigt sich ein deutliches Gefälle zwischen der Romandie und der Deutschschweiz. Von den 600 Gemeinden liegen nur gerade 25 in der Deutschschweiz. Ein entscheidender Grund dafür liegt darin, dass in der Romandie die Kantonsverfassungen für alle Gemeinden einheitliche Regeln vorgeben, dass also die Gemeinden nicht selber entscheiden dürfen, welche Rechte sie Ausländerinnen und Ausländern gewähren und welche nicht. In der Deutschschweiz ist das anders: Appenzell-Ausserrhoden, Basel-Stadt und Graubünden erlauben den Gemeinden, Ausländer einzubinden, aber verpflichten sie nicht dazu.

INFO *Offenbar, so konstatieren die Studienautoren von Avenir Suisse, sind die Erfahrungen gut. Die Gemeinden, die ihren ausländischen Einwohnern politische Rechte einräumen, schienen damit zufrieden zu sein. Keine Gemeinde denke darüber nach, das Ausländerwahl- und -stimmrecht wieder abzuschaffen. Die Autoren stellen fest, dass die Beteiligungsmöglichkeit für Ausländer bisher «nicht gewaltig viel verändert» habe, aber «es hatte ganz gewiss nirgends negative Auswirkungen».*

Kanton Waadt: In zwei von drei Gemeinden Ausländer im Parlament

Für ihre Studie führte Avenir Suisse bei den betreffenden Gemeinden eine Umfrage durch, um herauszufinden, wie die Situation dort konkret ist. Rund die Hälfte der 600 angefragten Gemeinden gaben Antwort. Dabei zeigte sich, dass in 37 Gemeinden bis dahin insgesamt 39 Ausländer in die Exekutive gewählt worden waren, die meisten davon in den Kantonen Waadt und Freiburg und immerhin eine Person im Kanton Appenzell Ausserrhoden. Zum Zeitpunkt der Umfrage waren 19 von ihnen im Amt, alle in der Westschweiz.

In 177 Gemeinden waren Ausländer in das Gemeindeparlament gewählt worden oder hatten an Gemeindeversammlungen teilgenommen. Am meisten davon im Kanton Waadt, hier hatten zwei Drittel aller Gemeinden Ausländer in den Parlamenten.

Von den 19 ausländischen Personen, die ein Exekutivamt bekleideten, waren die allermeisten in kleinen und mittleren Gemeinden tätig: 18 in Gemeinden mit weniger als 5000 Einwohnern, 13 davon sogar in solchen mit weniger als 1000 Einwohnern.

Weitere Möglichkeiten: beraten, Vorstösse einreichen

Ausser diesen formalen Rechten haben Ausländerinnen und Ausländer in verschiedenen Kantonen, Gemeinden und Städten sonstige Möglichkeiten, sich zu beteiligen. So erlaubt der Kanton Thurgau in der Verfassung von 1987 Ausländern, «in Gemeindeangelegenheiten beratend mitzuwirken». Bisher haben allerdings nur wenige der insgesamt 80 Gemeinden solche Möglichkeiten genutzt.

In Derendingen SO mit einem Ausländeranteil von 30 Prozent dürfen Ausländer – und auch Jugendliche – seit 2013 ehrenamtlich mitarbeiten. Dafür wurden eigens Kommissionen, unter anderem jene für Energie und Umwelt, in Arbeitsgruppen umgewandelt.

In den Städten Bern und Burgdorf BE dürfen Ausländer Vorstösse zuhanden der Parlamente einreichen. In verschiedenen anderen Gemeinden dürfen Ausländerinnen und Ausländer in beratenden Kommissionen ohne Entscheidungsbefugnisse mitarbeiten.

Das passive Wahlrecht für Ausländer besser bekannt machen

Die Avenir-Suisse-Studie betrachtet die Beteiligungsmöglichkeiten für Ausländer deshalb als besonders interessant, weil vor allem kleine Gemeinden Mühe haben, politisches Personal zu rekrutieren. Sie stellte allerdings fest, dass die politischen Rechte von Ausländern den Schweizern kaum bekannt sind und auch nicht beworben werden. Zahlreiche Gemeindevertreter hätten nicht einmal gewusst, dass Ausländer bei ihnen in ein politisches Amt gewählt werden dürften. Von den befragten Gemeinden hatten weniger als ein Drittel Informationskampagnen durchgeführt und die ausländischen Einwohner aktiv zur Wahrnehmung ihrer politischen Rechte aufgerufen. «Dabei wären», so die Autoren, «kantonale und lokale Behörden gut beraten, angesichts des derzeitigen Mangels an politischem Personal das passive Wahlrecht für Ausländer stärker bekannt zu machen.»

«Eine kleine positive Reform» zur Mobilisierung von Kandidaten
Avenir Suisse kommt zum Schluss: «Ausländern auf Gemeindeebene politische Rechte zu gewähren, ist eine (kleine) positive Reform, die es den Gemeinden erlaubt, neue Kandidaten für das Milizsystem zu mobilisieren. [...] Die Teilnahme von Ausländern am lokalpolitischen Geschehen hat dort, wo sie erlaubt ist, keine spektakulären Veränderungen in der politischen Landschaft nach sich gezogen. Sie hat auch keine greifbare Lösung für das mangelnde politische Engagement gebracht. Die Zahl ausländischer Abgeordneter in den Gemeinden ist gering. Dennoch wäre es eine Verschwendung von Zeit und Ressourcen, den guten Willen und die Energie der niedergelassenen Ausländer ungenutzt zu lassen, die motiviert sind, sich in den politischen Alltag einzubringen. Es bestehen keinerlei praktische Risiken, wenn lokale Milizfunktionen freiwillig und ehrenamtlich von Ausländern übernommen werden, im Gegenteil: Es wäre für alle von Vorteil.»

Einbürgerung erleichtern

Neben der Möglichkeit, Ausländerinnen und Ausländern politische Rechte zu gewähren, gibt es eine weitere, um ihnen die Teilnahme am politischen Leben zu erleichtern: indem man es ihnen leichter macht, die Staatsbürgerschaft zu erlangen.

Das Schweizer Recht ist hier restriktiv: Wer als Ausländerin oder Ausländer den Schweizer Pass erhalten will, muss zwölf Jahre in der Schweiz gewohnt haben, davon drei in den letzten fünf Jahren vor Einreichung des Gesuches. Für Jugendliche und ausländische Ehepartner von Schweizern gelten erleichterte Einbürgerungsbedingungen. Einbürgerungsverfahren sind aufwendig und dauern in der Regel zwei bis vier Jahre.

Andere Länder sind liberaler. In Deutschland zum Beispiel kann man sich nach acht Jahren einbürgern lassen, und Kinder von Ausländern, die dort geboren werden, erhalten das Bürgerrecht automatisch.

Eine zusätzliche Hürde sind die vielen unterschiedlichen Aufnahmekriterien: Mit der Einbürgerung erhält jemand gleichzeitig das Bürgerrecht von Bund, Kanton und Gemeinde, die drei sind untrennbar miteinander verbunden. Den Entscheid fällt in den meisten Fällen die Gemeinde. Der Bund kontrolliert nur, ob die wichtigsten Voraussetzungen erfüllt sind;

der Kanton regelt, wer die Einbürgerung vornimmt, und das sind meist die Gemeinden, oft die Gemeindeversammlung per Abstimmung.

Die Anforderungen sind je nach Gemeinde unterschiedlich: So müssen etwa Voraussetzungen bezüglich «Integration und Vertrautheit mit den schweizerischen und örtlichen Lebensverhältnissen» erfüllt oder der «Wille zur Teilnahme am Wirtschaftsleben oder zum Erwerb von Bildung» vorhanden sein; vielerorts werden Sprachtests durchgeführt und die Bewerber müssen Kenntnisse in Staatsbürgerkunde belegen. In gewissen Kantonen müssen Bewerberinnen und Bewerber einen Neubürgerkurs absolvieren.

INFO *Eine parlamentarische Initiative zur Erleichterung der Einbürgerung für Ausländerinnen und Ausländer der dritten Generation ist zurzeit in der parlamentarischen Behandlung in Bern. Obwohl sie die Hürden nach wie vor hoch ansetzt, werden ihr wenig Chancen eingeräumt.*

YEHUDI MENUHIN, WELTBERÜHMTER GEIGER und Dirigent, wurde 1916 in New York geboren und war Amerikaner. In den 50er-Jahren entdeckte er die Schweiz und wählte Gstaad BE als Wohnsitz für seine Familie. Später wuchs in ihm der Wunsch, Schweizer Bürger zu werden. Dies äusserte er an einem Konzert in Grenchen SO, worauf die Stadt Grenchen ihm 1970 das Bürgerrecht verlieh. Kurz darauf erhielt er dann noch von Gstaad das Ehrenbürgerrecht.

7

Die Parteien stellen sich vor

Auf den folgenden Seiten stellen sich die grossen Schweizer Parteien anhand eines vorgegebenen Rasters selber vor. Ausgewählt wurden diejenigen Parteien, die im eidgenössischen Parlament vertreten sind.

Nicht berücksichtigt wurden die regionalen Parteien Lega dei Ticinesi, Christlichsoziale Partei Obwalden, Mouvement citoyens genèvois und Partei der Arbeit, die je nur einen Sitz im Nationalrat besetzen (Ausnahme: Lega 2 Sitze).
Stand der Zahlenangaben: Sommer 2016

BDP – Bürgerlich-Demokratische Partei

BDP	BDP – Bürgerlich-Demokratische Partei PBD – Parti Bourgeois-Démocratique Suisse PBD – Partito borghese-democratico Svizzero
Präsident	Martin Landolt
Besteht seit	1.11.2008
Die wichtigsten Anliegen	Die BDP ist eine innovative und fortschrittliche Partei, die den gesellschaftlichen Entwicklungen und den ökologischen Herausforderungen Rechnung trägt, ohne dabei ihre konservativen Grundwerte über Bord zu werfen. ■ Energiewende Die BDP hat als erste bürgerliche Partei den geordneten Atomausstieg gefordert. Sie steht hinter der Energiestrategie 2050. ■ Bilateraler Weg Eine souveräne Schweiz muss weltoffen sein. Die BDP will weder eine Isolation noch den EU-Beitritt. Sie kämpft deshalb für den bilateralen Weg. Die Senkung der Zuwanderung muss über die Förderung inländischer Arbeitskräfte erfolgen. ■ Moderne Familien- und Gesellschaftspolitik Die BDP will eine bessere Vereinbarkeit von Beruf und Familie, ohne die Familienmodelle gegeneinander auszuspielen. Zudem sollen alle juristischen Lebensformen die gleichen Rechte und Pflichten haben. Mit ihrem Zeitvorsorgesystem hat die BDP zudem ein wegweisendes und nationales Reformprojekt lanciert.

Die wichtigsten Erfolge	Als lösungsorientierte Mittepartei konzentriert sich die BDP auf eine konstruktive Gestaltung der Zukunft einer modernen und erfolgreichen Schweiz. Sie setzt sich sachlich und nüchtern mit den Herausforderungen der Schweiz und den Anliegen ihrer Bürgerinnen und Bürger auseinander. Im Vordergrund stehen mehrheitsfähige Lösungen und nicht ein stures Verharren auf Forderungen und Positionen. Dazu geht die BDP aktiv Allianzen ein, um die entsprechenden Lösungen durchsetzen zu können. Die BDP war die erste bürgerliche Partei, die sich für den geordneten Atomausstieg und für den Automatischen Informationsaustausch und den damit verbundenen sauberen Finanzplatz stark gemacht hat. Bei den nationalen Abstimmungen hat sich die BDP zum Trendsetter entwickelt; sie hat am meisten nationale Abstimmungen gewonnen.
Die grössten Misserfolge	Als Mittepartei ist es für die BDP eine Herausforderung, medienwirksam zu politisieren und die entsprechende Aufmerksamkeit auch zu generieren. Die Mitte hat zudem seit den nationalen Wahlen im Oktober 2015 einen schweren Stand und verliert auch in den Kantonen.
Mitgliederzahl	6500
Sitze im eidgenössischen Parlament	8 (7 Nationalräte/1 Ständerat)
Sitze in kantonalen Regierungen	4
Sitze in kantonalen Parlamenten	69
Sitze in Gemeindeexekutiven	491

Weshalb sollen sich Neueinsteiger in die Politik bei Ihnen engagieren?	Weil die BDP eine fortschrittliche bürgerliche Partei ist, die Brücken baut und so entscheidend dazu beiträgt, dass das Erfolgsmodell Schweiz gestärkt wird.
Welche Rechte haben Ihre Mitglieder?	Keine Angaben
Welche Vorteile bzw. Vergünstigungen haben Ihre Mitglieder?	Keine Angaben
Welche Pflichten haben Ihre Mitglieder?	Keine Angaben
Welche Aufgaben können innerhalb der Partei übernommen werden? Gibt es thematische Arbeitsgruppen, in denen man sich engagieren kann?	Die Aufgaben sind vielfältig und spannend: Sie reichen von der Vorstandsarbeit über eine Kandidatur bei lokalen, kantonalen und nationalen Wahlen bis hin zur Mitarbeit in den verschiedenen Fachgruppen (Gleichstellung, Gesundheit, Landwirtschaft, KMU, Bildung etc.).
Wie unterstützen Sie Leute, die neu in die Politik einsteigen wollen?	Eine kleine und neue Partei zu sein hat auch viele Vorteile und bei der BDP werden der persönliche Kontakt und die persönliche Begleitung grossgeschrieben. Dank flacher Hierarchien werden viele Neumitglieder rasch und unkompliziert lokal wie kantonal in die Arbeitsgruppen und Vorstände integriert.
Kontaktadresse für Interessenten	mail@bdp.info
WWW-Adresse	www.bdp.info
Facebook- und Twitter-Adressen	www.facebook.com/bdpschweiz https://twitter.com/BDPSchweiz

Christlichdemokratische Volkspartei der Schweiz CVP

	Christlichdemokratische Volkspartei der Schweiz CVP Parti démocrate-chrétien suisse PDC Partito popolare democratico svizzero PPD Partida cristiandemocratica Svizra PCD
Präsident	Gerhard Pfister
Besteht seit	1840 – In diesem Jahr wurde der Ruswiler Verein gegründet. 1912 ging aus diesem Verein die Schweizerische Konservative Volkspartei (KVP) hervor. Ab 1957 hiess die Partei «Konservativ-Christlichsoziale Volkspartei». Seit 1970 heisst sie Christlichdemokratische Volkspartei.
Die wichtigsten Anliegen	Die CVP setzt sich für einen starken Mittelstand und starke Familien ein. Sie sind das Fundament unserer Gesellschaft. Die CVP entlastet die Familien in unserem Land und macht sich stark für eine bessere Vereinbarkeit von Beruf und Familie. Das Wohl der Kinder steht im Zentrum unserer Politik. Wir setzen uns für die Abschaffung der steuerlichen Diskriminierung von verheirateten und eingetragenen Paaren ein (Heiratsstrafe). Die CVP versteht sich als Wirtschaftspartei mit liberal-sozialer Ausrichtung. Wir setzen uns für die Schweizer KMU ein, erhalten Wettbewerbsfähigkeit und Innovationskraft und bewahren die erstklassige Bildung in unserm Land. Die bilaterale Zusammenarbeit mit der EU ist für uns zentral, um Arbeitsplätze zu erhalten. Für die CVP zählt ein fairer Ausgleich zwischen Einzelinteressen und Gemeinschaft. Wir machen uns stark für den Schutz der Existenzgrundlage im Alter, bei Krankheit oder Schicksalsschlägen. Die CVP ist überkonfessionell ausgerichtet. Wir lehnen jede vereinfachende Ideologie ab, denn das Leben ist nicht schwarzweiss. Wir verteidigen grundlegende Werte,

Freiheits- und Menschenrechte. Gewalt im Alltag tolerieren wir nicht. Unser Ziel ist die Entpolarisierung der Schweiz. Wir sind Brückenbauer, nicht Sprengmeister. Darum setzen wir uns täglich für den nationalen Zusammenhalt der Schweiz ein.

Die wichtigsten Erfolge	Die CVP spielt seit über 170 Jahren eine zentrale Rolle beim Erfolg unseres Landes und war massgeblich an der Schaffung des Föderalismus beteiligt. Wir sorgen massgeblich für die Verbesserung der Lebensbedingungen in der Schweiz (Sozialwerke, starke Wirtschaft, Gesundheitssystem etc.). Die CVP ist die erfolgreichste Partei sowohl im Parlament als auch bei Volksabstimmungen. Wir gewinnen bei 80 Prozent der Volksabstimmungen. 2012 hat die CVP zwei Volksinitiativen zur Familienpolitik erfolgreich eingereicht, mit insgesamt fast 240 000 Unterschriften. Die CVP darf sich unter anderem auch als Designerin und Architektin des bilateralen Weges mit der EU sowie der Energiewende (Atomausstieg) betrachten.
Die grössten Misserfolge	■ Der Verlust des zweiten Sitzes im Bundesrat 2003 (Abwahl der damaligen Bundesrätin Ruth Metzler) ■ Ablehnung der CVP-Volksinitiative zur Steuerbefreiung der Kinder- und Ausbildungszulagen im Frühjahr 2015
Mitgliederzahl	100 000
Sitze im eidgenössischen Parlament	40 (27 Nationalräte / 13 Ständeräte)
Sitze in kantonalen Regierungen	40
Sitze in kantonalen Parlamenten	450
Sitze in Gemeindeexekutiven	Rund 1000

DIE PARTEIEN STELLEN SICH VOR

Weshalb sollen sich Neueinsteiger in die Politik bei Ihnen engagieren?

Die CVP ist eine echte Volkspartei. Wir vertreten nicht einfach linke oder rechte Ansichten, sondern erlauben innerhalb unserer Partei eine echte, breite Diskussion über politische Geschäfte. Bei der CVP werden Meinungen gebildet und Wege gesucht, damit es unserem Land auch in Zukunft gut geht. Als Mittepartei finden wir Lösungen, wo andere schon längst nur noch Probleme verwalten. Wer etwas bewegen will, engagiert sich bei der CVP. Die Junge CVP ist die erfolgreichste aller Jungparteien. Bei den Nationalratswahlen 2015 stieg sie mit 170 Kandidaten ins Rennen, steigerte ihren Wähleranteil um 14 Prozent auf ein neues Rekordhoch und sicherte damit der CVP in mehreren Kantonen Sitze.

Welche Rechte haben Ihre Mitglieder?

Die drei wichtigsten Rechte: Alle Mitglieder haben bei Urabstimmungen und Mitgliederbegehren gleiches Stimmrecht. Jedes Mitglied kann seine Meinung innerhalb der Partei frei äussern. In Parteiämter können einzig Mitglieder gewählt werden. Weitere Rechte kann man den Statuten der Partei entnehmen (www.cvp.ch → Die CVP → Downloads → Statuten der CVP Schweiz).

Welche Vorteile bzw. Vergünstigungen haben Ihre Mitglieder?

Primär bietet eine Parteimitgliedschaft ein weites und hochkarätiges Netzwerk. Es gibt verschiedene Mitgliederkategorien mit verschiedenen Vorteilen:

Mitgliedschaft	Jahresbeitrag	Abonnement «Die Politik»	Teilnahme an Parteitag und DV	Teilnahme am «forum politique suisse»	Teilnahme an Fraktionsausflug und -essen
Standard	85.–	✓	✓		
Silber	250.–	✓	✓	✓	
Gold	ab 2000.–	✓	✓	✓	✓

Welche Pflichten haben Ihre Mitglieder?

Jedes Mitglied wirkt im Rahmen der Statuten an der öffentlichen und parteiinternen Meinungs- und Willensbildung mit und setzt sich für die Ziele der Partei ein. Jedes Mitglied der CVP Schweiz bezahlt Beiträge. Einzelheiten ordnet die Delegierten-

	versammlung im Finanzreglement. Auf kantonaler Ebene ist in den meisten, aber nicht in allen Kantonalparteien eine Mitgliedschaftsgebühr zu entrichten.
Welche Aufgaben können innerhalb der Partei übernommen werden? Gibt es thematische Arbeitsgruppen, in denen man sich engagieren kann?	Die Partei ist föderalistisch organisiert. Es gibt Arbeitsgruppen sowohl auf nationaler als auch auf kantonaler Ebene zu Themen wie Aussenpolitik, Bildung und Forschung, Familienpolitik, Finanzen, Landwirtschaft, Sicherheit, Steuern, Wirtschaft, Umwelt und Energie etc.
Wie unterstützen Sie Leute, die neu in die Politik einsteigen wollen?	Die CVP Schweiz bietet politikinteressierten Menschen verschiedene Möglichkeiten, um in die Politik einzusteigen, ob auf kommunaler, kantonaler oder nationaler Ebene. Beispielsweise über unsere Vereinigungen Junge CVP, CVP-Frauen, CVP 60+, die Christlichsoziale Partei oder auch die Arbeitsgemeinschaft Wirtschaft und Gesellschaft sowie eine unserer Arbeitsgruppen oder eine der unzähligen Sektionen im ganzen Land. Die CVP Schweiz ist in allen Kantonen und sehr vielen Dörfern mit einer eigenen Sektion vertreten. Deren Türen sind jederzeit offen für Menschen, die gern einmal unverbindlich mitdiskutieren wollen – aber Vorsicht, die Politik der CVP wirkt ansteckend! Für Auslandschweizer gibt es übrigens als erste Anlaufstelle die CVP International.
Kontaktadresse für Interessenten	CVP Schweiz, Klaraweg 6, Postfach, 3001 Bern, info@cvp.ch, Tel. 031 357 33 33
WWW-Adresse	www.cvp.ch
Facebook- und Twitter-Adressen	www.facebook.com/CVP.PDC.PPD.PCD./ https://twitter.com/CVP_PDC

Evangelische Volkspartei der Schweiz EVP

	Evangelische Volkspartei der Schweiz EVP Parti Evangélique Suisse
Präsidentin	Marianne Streiff-Feller, Nationalrätin, BE
Besteht seit	1919
Die wichtigsten Anliegen	Der Mensch steht für die EVP im Zentrum. Als glaubwürdige Alternative in der Mitte und Wertepartei setzt sich die EVP ein für Schwache und Benachteiligte sowie für den Erhalt der Schöpfung. Sie bejaht Eigenverantwortung und soziale Marktwirtschaft. Sie stellt sich schützend vor die Familie und das menschliche Leben. Das Gewissen steht über den Interessen, der Mensch kommt vor der Macht. Die EVP will auf der Grundlage ihrer Werte pragmatische politische Lösungen für deren gesellschaftspolitische Umsetzung finden, die dem Wohl der Menschen dienen.
Die wichtigsten Erfolge	Der EVP gelang es in der Vergangenheit immer wieder, visionär Themen zu setzen, die dann einige Jahre später hochaktuell waren und umgesetzt waren. So zum Beispiel der niedrigere Promillewert im Strassenverkehr, das Rauchverbot in öffentlichen Räumen und die Weissgeldstrategie. Aufgrund einer EVP-Motion wurde die Gewissensprüfung für die Zulassung zum Zivildienst abgeschafft.
Die grössten Misserfolge	Einige der Themen, die die EVP (scheinbar) zu früh aufgegriffen hat, werden später wieder aufgegriffen oder doch noch umgesetzt. Dies erwarten wir zum Beispiel für die Erbschaftssteuer zur fairen Finanzierung der AHV. Auch das Nein zur Präimplanta-

tionsdiagnostik (PID) bleibt mit deren hoch umstrittenen Umsetzung durch das revidierte Fortpflanzungsmedizingesetz weiterhin in der gesellschaftspolitischen Diskussion. Die langfristige Vision einer eigenen fünfköpfigen EVP-Fraktion im Nationalrat blieb bisher unerfüllt.

Mitgliederzahl	4500
Sitze im eidgenössischen Parlament	2
Sitze in kantonalen Regierungen	–
Sitze in kantonalen Parlamenten	41
Sitze in Gemeindeexekutiven	77
Weshalb sollen sich Neueinsteiger in die Politik in der EVP engagieren?	Die meisten Menschen engagieren sich in der EVP, weil deren Werte mit den ihren übereinstimmen. Sie wollen, dass sich unsere Gesellschaft auch in Zukunft an Werten wie Menschenwürde, Gerechtigkeit und Nachhaltigkeit orientiert und nicht der Gewinnmaximierung und Beliebigkeit verfällt. Die EVP wird zu ihrer politischen Heimat, weil sie auf Basis dieser Werte glaubwürdig um pragmatische politische Lösungen für die Probleme unseres Landes ringt.
Welche Rechte, Vorteile und Vergünstigungen haben Ihre Mitglieder?	Sie gestalten auf christlicher Basis die Politik der Zukunft mit – in der Gemeinde, im Kanton, in der Schweiz. Sie können mitreden bei der politischen Willensbildung in der EVP. Sie haben die Möglichkeit, politische Ämter und Mandate für und in der EVP zu übernehmen. Sie erhalten Zugang zu individuellen politischen Informationen. Sie pflegen persönlichen Kontakt mit Amtsträgerinnen und Amtsträgern auf allen Ebenen. Sie erhalten ein Gratisabonnement der schweizerischen Mitglieder-

7 ■■■ DIE PARTEIEN STELLEN SICH VOR

	zeitschrift AKZENTE sowie Vergünstigungen beim Bezug von Werbematerial. Sie haben Gelegenheit, Beziehungen zu Gleichgesinnten aufzubauen. Sie können an den Delegiertenversammlungen der EVP Schweiz teilnehmen, Anträge stellen, mitdiskutieren und Parolen fassen. Sie erhalten bessere Konditionen bei der Teilnahme an Veranstaltungen im Weiterbildungs- und Freizeitbereich der Partei. Sie sparen Steuern durch Abzüge der Parteispenden in zahlreichen Kantonen.
Welche Pflichten haben Ihre Mitglieder?	Die Rechte und Pflichten der Mitglieder und Organe der EVP sind in ihren Statuten festgelegt (www.evppev.ch → Partei → Statuten).
Welche Aufgaben können innerhalb der Partei übernommen werden? Gibt es thematische Arbeitsgruppen, in denen man sich engagieren kann?	In der Regel beginnt das aktive Engagement auf kommunaler Ebene in einer unserer Ortsparteien. Dort besteht die Möglichkeit, in einer ständigen Fachkommission, im Vorstand oder in regionalen und kantonalen Gremien mitzuarbeiten. Auch gibt es Fachausschüsse zur Unterstützung der Vertreterinnen und Vertreter in den Kantonsparlamenten. Zudem können die Mitglieder ihr vielfältiges Know-how in einen Kompetenz-Pool der EVP Schweiz einbringen.
Wie unterstützen Sie Leute, die neu in die Politik einsteigen wollen?	Die EVP veranstaltet regelmässig Schulungen, Kurse und Tagungen. Es gibt auch spezifische Supportangebote (zum Beispiel für Frauen) sowie verschiedene persönliche Mentoring- und Coaching-Angebote. Bei der Gründung von Ortssektionen bieten die Kantonalparteien personellen und materiellen Support.
Kontaktadresse für Interessenten	Evangelische Volkspartei der Schweiz, Parti Evangélique Suisse, Nägeligasse 9, Postfach, 3001 Bern, Tel. 031 351 71 71
WWW-Adresse	www.evppev.ch
Facebook- und Twitter-Adressen	www.facebook.com/evppev @evppev

FDP.Die Liberalen

FDP **Die Liberalen**	FDP.Die Liberalen PLR.Les Libéraux-Radicaux PLR.I Liberali Radicali PLR.Ils Liberals
Präsidentin	Petra Gössi
Besteht seit	1894
Die wichtigsten Anliegen	Die FDP setzt sich für sichere Arbeitsplätze, weniger Regulierungen und schlankere Bürokratie, für gesicherte Sozialwerke und verlässliche wirtschaftliche Rahmenbedingungen ein. Wir verstehen uns als liberale, bürgerliche und reformorientierte Kraft, die nach den Werten Freiheit, Gemeinsinn und Fortschritt politisiert. Kurz: Die FDP kämpft dank ihrer Wirtschaftskompetenz an vorderster Front für das Erfolgsmodell Schweiz.
Die wichtigsten Erfolge	Grundsätzlich: Die FDP steht konsequent ein für die bilateralen Verträge und eine liberale Wirtschaftsordnung, die in den letzten Jahren Tausende Arbeitsplätze geschaffen und den Wohlstand in unserem Land verbessert hat. Weiter: ■ Änderungen des Asylgesetzes – Im Asylbereich hat die FDP 2012 erfolgreich die seit Langem geforderten zielgerichteten Verbesserungen für eine harte, aber faire Asylpolitik einbringen können. ■ Bürgerrechtsgesetz – Trotz Kompromissen kann die FDP sich über ein hartes, aber faires Einbürgerungsgesetz freuen. ■ Einheitskasse und Gegenvorschlag – Durch den von der FDP koordinierten Einsatz der bürgerlichen Parteien gegen die Einheitskasse wurde die Veröffentlichung der

Botschaft beschleunigt und der unnötige indirekte Gegenvorschlag beiseitegeschoben.
- Wettbewerbsfähiger Finanzmarkt – Bei der Teilrevision des Kollektivanlagegesetzes (KAG) hat die FDP wesentliche Verbesserungen durchgesetzt und einen überschiessenden «Swiss Finish» sowie allzu rigide Einschränkungen verhindert.
- Innovationspark – In der Totalrevision des Forschungs- und Innovationsförderungsgesetzes hat das Parlament der Unterstützung eines schweizerischen Innovationsparks zugestimmt.
- Abbau technischer Handelshemmnisse – Erfolgreich setzte sich die FDP 2014 in der Kommission für Wirtschaft und Abgaben für das Einreichen verschiedener Kommissionsvorstösse ein, die technische Handelshemmnisse abbauen und dadurch effektiv gegen die Hochpreisinsel Schweiz ankämpfen.

Die grössten Misserfolge

Grundsätzlich: Jedes Gesetz, das verabschiedet wird und den Standort Schweiz und unsere Arbeitsplätze gefährdet, ist ein Misserfolg für unsere liberale Politik. Weiter:
- Revision Invalidenversicherung – In der Sommersession 2013 wurde die IV-Revision 6b abgeschrieben, trotz damals 15 Milliarden Schulden.
- Managed Care – Mit der Ablehnung der Managed-Care-Vorlage im Juni 2012 stand die Gesundheitspolitik vor einem Scherbenhaufen, fatale Fehlanreize für Ärzte und Patienten bleiben bestehen und das Kostenwachstum wird unvermindert weitergehen.
- MWST-Einheitssatz – Mit ihrem dezidierten Einsatz für einen MWST-Einheitssatz will die FDP die Bürokratiekosten für die Wirtschaft jährlich im zweistelligen Milliardenbereich senken und Europas einfachste und tiefste MWST einführen. Leider scheiterte dieses wichtige Reformprojekt bisher am Widerstand der anderen Parteien.
- Gripen – Der Volksentscheid gegen den Gripen
- Gegenvorschlag Initiative «Für Ehe und Familie – gegen die Heiratsstrafe» – 2014 und 2015 machte sich die FDP im Parlament dafür stark, dass dem Volk zusammen mit der

Initiative «Für Ehe und Familie – gegen die Heiratsstrafe» ein direkter Gegenvorschlag vorgelegt werde, der zwar ebenfalls die Heiratsstrafe abschaffen wollte, aber den Weg frei liess für die Einführung der Individualbesteuerung. Leider ohne Erfolg.
- Die Bürokratie-Stopp-Initiative, die nicht zustande gekommen ist.

Sitze im eidgenössischen Parlament	46
Mitgliederzahl	120 000
Sitze in kantonalen Regierungen	42
Sitze in kantonalen Parlamenten	552 (533 FDP und 19 Liberale Partei)
Sitze in Gemeindeexekutiven	In Gemeinden mit über 10 000 Einwohnern: 311 (309 FDP und 2 Liberale Partei)
Weshalb sollen sich Neueinsteiger in die Politik bei Ihnen engagieren?	Die FDP ist seit 1848 der Garant des Erfolgsmodells Schweiz. Wir sichern dank unserer Wirtschaftskompetenz dem Standort Schweiz optimale Rahmenbedingungen, damit Arbeitsplätze erhalten und geschaffen werden. Und wir stehen ein für die bilateralen Verträge, aber gegen einen EU-Beitritt. Wer diese Aussagen unterstützt, ist bei der FDP herzlich willkommen.
Welche Rechte haben Ihre Mitglieder?	Sie können sich via Orts- und Kantonalparteien aktiv an der Politik der FDP beteiligen. Auch auf nationaler Stufe ist ein Engagement möglich, sei dies an Delegiertenversammlungen oder als Experten in Fachgebieten in unseren Fachkommissionen.

Welche Vorteile bzw. Vergünstigungen haben Ihre Mitglieder?	Unsere Mitglieder können an vorderster Front für das Erfolgsmodell Schweiz mitkämpfen und mithelfen, das liberale Original unter den Schweizer Parteien zu weiteren Erfolgen zu führen. Die Orts- und Kantonalparteien bieten zusätzlich zahlreiche politische und gesellschaftliche Anlässe an.
Welche Pflichten haben Ihre Mitglieder?	Wir freuen uns, wenn sich unserer Mitglieder engagieren, zum Beispiel in Wahl- oder Abstimmungskämpfen oder an der Durchführung von Parteianlässen. Die Pflichten sind jeweils in den Statuen der entsprechenden Ortspartei geregelt.
Welche Aufgaben können innerhalb der Partei übernommen werden? Gibt es thematische Arbeitsgruppen, in denen man sich engagieren kann?	Die FDP hat verschiedene Fachkommissionen, in denen sich Mitglieder engagieren können. Auf Ebene Orts- und Kantonalparteien gibt es vielfältige Aufgaben, die ein Mitglied übernehmen kann. Diese reichen von der Mitarbeit in Vorständen bis zur Betreuung von Webseiten oder zum Engagement in politischen Gremien.
Wie unterstützen Sie Leute, die neu in die Politik einsteigen wollen?	Es ist eine Kernaufgabe der FDP, durch gezielte Unterstützung Potenzial zu erkennen und entsprechend zu fördern. Die FDP führt dementsprechend seit 2010 ein Mentoring-Programm durch. Auf lokaler Ebene erhalten Interessierte durch Gespräche die Möglichkeit, die Partei und die Arbeit genauer kennenzulernen. Die FDP arbeitet zudem eng mit den Jungfreisinnigen zusammen, um auch jungen Leuten den Einstieg in die Politik schmackhaft zu machen.
Kontaktadresse für Interessenten	info@fdp.ch
WWW-Adresse	www.fdp.ch
Facebook- und Twitter-Adressen	www.facebook.com/fdp.dieliberalen @FDP_Liberalen

Grüne Partei Schweiz

	Grüne Partei Schweiz Les Verts I Verdi
Präsidentin	Regula Rytz
Besteht seit	1983
Die wichtigsten Anliegen	Die Grünen Schweiz haben eine Vision: dass alle Menschen in einer intakten Umwelt gut und sicher leben können. Deshalb setzen sich die Grünen ein für eine am Gemeinwohl orientierte Wirtschaft, die Erhaltung der natürlichen Lebensgrundlagen und die Menschenrechte. In der Schweiz und global.
Die wichtigsten Erfolge	Die Grünen haben sich erfolgreich für die Zweitwohnungsinitiative, ein neues Raumplanungsgesetz und eine nachhaltige Verkehrsfinanzierung (FABI) eingesetzt. Auch in der Energie- und Umweltpolitik waren grüne Vorschläge mehrheitsfähig. Die Grünen haben in den letzten Jahren zudem drei Volksinitiativen eingereicht. Sie wollen so den geordneten Atomausstieg, eine ressourceneffiziente Kreislaufwirtschaft und nachhaltig produzierte Nahrungsmittel durchsetzen.
Die grössten Misserfolge	Den rechtsbürgerlichen Kräften ist es in den letzten Jahren gelungen, ein ausländerfeindliches Klima zu schaffen und die Solidarität der Bevölkerung mit den schwächsten Teilen der Gesellschaft aufs Spiel zu setzen. Sozialstaat und Bürgerrechte werden in der Folge sukzessive abgebaut.
Mitgliederzahl	7500

Sitze im eidgenössischen Parlament	12
Sitze in kantonalen Regierungen	8
Sitze in kantonalen Parlamenten	175
Sitze in Gemeindeexekutiven	In Gemeinden mit über 10 000 Einwohnern: 53
Weshalb sollen sich Neueinsteiger in die Politik bei Ihnen engagieren?	Die Grünen sind eine junge Partei, die mit Kopf, Herz und Rückgrat vorwärtskommen will. Die Grünen debattieren mit Leidenschaft, politisieren offen, mit Freude und Engagement. Grüne suchen nach langfristigen Lösungen, stehen ein für Qualität, Vielfalt und Solidarität. Besonders wichtig sind den Grünen der Schutz der Lebensgrundlagen und die soziale Gerechtigkeit. Wer diese Werte teilt, ist bei den Grünen willkommen!
Welche Rechte haben Ihre Mitglieder?	Die Mitglieder gestalten und tragen die grüne Politik, auch finanziell. Sie können sich in Arbeitsgruppen engagieren, für politische Mandate kandidieren und an den Mitgliederversammlungen der Partei Anträge stellen und Entscheide fällen.
Welche Vorteile bzw. Vergünstigungen haben Ihre Mitglieder?	Wir sind kein Shop und erwirtschaften auch keinen Profit. Daher gibt es bei den Grünen keine Vergünstigungen. Der Vorteil für die Mitglieder liegt darin, die Politik auf kommunaler, kantonaler, nationaler und internationaler Ebene mitzugestalten und die Welt lebenswerter zu machen.
Welche Pflichten haben Ihre Mitglieder?	Mitglieder bezahlen einen Mitgliederbeitrag und respektieren die demokratischen Spielregeln, die in den Statuten festgehalten sind. Alles andere ist freiwillig.

Welche Aufgaben können innerhalb der Partei übernommen werden? Gibt es thematische Arbeitsgruppen, in denen man sich engagieren kann?	Es gibt bei den Grünen Arbeitsgruppen zu sehr vielen Themen. Mitglieder können zudem neue Arbeitsgruppen anregen. Es lohnt sich, bei der Kantonalpartei des eigenen Wohnsitzes anzufragen.
Wie unterstützen Sie Leute, die neu in die Politik einsteigen wollen?	In den meisten Kantonen gibt es Coachings oder ein «Götti/Gotte»-System. Die Mitglieder können aber immer auch für andere Formen der Unterstützung anfragen.
Kontaktadresse für Interessenten	sekretariat@gruene.ch
WWW-Adresse	www.gruene.ch
Facebook- und Twitter-Adressen	www.facebook.com/gruenepartei www.twitter.com/gruenech

Grünliberale Schweiz

	Grünliberale Schweiz Vert'libéraux Suisse Verdi liberali Svizzera
Präsident	Martin Bäumle
Besteht seit	Im Jahr 2004 wurden die Grünliberalen im Kanton Zürich gegründet. Auf nationaler Ebene gibt es die Partei seit 2007.
Die wichtigsten Anliegen	Wir stehen für eine gesunde Umwelt und eine liberale Wirtschafts- und Gesellschaftspolitik. Grundlagen dafür sind eine innovative und nachhaltig ausgerichtete Marktwirtschaft, eine lebendige Demokratie, ein sorgsamer Umgang mit unserer Umwelt sowie eine tolerante und solidarische Gesellschaft.
Die wichtigsten Erfolge	Zu den grössten Erfolgen zählen sicher der Wahlerfolg bei den eidgenössischen Wahlen 2011 und die anschliessende Etablierung einer neuen Partei in der Schweizer Politik. Mit Fraktionsstärke sind die Grünliberalen nicht nur ins Bundeshaus, sondern auch in zahlreiche Kantons- und Gemeindeparlamente eingezogen. 2012 durfte die Partei das Zustandekommen der ersten eigenen Volksinitiative «Energie- statt Mehrwertsteuer» feiern, 2014 das erfolgreiche Referendum gegen den Kauf des Kampfjets Gripen. Ausserdem waren die Grünliberalen wesentlich an der Koalition beteiligt, die den Atomausstieg beschlossen hat.
Die grössten Misserfolge	Die ersten grossen Rückschläge waren die Sitzverluste bei den eidgenössischen Wahlen 2015 sowie die geringe Zustimmung zur Initiative «Energie- statt Mehrwertsteuer».

Mitgliederzahl	rund 3800
Sitze im eidgenössischen Parlament	7
Sitze in kantonalen Regierungen	–
Sitze in kantonalen Parlamenten	85
Sitze in Gemeindeexekutiven	rund 60
Weshalb sollen sich Neueinsteiger in die Politik bei Ihnen engagieren?	Die glp ist eine junge, aufstrebende Partei. Entsprechend sind die Strukturen dynamischer als bei älteren Parteien. Es gibt unzählige Möglichkeiten, Einfluss zu nehmen. Neueinsteiger werden gefördert und haben viele Gestaltungsmöglichkeiten.
Welche Rechte haben Ihre Mitglieder?	Mitglied bei der glp Schweiz sind grundsätzlich die Kantonalparteien. Sie haben Anspruch auf eine angemessene Vertretung an der Delegiertenversammlung, dem obersten Gremium der glp Schweiz, sowie im nationalen Vorstand. Alle Mitglieder haben zudem ein direktes Stimmrecht an den Mitgliederversammlungen ihrer Kantonal-, Bezirks- und Ortsparteien.
Welche Vorteile bzw. Vergünstigungen haben Ihre Mitglieder?	Mitglieder haben mehr Mitbestimmungsrechte und -möglichkeiten, denn nur sie geniessen das Stimm- und Wahlrecht an den Mitgliederversammlungen. Sie haben auch Anspruch auf Unterstützung durch die kantonalen glp-Sekretariate und das nationale Generalsekretariat. Hinzu kommen günstige Konditionen bei glp-Anlässen.
Welche Pflichten haben Ihre Mitglieder?	Solange sie Mitglieder sind, haben sie Mitgliederbeiträge zu bezahlen.

Welche Aufgaben können innerhalb der Partei übernommen werden? Gibt es thematische Arbeitsgruppen, in denen man sich engagieren kann?	Die Möglichkeiten zur Mitgestaltung sind vielfältig und spannend. Die glp verfügt über nationale Arbeitsgruppen zu allen Themenfeldern der Politik sowie über Netzwerke der glp-Frauen und der GayLP. Seit 2016 verfügt die glp zudem über eine eigenständige Jungpartei. Interessierten stehen aber auch viele weitere Parteiämter und -aufgaben von der Bundes- bis zur Gemeindeebene offen: Ob als Delegierte/-r, Vorstandsmitglied, Sektionspräsident/-in oder in einer von zahlreichen weiteren Funktionen, jedes Mitglied ist wichtig und bestimmt mit.
Wie unterstützen Sie Leute, die neu in die Politik einsteigen wollen?	Neue Sympathisanten und Mitglieder werden in der Partei willkommen geheissen und zur Mitarbeit eingeladen. Je nachdem, welche Angaben sie machen oder welche Fragen sie stellen, werden sie vom passenden glp-Gremium kontaktiert. Unsere Anlässe (Mitgliederversammlungen, soziale Anlässe, Vernetzungsanlässe, Workshops, Feste usw.) bieten immer wieder Gelegenheiten für Neueinsteiger, grünliberale Politiker und Politik sowie Möglichkeiten der aktiven Mitgestaltung kennenzulernen.
Kontaktadresse für Interessenten	schweiz@grunliberale.ch
WWW-Adresse	www.grunliberale.ch
Facebook- und Twitter-Adressen	www.fb.com/grunliberale https://twitter.com/grunliberale

SP Schweiz

	SP Schweiz PS Suisse
Präsident	Christian Levrat
Besteht seit	1888
Die wichtigsten Anliegen	Die SP steht für soziale Sicherheit, für Gerechtigkeit und für Chancengleichheit. Wir wollen den Menschen die Gewissheit geben, dass eine bessere Zukunft in einer gerechten, offenen und solidarischen Gesellschaft möglich ist. Mehr Lebensqualität für alle statt Privilegien für ein paar wenige. Das heisst konkret: gute AHV-Renten, faire Löhne, ein anständiger Vaterschaftsurlaub, bezahlbare Mieten, erstklassige Bildung, ein funktionierender Service public, eine intakte Umwelt und gute Beziehungen zu unseren europäischen Nachbarn.
Die wichtigsten Erfolge	Die SP hat die moderne Schweiz mit aufgebaut: Das Proporzwahlrecht, die Einführung der AHV, das Frauenstimmrecht, die Mutterschaftsversicherung – all diese Errungenschaften hat die SP erkämpft. Warum steht die Schweiz punkto Lebensqualität an der Spitze? Nicht wegen Steuervergünstigungen oder Bankgeheimnis. Sondern weil es in der Schweiz bei allen Einkommensunterschieden kaum extreme Armut gibt, weil dank der sozialen Durchmischung Menschen aus verschiedensten Kulturen zusammenleben, weil wir eine halbwegs intakte Landschaft bewahren konnten, weil die Schweiz schon immer auf den öffentlichen Verkehr gesetzt hat und weil im Schweizer Bildungssystem auch der Arbeitersohn Professor werden kann. All das hat die Schweiz der SP

7 ■ ■ ■ DIE PARTEIEN STELLEN SICH VOR

und ihrem Einsatz für eine soziale, gerechte und lebenswerte Schweiz zu verdanken.

Die grössten Misserfolge	Die Schweiz ist ein tief bürgerliches Land. Darum ist die SP wohl die einzige sozialdemokratische Partei Europas, die nie eine Regierung angeführt hat. Sie war immer in der Minderheit, seit ihrer Gründung 1888. Diese rechtsbürgerliche Übermacht spielt bis heute. Wirtschaftspolitische Anliegen von links haben es in Volksabstimmungen schwer. Auch in Fragen der Öffnung gegenüber Europa und der Welt kämpft die SP seit Jahrzehnten gegen Abschottung und Alleingang – oft auf verlorenem Posten. Aber diese Rückschläge schrecken uns nicht ab. Um den ehemaligen SP-Parteipräsidenten Helmut Hubacher zu zitieren: «Die Energie, die wir brauchen, holen wir uns vom Strom, gegen den wir schwimmen.»
Mitgliederzahl	30 000
Sitze im eidgenössischen Parlament	55
Sitze in kantonalen Regierungen	28
Sitze in kantonalen Parlamenten	454
Sitze in Gemeindeexekutiven	Keine Angaben
Weshalb sollen sich Neueinsteiger in die Politik bei Ihnen engagieren?	Nach dem Motto «Nur gemeinsam sind wir stark» bündeln wir die Kräfte, die für eine soziale, offene und gerechte Schweiz einstehen. Wenn wir der geballten Macht der Wirtschaft und der Nationalkonservativen etwas entgegensetzen wollen, müssen wir uns zusammenschliessen. Und dann kommt noch etwas Wichtiges dazu: Politik macht auch Spass! Politisches Engagement mit Gleichgesinnten, wo und auf welcher Ebene auch immer, ist

	bereichernd und unterhaltsam. Wer Lust hat, kann sich gleich auf mitglied-werden.sp-ps.ch eintragen!
Welche Rechte haben Ihre Mitglieder?	In kaum einer Partei wird Basisdemokratie so gelebt wie in der SP. Mitglieder können und sollen sich einbringen und mitentscheiden. Es gibt keine Parteizentrale in Bern oder Herrliberg, die alles vorgibt. Wer Mitglied der SP ist, kann direkt und unmittelbar über den Kurs der Partei mitbestimmen: auf der lokalen, der kantonalen und der nationalen Ebene.
Welche Vorteile bzw. Vergünstigungen haben Ihre Mitglieder?	Der Vorteil liegt in der Mitbestimmung. Die SP lebt die Basisdemokratie auf allen Ebenen. Wer will, kann den Kurs der Partei unmittelbar mitbestimmen. Natürlich bietet die SP darüber hinaus auch persönliche Karrierechancen: Wer ein politisches Amt anstrebt, muss normalerweise Mitglied einer Partei sein.
Welche Pflichten haben Ihre Mitglieder?	Ausser dem Mitgliederbeitrag gibt es keine statutarisch festgelegte Pflichten. Aber die SP sieht sich seit jeher als Mitgliederpartei, die auf eine aktive Basis zählt. So haben sich im Wahlkampf 2015 rund 5000 Parteimitglieder beteiligt. Weil die SP im Gegensatz zu den rechten Parteien keine Millionen aus der Wirtschaft und von reichen Privatpersonen erhält, sind wir auf das Engagement unserer Mitglieder angewiesen.
Welche Aufgaben können innerhalb der Partei übernommen werden? Gibt es thematische Arbeitsgruppen, in denen man sich engagieren kann?	Es gibt auf lokaler und kantonaler Ebene eine Vielfalt von Gremien, Arbeitsgruppen und Projekten, in denen man sich engagieren kann. Auf nationaler Ebene hat die SP Schweiz sogenannte Fachkommissionen, in denen sich Fachleute, Parlamentarier oder sonstige Interessierte zu spezifischen Themengebieten treffen und austauschen.

Wie unterstützen Sie Leute, die neu in die Politik einsteigen wollen?	Das ist in jeder Kantonalpartei verschieden; in vielen erhält ein Neumitglied zum Beispiel einen «Götti» oder eine «Gotte», der oder die es am Anfang begleitet. Ansonsten ist der Einstieg sehr unkompliziert: Wer Lust hat, in der SP mitzuwirken, kann einfach beim nächsten Parteianlass in seiner Stadt oder Gemeinde vorbeischauen.
Kontaktadresse für Interessenten	info@spschweiz.ch
WWW-Adresse	www.spschweiz.ch
Facebook- und Twitter-Adressen	www.facebook.com/spschweiz @spschweiz

Schweizerische Volkspartei SVP

	Schweizerische Volkspartei SVP Union démocratique du centre UDC
Präsident	Albert Rösti
Besteht seit	1917
Die wichtigsten Anliegen	Unabhängigkeit, Eigenständigkeit, direkte Demokratie, Neutralität und Föderalismus sind die Staatssäulen, die unsere Vorfahren erschaffen und erkämpft haben und die wir verteidigen. Dies im Wissen, dass es keine Freiheit ohne Sicherheit gibt. Im Bundesbrief, am Beginn unserer Eidgenossenschaft, gelobten die Gründer unseres Landes ebenso, keine fremden Richter anzuerkennen – dafür kämpft die SVP weiter. Unsere Bundesverfassung nimmt in der Präambel auf, dass nur frei ist, wer seine Freiheit gebraucht, und dass die Stärke des Volkes sich am Wohl der Schwachen misst. In dieser Tradition versprechen die Vertreterinnen und Vertreter der SVP gegenüber der Bevölkerung der Schweiz: Wir wollen ■ keinen Anschluss an die EU und keine Anerkennung fremder Richter, damit wir auch in Zukunft selber unsere Geschicke bestimmen können; ■ die Zuwanderung begrenzen und keine 10-Millionen-Schweiz, damit wir weiterhin eine lebenswerte und intakte Heimat haben; ■ kriminelle Ausländer ausschaffen und die Missbräuche im Asylwesen bekämpfen, damit wir in Sicherheit leben können; ■ tiefe Steuern für alle und weniger staatliche Regulierungen, um Arbeitsplätze und Wohlstand zu sichern.

Die wichtigsten Erfolge	■ Nicht-Beitritt der Schweiz zum EWR bzw. zur Europäischen Union ■ Neuer Verfassungsartikel zur eigenständigen Steuerung der Zuwanderung ■ Volk und Stände haben Ja gesagt zur Ausschaffungsinitiative. ■ Oft im Parlament und ab und zu mithilfe des Volkes konnte die SVP neue Steuern, Abgaben und Gebühren verhindern (zum Beispiel Ablehnung der Erhöhung der Autobahnvignette auf 100 Franken von heute 40 Franken). ■ Missbräuche bei den Sozialversicherungen werden heute dank der SVP thematisiert. ■ Die SVP konnte zusammen mit den Stimmbürgerinnen und Stimmbürgern einen Verfassungsartikel zur Familienpolitik verhindern, durch den Kinder den Eltern flächendeckend möglichst früh entrissen würden, um sie in staatlichen Einrichtungen zu erziehen und auszubilden.
Die grössten Misserfolge	■ Die SVP konnte 2009 die Erhöhung der Mehrwertsteuer von 7,6 auf 8 Prozent nicht verhindern. ■ Die SVP hat die Abstimmung zu ihrer eigenen Volksinitiative «für demokratische Einbürgerungen» verloren. ■ Die SVP hat die Volkswahl des Bundesrates via Volksinitiative zur Abstimmung gebracht und verloren. ■ Die SVP hat die Familieninitiative nicht durchgebracht, die Steuerabzüge auch für Eltern, die ihre Kinder selber betreuen, verlangte. ■ Der SVP ist es nicht gelungen, eine Mehrheit von Volk und Ständen von der zur konsequenten Umsetzung der angenommenen Ausschaffungsinitiative lancierten Durchsetzungsinitiative zu überzeugen.
Mitgliederzahl	über 90 000
Sitze im eidgenössischen Parlament	70

Sitze in kantonalen Regierungen	23
Sitze in kantonalen Parlamenten	mindestens 582
Sitze in Gemeindeexekutiven	Gemeinden mit über 10 000 Einwohnern: mindestens 130
Weshalb sollen sich Neueinsteiger in die Politik bei Ihnen engagieren?	Wer auch künftig sicher in Freiheit leben will, der ist bei der SVP richtig. Wer die Eigenverantwortung höher gewichtet als staatliche Interventionen, bürokratische Regulierungen und immer neue Gesetze ohne je ein anderes abzuschaffen oder durchzusetzen, der ist bei der SVP richtig. Wer vor Ort, das heisst in der eigenen Gemeinde, sich engagieren will zum Wohl der gesamten Bevölkerung, der ist bei der SVP richtig. Wer sich nicht scheut, unangenehme Fragen und unkonventionelle Lösungen einzubringen und sich dafür stark zu machen, auch wenn ihm ein rauer Wind entgegenweht, der ist bei der SVP richtig. Wer sich für die Subsidiarität und den Föderalismus einsetzt, sodass vor Ort in der Gemeinde für die Bürger der Gemeinde entschieden wird und nicht zentralistisch von oben, der ist bei der SVP richtig.
Welche Rechte haben Ihre Mitglieder?	Die SVP hat heute über 1000 Sektionen, die alle vor Ort als Verein organisiert sind. Das bedeutet, die Mitglieder dieser Ortssektionen können an den Mitgliederversammlungen Anträge stellen für Anlässe oder politische Aktionen etc. – sogenannte Mitbestimmungsrechte. Sie können im Vorstand in diversen Funktionen oder zur Unterstützung von Kampagnen mitarbeiten. Sie können in Gemeindeversammlungen Themen einbringen, die der Bevölkerung unter den Nägeln brennen, etwa Fragen im Zusammenhang mit der heutigen Platzierung von zu vielen Asylsuchenden inmitten eines Dorfes und den Auswirkungen auf dessen Sozialsysteme und Finanzen.

Welche Vorteile bzw. Vergünstigungen haben Ihre Mitglieder?	Sie können sich aktiv miteinbringen in die Dorfpolitik, sich dadurch auch in politischen Kommissionen ein Wissen aneignen, das sie später eventuell auch in einem eigenen Amt als Gemeinderätin oder Kantonsparlamentarier einbringen können.
Welche Pflichten haben Ihre Mitglieder?	Wie in jedem Verein ist die Hauptpflicht die jährliche Bezahlung des Mitgliederbeitrags.
Welche Aufgaben können innerhalb der Partei übernommen werden? Gibt es thematische Arbeitsgruppen, in denen man sich engagieren kann?	Jede Ortssektion ist da anders aufgestellt, aber grundsätzlich gibt es einerseits die Vereinsarbeit und andererseits insbesondere die Mitarbeit in den lokalen von der politischen Gemeinde organisierten Kommissionen und Arbeitsgruppen zu verschiedensten Themen.
Wie unterstützen Sie Leute, die neu in die Politik einsteigen wollen?	Am besten erlernt man Politik in der Praxis. Ein wichtiger Bestandteil ist dabei auch die Vernetzung durch Bezirks- oder Kantonalanlässe. Dort werden erprobte Ideen ausgetauscht, neue Vorhaben diskutiert und dann konkret in die Praxis eingebracht. Viele Kantonalsektionen kennen auch Ausbildungsmodule für Neueinsteiger in Kommissionen oder Gemeinderäten oder erarbeiten Positionspapiere für einzelne Themen, die wiederum gute Grundlagen liefern für den Einstieg in ein politisches Amt. Auch das Parteiprogramm hilft sich zu orientieren.
Kontaktadresse für Interessenten	info@svp.ch
WWW-Adresse	www.svp.ch
Facebook- und Twitter-Adressen	https://www.facebook.com/SVPch https://twitter.com/SVPch

Zitate im Ratgeber

Die Zitate im Ratgeber stammen aus einem Roundtable-Gespräch zum Thema «Aktiv werden in der Politik». Verlag und Autor danken den folgenden Politikerinnen und Politikern für ihre engagierte Teilnahme und die spannenden Voten:

Christine Badertscher, Gemeinderätin Madiswil BE und Mitglied Junge Gemeinderäte Oberaargau, Grüne

David Berger, Mitglied Grosser Gemeinderat Winterthur, Alternative Liste

Alexandra Fingerhuth-von Muralt, Vorstand FDP.Die Liberalen Zürich 7+8

Eva Hauser, Sozialbehörde Männedorf ZH, SP

Marc Häusler, Regierungsstatthalter Kreis Oberaargau BE und Vorsitzender Junge Gemeinderäte Oberaargau, SVP

Peter Nabholz, Gemeinderat und Präsident FDP Kloten ZH

Ursina Schärer, GL-Mitglied Junge Grüne Zürich, Präsidentin Grüne Bezirk Pfäffikon ZH

Corinne Strebel Schlatter, Präsidentin Schulpflege Rorbas-Freienstein-Teufen ZH, parteilos

Karin Weyermann, Gemeinderätin Zürich, Fraktionspräsidentin CVP

Nachwort des Mitherausgebers

Die Schweizer Gemeinden leisten jeden Tag von Neuem Überdurchschnittliches. Politik und Verwaltung sorgen zusammen mit den Stimmbürgerinnen und Stimmbürgern von Rorschach bis Chêne-Bougeries und von Chiasso bis Riehen dafür, dass es in unserem Land weiterhin eine starke, leistungsfähige und bürgernahe dritte Staatsebene gibt, die hohes Vertrauen geniesst. Dafür sei an dieser Stelle all jenen gedankt, die – ob professionell oder im Milizsystem – dafür sorgen, dass Funktionieren und Ansehen der Schweizer Gemeinden auf hohem Niveau gesichert werden.

Aber unser Milizsystem ist gefährdet. Durch die vom Thinktank Avenir Suisse zu Beginn des Jahres 2015 lancierte Idee eines Bürgerdienstes kam die Diskussion um die Herausforderungen des Milizsystems so richtig in Fahrt. Die Probleme vieler Gemeinden, genügend Interessierte für die politische Arbeit in Exekutiven oder Kommissionen zu finden, waren und sind bis heute in aller Munde und werden auch immer wieder an Tagungen und in den Medien thematisiert. Die Gründe für die Rekrutierungsprobleme sind äusserst vielfältig, und es gibt mit Sicherheit keine Patentrezepte, um die unbefriedigende Situation nachhaltig zu verbessern.

Der Schweizerische Gemeindeverband (SGV) hofft, mit dem vorliegenden Ratgeber einen Beitrag zur Stärkung des bürgernahen Milizsystems zu leisten. Der SGV dankt dem Autor Heini Lüthy und der Beobachter-Edition für ihr Engagement zugunsten der Schweizer Gemeinden und hofft, der Ratgeber möge vielen Leserinnen und Lesern den Weg in die Lokalpolitik weisen und erleichtern.

Hannes Germann
Präsident Schweizerischer Gemeindeverband

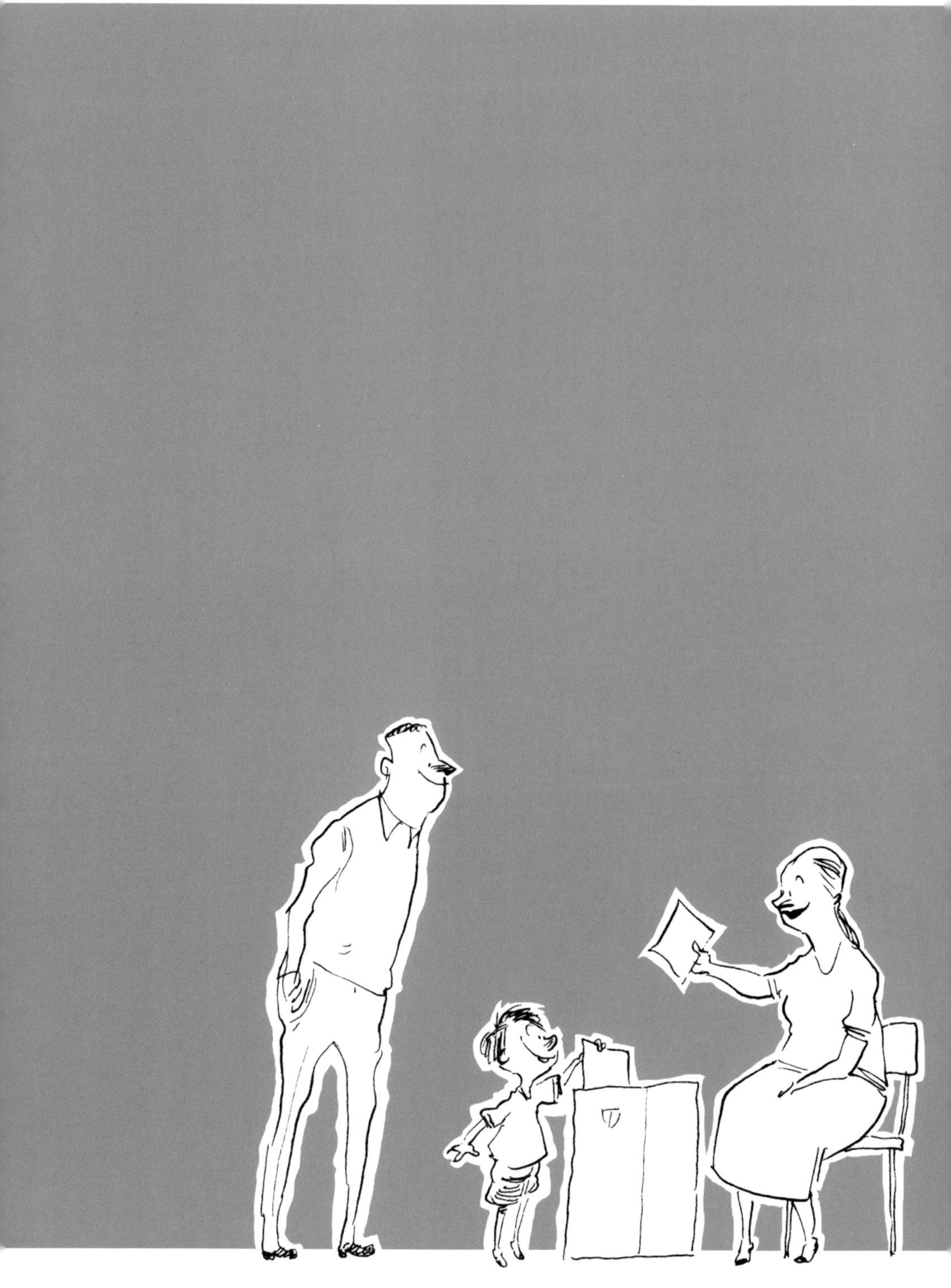

Anhang

Glossar

Quellen und weiterführende Literatur

Stichwortverzeichnis

Glossar

Absolutes Mehr: Gewählt ist, wer die Hälfte der abgegebenen Stimmen plus eine erhält. Ist beispielsweise bei der Bundesratswahl durch die vereinigte Bundesversammlung nötig; hier gibt es so viele Wahlgänge, bis ein Kandidat das absolute Mehr erreicht hat. Bei Ständeratswahlen in den Kantonen ist im ersten Durchgang gewählt, wer das absolute Mehr erreicht. Werden nicht beide Sitze so besetzt, gibt es einen zweiten Wahlgang, bei dem das → relative Mehr genügt.

Exekutive: Aus dem Lateinischen, bedeutet die ausführende staatliche Institution oder Gewalt. In der Schweiz ist dies der Bundesrat respektive der Regierungsrat respektive der Gemeinderat. Diese Institution setzt die von der → Legislative beschlossenen Regeln, die Gesetze, um. Selber kann die Exekutive allerdings auch Regeln erlassen, diese werden meist als Verordnungen bezeichnet; sie müssen den übergeordneten Gesetzen entsprechen und diese präzisieren. Beispiel: Das Ordnungsbussengesetz wurde von der Bundesversammlung beschlossen und hält in Artikel 3 fest: «Der Bundesrat stellt […] die Liste der Übertretungen auf, die durch Ordnungsbussen zu ahnden sind, und bestimmt den Bussenbetrag.» Die Ordnungsbussenverordnung wurde vom Bundesrat verabschiedet und legt beispielsweise die Busse für das Fahren ohne Führerschein auf 30 Franken fest.

Finanzvermögen: Vermögenswerte einer öffentlichen Institution (Kanton, Gemeinde), die nicht direkt nötig sind, damit diese ihren Zweck erfüllen kann und die deshalb grundsätzlich veräussert werden können. Beispielsweise flüssige Mittel, Guthaben oder Häuser und Wohnungen, ohne die eine Gemeinde durchaus existieren und funktionieren kann. Die Abgrenzung zum → Verwaltungsvermögen ist nicht einfach und nicht immer klar.

Föderalismus: Der Begriff stammt vom lateinischen «foedus», Vertrag. Er bezeichnet eine Organisationsform, in der mehrere Teilstaaten – in der Schweiz die Kantone – sich für gewisse Aufgaben zusammenschliessen und gegen aussen als Einheit auftreten, im Inneren aber relativ selbständig sind. Auch die USA sind ein föderaler Staat, Frankreich hingegen ist ein Einheitsstaat, in dem sehr viele Kompetenzen in Paris konzentriert sind und nur wenige bei den Departementen und Gemeinden liegen.

Fraktion: Fraktionen sind Zusammenschlüsse von Parlamentsmitgliedern, die Sitze in Kommissionen besetzen. Im Bundesparlament muss eine Fraktion mindestens fünf Mitglieder haben. In der Regel entsprechen die Fraktionen den Abgeordneten einer Partei. Parteilose können sich einer solchen Fraktion anschliessen oder gemeinsam eine eigene bilden. Im Parlamentsgesetz werden nicht die Parteien, sondern die Fraktionen mit Rechten und Pflichten aufgeführt.

Harmonisiertes Rechnungsmodell 2, HRM2: Rechnungsmodell, das von der Schweizerischen Finanzdirektorenkonferenz für alle Kantone und Gemeinden der Schweiz für verbindlich erklärt wurde. Gewissermassen die Vorlage für deren Buchhaltung. Gegenüber dem Vorgänger HRM1 ist HRM2 näher an der Rechnungslegung der Privatwirtschaft.

Initiative: Ein politisches Instrument, um eine Volksabstimmung zu erreichen. Auf Bundesebene kann per Initiative verlangt werden, dass die Bundesverfassung revidiert wird, entweder total oder – was praktisch immer der Fall ist –, indem einer oder mehrere Artikel neu aufgenommen, gestrichen oder geändert werden. In den Kantonen können auf diesem Weg auch Gesetze geändert werden. Initiativen können von Personen und Gruppen eingereicht werden, die mit ihrer Unterschrift die Unterstützung bezeugen. Auf Bundesebene braucht es für eine Initiative 100 000 Unterschriften (→ Petition).

Interpellation: Sie kann von jedem Parlamentarier auf Bundes-, Kantons- und Gemeindebene schriftlich an die Exekutive gerichtet werden, um Auskunft über irgendwelche Angelegenheiten der Politik oder Verwaltung zu erhalten. Die Antwort erfolgt ebenfalls schriftlich; der Interpellant kann danach eine Diskussion im jeweiligen Rat verlangen.

Judikative: Vom Lateinischen «judicare», Recht sprechen, also die rechtsprechende Gewalt. Sie kontrolliert, ob die Gesetze eingehalten werden, und spricht Strafen aus, wenn dies nicht der Fall ist.

Kollegialitätsprinzip: In einer Regierung oder Behörde, deren Mitglieder gleichberechtigt sind und gemeinsam entscheiden, werden die Entscheide auch gemeinsam, mit einer Stimme – kollegial – gegen aussen vertreten.

Konkordanz: Aus dem Lateinischen, übersetzt ungefähr: Übereinstimmung. Der Begriff drückt aus, dass im Lauf eines politischen Entscheidungsprozesses möglichst viele Interessen berücksichtigt werden, dass alle wichtigen Gruppen wie Parteien, Interessenverbände, Bevölkerungsgruppen angehört und ihre Anliegen berücksichtigt werden. Der Gegenbegriff ist Konkurrenzsystem, in dem die stärkste Gruppe (Partei) ihre Interessen durchsetzt, auch gegen diejenigen der anderen Gruppen.

Kumulieren: Die Möglichkeit, bei einer Wahl eine Person zweimal aufzuführen. Damit erhält der Kandidat zwei Stimmen.

Legislative: Aus dem Lateinischen, ungefähr übersetzt die gesetzgebende Gewalt. Das Parlament oder die Gemeindeversammlung (→ Exekutive).

259

Legislatur: Die Amtsperiode oder Zeitdauer, für die eine Behörde gewählt wird. Stammt vom Lateinischen «lex», Gesetz, beziehungsweise «legislatio», Gesetzgebung.

Listenverbindung: Die Wahllisten von zwei verschiedenen Parteien werden bei der Auszählung wie eine behandelt. Beispiel: Partei A erhält 25 Prozent der Stimmen, Partei B 18 und Partei C 10 Prozent. B und C sind eine Listenverbindung eingegangen, deshalb kommen sie zusammen auf 28 Prozent und erhalten den Sitz; dieser geht an Partei B.

Majorzverfahren: Mehrheitswahlsystem, gewählt ist, wer am meisten Stimmen erhält.

Mehr, absolutes: → absolutes Mehr.

Mehr, relatives: → relatives Mehr.

Milizsystem: Öffentliche Funktionen werden nicht von Berufspolitikern wahrgenommen, sondern im Nebenamt ausgeführt.

Motion: Ein Auftrag an die Regierung (Bundesrat, Regierungsrat), ein Gesetz oder einen Beschluss auszuarbeiten oder eine Massnahme zu treffen. Anders als bei einem → Postulat oder einer → Interpellation muss die Regierung darüber berichten, wie sie den Auftrag umgesetzt hat. Motionen können von Parlamentariern eingereicht werden.

New Public Management: Die Führung der öffentlichen Verwaltung nach privatwirtschaftlichen Managementmodellen. Wird in der Schweiz als Wirkungsorientierte Verwaltungsführung (WoV) bezeichnet. Im Zentrum steht die Steuerung durch Zielvorgaben, meist Leistungsaufträgen, und nicht durch das Zur-Verfügung-Stellen von Mitteln.

Panaschieren: Die Möglichkeit, auf einer Wahlliste einen Namen zu streichen und durch einen von einer anderen Liste zu ersetzen. Damit erhält gleichzeitig die Liste der panaschierten Person eine zusätzliche Listenstimme.

Petition: Eine Bitte oder ein Vorschlag an irgendeine Behörde auf allen politischen Ebenen. Eine Petition ist im Gegensatz zur → Initiative unverbindlich; die Behörde ist nur verpflichtet, sie zu Kenntnis zu nehmen, nicht aber, sie zu beantworten. Eine Petition kann von jedermann, auch von Minderjährigen und Ausländern, eingereicht werden. Meist werden Petitionen von mehreren oder vielen Personen unterschrieben, um ihr Gewicht zu geben.

Politische Rechte: Das Stimmrecht ist das Recht, an einer Volksabstimmung teilzunehmen. Das aktive Wahlrecht ist das Recht, Personen in ein politisches Amt zu wählen. Das passive Wahlrecht ist das Recht, sich selber für ein politisches Amt zu bewerben und gewählt zu werden. Schliesslich gibt es den nicht präzise und allgemeingültig definierten Begriff des Mitbestimmungsrechts: Dies ist das Recht, sich an demokratischen Aktionen zu beteiligen, etwa mit der Unterschrift unter eine → Petition.

Postulat: Auftrag an die Regierung (Bundesrat, Regierungsrat, Gemeinderat), zu prüfen, ob er ein Gesetz oder einen Beschluss erarbeiten solle. Die Regierung muss über das Resultat der Prüfung berichten. Postulate können von Parlamentariern eingereicht werde (→ Motion).

Proporzverfahren: Verhältniswahlrecht, die Sitze in einem Parlament werden entsprechend dem Stimmenanteil verteilt. Eine Partei mit 25 Prozent Wählerstimmenanteil erhält in einem Parlament mit 100 Sitzen deren 25. Diese werden innerhalb der Partei an die Kandidierenden mit den meisten Stimmen vergeben.

Referendum, fakultatives: Stimmberechtigte haben die Möglichkeit, über bestimmte Gesetze und Beschlüsse eine Volksabstimmung zu verlangen, auf Kantons- und Gemeindeebene auch gegen Projekte und Finanzvorhaben. Dazu braucht es auf Bundesebene 50 000 Unterschriften.

Referendum, obligatorisches: Über Änderungen der Bundesverfassung und Beitritte der Schweiz zu wichtigen internationalen Gemeinschaften muss zwingend eine Volksabstimmung durchgeführt werden. Für den Entscheid ist auch das → Ständemehr notwendig. Auf Kantons- und Gemeindeebene ist das obligatorische Referendum entsprechend bei Änderungen der Kantonsverfassung oder der Gemeindeordnung nötig.

Relatives Mehr: Gewählt ist, wer am meisten Stimmen erhält. Stehen mehr als zwei Kandidaten zur Wahl, kann jemand bei diesem System auch mit weniger als der Hälfte der Stimmen gewählt werden (→ absolutes Mehr). Beispiel: Drei Kandidaten erhalten 40, 35 und 25 Prozent der Stimmen, damit ist der Kandidat mit 40 Prozent gewählt.

Ständemehr: Nicht nur die Mehrheit der Stimmberechtigten, sondern auch die Mehrheit der Kantone muss bei einer Abstimmung Ja sagen.

Verwaltungsvermögen: Vermögenswerte, die direkt der Erfüllung des Verwaltungszwecks dienen und nicht veräussert werden können, ohne dass dieser Zweck nicht mehr erfüllt werden kann. Beispielsweise Verwaltungsgebäude oder Schulhäuser: Ohne dieses kann eine Gemeinde ihre Aufgaben nicht wahrnehmen. Die Abgrenzung zum → Finanzvermögen ist nicht einfach und nicht immer klar.

Wirkungsorientierte Verwaltungsführung (WoV): → New Public Management

Quellen, weiterführende Literatur

Beobachter-Ratgeber

Rohr, Patrick: **Erfolgreich präsent in den Medien.** Clever kommunizieren als Unternehmen, Verein, Behörde. Beobachter-Edition, Zürich 2011, 220 Seiten
Mit vielen konkreten Tipps, Mustern und Checklisten.

Rohr, Patrick: **Reden wie ein Profi.** Selbstsicher auftreten – im Beruf, privat in der Öffentlichkeit. 4. Auflage, Beobachter-Edition, Zürich 2016, 220 Seiten
Mit vielen konkreten Tipps, Checklisten und Musterreden mit Kommentar.

Weitere Bücher

Balsiger, Mark: **Wahlkampf statt Blindflug** – Die Puzzleteile für erfolgreiche Kampagnen. Stämpfli-Verlag 2014, 250 Seiten
Ein ausführlicher und sehr konkreter Ratgeber für alle, die Wahlen und Abstimmungen gewinnen wollen. Mit Hintergrundinformationen über das politische System wie auch über die verschiedenen Medien, mit erfolgreichen Beispielen und handfesten Tipps bis zu Empfehlungen für mediengerechtes Texten. Unter www.border-crossing.ch/download stehen ein paar Anleitungen online zur Verfügung.

Bürkler, Paul; Lötscher, Alex: **Gemeindeführungsmodelle im Kanton Luzern** – Handlungsempfehlungen. Verlag an der Reuss, Luzern 2014, 80 Seiten
Gibt kompakten Überblick über die ersten Erfahrungen mit neuen Modellen, beschreibt verschiedene Möglichkeiten, wie eine Gemeinde politisch geführt werden kann.

Knoepfel, Peter u.a. (Herausgeber): **Handbuch der Schweizer Politik.** Verlag Neue Zürcher Zeitung 2014, 935 Seiten
Wie der Titel sagt: ein Handbuch, mit umfassenden Informationen über alle möglichen Bereiche der Schweizer Politik.

Kübler, Daniel; Dlabac, Oliver (Herausgeber): **Demokratie in der Gemeinde** – Herausforderungen und mögliche Reformen. Zentrum für Demokratie Aarau/Schulthess-Verlag 2015, 240 Seiten
Über Demokratie und Demokratieprobleme in Schweizer Gemeinden sowie über Fusionen und deren Auswirkungen auf die lokale Demokratie. Dazu ein Teil über Demokratie in der Schule. Nicht nur auf den Kanton Aargau fokussiert.

Ladner, Andreas: **Gemeindeversammlung und Gemeindeparlament** – Überlegungen und empirische Befunde zur Ausgestaltung der Legislativfunktion in den Schweizer Gemeinden. IDHEAP, Chavannes-Lausanne 2016, 125 Seiten

Bestandsaufnahme der beiden Formen der Gemeindelegislative mit vielen Zahlen, Grafiken und Tabellen. Dazu Einschätzungen über Vor- und Nachteile sowie Handlungsempfehlungen.

Online verfügbare Informationen

Berner Gemeinden online
Gemeinsamer Auftritt mehrerer kantonaler Verbände, darunter der Gemeinde- und der Gemeindekaderverband. Hier steht unter anderem das Dokument «Attraktive Arbeitgeberin Gemeinde» zum Download zur Verfügung mit vielen nützlichen Informationen über viele Aspekte des Themas wie Organisationsmodelle, Personalführung und Sitzungsorganisation. Nicht nur für den Kanton Bern interessant.
www.begem.ch (→ Dienstleistungen)

Checklisten Krisenkommunikation
Beispielsweise vom Verband Curaviva, dem Dachverband von über 2500 Heimen und sozialen Institutionen für ältere Menschen, Kinder und Jugendliche sowie Behinderte. Die Checkliste enthält deshalb spezifische Tipps für solche Institutionen, aber auch sehr viel allgemeingültige. Dazu Hinweise für den Umgang mit Medien bis hin zu Empfehlungen für Interviews, Radio- und Fernsehauftritte sowie für das Verfassen von Medienmitteilungen.
www.curaviva.ch (→ im Suchfeld «Checkliste Krisenkommunikation» eingeben)

Easyvote
Ein Projekt des Dachverbands der Schweizer Jungparlamente, mit dem die Beteiligung der Jungen langfristig auf 40 Prozent gesteigert werden soll. In Prospekten und auf der Website informiert Easyvote einfach und neutral über Wahlen und Abstimmungen. Auch gedruckte Broschüren sind erhältlich.
www.easyvote.ch

Gemeindeschrciberbefragungen
Hinweise auf Publikationen der Ergebnisse
www.andreasladner.ch (→ Forschung → Gemeindeforschung)

Juso-Sektionshandbücher
Die Jungsozialisten haben für die interne Verwendung mehrere «Sektionshandbücher» entwickelt. Themen sind unter anderem «Medien und Öffentlichkeitsarbeit», «Die Aktion» (wie Aktionen geplant und durchgeführt werden können), «Mitglieder» (über Mitgliederwerbung und -betreuung). Einige davon können frei von der Website als PDF heruntergeladen werden, andere sind nur für Juso-Sektionen erhältlich
http://juso-shop.ch, info@juso.ch

Leitfaden zur Ereignis- und Krisenkommunikation der Staatskanzlei Bern
Der Leitfaden soll eine Grundlage sein für die Erarbeitung eines Kommunikationskonzepts für die Führungsorgane, kann aber auch Gemeinden, Spitälern, Schulen und anderen Institutionen für ihre Kommunikationstätigkeit dienen.
www.be.ch/krise

Politnetz.ch

Eine politisch und institutionell unabhängige Informations- und Kommunikationsplattform für Schweizer Politik. Bürgerinnen und Bürger wie auch Politiker können dort über politische Themen diskutieren. Aufsehen erregte Politnetz 2012, als Vertreter im Ständerat Abstimmungen filmten und damit nachweisen konnten, dass Abstimmungsergebnisse falsch ausgezählt wurden. 2013 führte der Ständerat deshalb die elektronische Abstimmung ein.
www.politnetz.ch

Schweizer Gemeinde

Das Informationsmagazin des Schweizerischen Gemeindeverbands (SGV) informiert über Aktivitäten und Positionen des SGV, das aktuelle politische Geschehen auf Bundes-, Kantons- und Gemeindeebene sowie Themen wie Raumplanung, Energie, Umwelt, Entsorgung oder Infrastruktur und konkrete Lösungen und Erfahrungen der Gemeinden.
www.chgemeinden.ch

Smartvote

Eine Wahlhilfe. Anhand eines Fragenkatalogs kann man seine politischen Positionen verorten und dann mit denen von Kandidatinnen und Kandidaten vergleichen, um herauszufinden, mit wem man wie gut übereinstimmt. Die Positionen werden grafisch mittels spinnennetzförmigen Figuren dargestellt, den sogenannten Smartspidern.
www.smartvote.ch

Vimentis

Gemeinnütziger Verein, der einfache, neutrale Texte zu Abstimmungen und anderen wichtigen politischen Themen publiziert und regelmässig politische Online-Umfragen durchführt. Auf der Website publizieren zudem nationale Parlamentarierinnen und Parlamentarier Blogs. Das Ziel ist, Politik verständlich zu vermitteln. Betrieben wird Vimentis von ehrenamtlichen Studenten.
www.vimentis.ch

Stichwortverzeichnis

A

Abstimmung ..... 15, 42, 52, 55 ff., 70, 100
– geheime oder offene 104
Anforderung Gemeinderatsmitglied.... 122 ff.
– einzelne Ressorts .... 130 ff.
Aktion für eine unabhängige Schweiz
  (Auns) 27, 53
Aufgaben Gemeinderatsmitglied 125
Auftritt, persönlicher 160
Ausbildung, Weiterbildung.............. 82, 98, 120, 138
Ausländer .... 216 ff.
– passives Wahlrecht......................... 220
– politische Rechte............................ 216
Auslandschweizer.............................. 118
Ausserparlamentarische Kommission 61

B

Baden 140
Basel-Stadt (Kanton).......................... 218
Bauernverband.................................... 51
Bauwesen im Gemeinderat................. 132
BDP.......................... 182, 204, 226
Berufsbild Milizpolitiker 122
Bewegung, soziale/politische . 27, 142, 179
Bezahlung, Lohn für Politiker............... 25
Big Data.. 183
Bilder... 159, 166
Bildungs-/Schulwesen im Gemeinderat... 132
Blog 174
Bund 64
– Kompetenzen 79
Bundespolitik, Vollzug......................... 67
Bundesstaat 17, 79

Bundesverfassung.......................... 17, 19
Bürgergemeinde 34
Bürgerliche Parteien 205
Bürgerrecht....................................... 221

C

CAS 120
CEO-Modell 88
Corippo 20
Crowd-Funding 202
CVP 182, 187, 204, 229

D

Delegierten-Modell 88
Direkte Demokratie............................. 15
«Dringender Aufruf» 202
Durchsetzungsinitiative............... 27, 179, 191, 201 ff.

E

Easyvote... 207
Ebikon 89
Economiesuisse 51
Ehrverletzung................................... 171
Einarbeitung in ein Amt..................... 120
Einbürgerung von Ausländern 221
Eingemeindung 37
EVP 205, 233
Exekutive.......................... 50, 76, 258
Exekutivwahlen................................. 140

F

Facebook .... 172 ff., 182, 202
– Regeln für Benutzung 178

Facebook-Präsenz von Gemeinden 176
Falera 128
FDP .... 181 f., 187, 204, 236
Fehler im Krisenfall 196
Fernsehauftritt, Tipps .... 160 f.
Fernsehen und Radio .... 158 ff.
Filmsequenz 159
Finanz- und Rechnungsprüfungs-
   kommission 107
Finanzausgleich, Neuer (NFA) 68
Finanzreferendum 17
Finanzressort im Gemeinderat 131
Flawil 128
Flüchtlinge 134
Föderalismus .... 15 ff., 68 f., 79 f., 258
Fraktion 141, 258
Frauen in der Politik 23, 201, 204, 206
Freiburg, Kanton 39, 218
Führung, Führungskompetenz 124, 130
Fusion .... 20, 37 ff., 151 f.

G

Gegendarstellung 170
Geheime Abstimmung 104
Gemeinde .... 14 f., 18 ff., 23 ff., 32 ff.,
                                29 f., 64, 72 f., 80
Gemeindeammann 95
Gemeindeautonomie 17
Gemeindebehörde 76
– Verantwortlichkeiten 126
Gemeindefachmann, Fachausweis 137
Gemeindeführungsmodelle,
   Luzerner Modell .... 87 ff.
Gemeindegesetz .... 19, 72 ff., 103
Gemeindegrösse 20
Gemeinden
– Ausländerstimmrecht 218
– kleine 23
– Zahl 37
Gemeinden und Kantone
– Aufgabenverteilung 80
– Kompetenzen 73, 75, 77
Gemeindeordnung .... 19 f., 100
Gemeindeparlament 20, 77, 100,
                                               106, 204
Gemeindepolitiker .... 118 ff.
Gemeindepräsidium 130
Gemeinderat 32, 76, 118
– Ressorteinteilungen 128
Gemeinderatsamt
– Anforderungen .... 122 ff.
– Aufgaben 125
– Lohn, Honorar 32, 35, 45, 121
– Zeitaufwand 126
Gemeindeschreiber 137
Gemeindeverband 29
Gemeindeversammlung 20, 76, 100, 106
Gemeindevorsteher, vollamtlicher 32
Gemeindewahlen, Beteiligung 21
Genf, Kanton 218
Geschäftsleiter, Geschäftsführer 90, 137
Geschäftsleitungs-Modell 90
Geschäftsprüfungskommission 107
Gesetzgebungsprozess 48
Gesundheitsressort im
   Gemeinderat 132
Gewaltenteilung 50
Gewerkschaften 27
Gewerkschaftsbund 51
Glarus, Kanton .... 38 f.
Globalisierung 135
Graubünden 218
Grüne Partei 27, 142, 182, 204, 240
Grünliberale 182, 204, 243

H

Halbkantone 69
Harmonisiertes Rechnungsmodell 2
 (HRM2) 131, 259
Honorar, Lohn 25, 32, 35, 45, 98, 121

I

Initiative .... 51 f., 55 ff.
Initiative und Referendum,
 nötige Unterschriften 56
Ins 128
Inserat 152
Interessenkollisionen 119
Interkommunale Zusammenarbeit 36,
 77, 109
Internet .... 172 ff.
– sich wehren gegen negative Beiträge .. 177
Interview .... 152, 159, 168 ff.

J

Judikative 50, 259
Jugendliche .... 207 ff.
Jugendmotion 210
Jugendparlament 209
Jugendsession 210
Junge Gemeinderäte Oberaargau 211
Jungpartei 211
Jura, Kanton .... 217 f.

K

Kantone .... 17 ff., 50, 53 ff., 60,
 64 ff., 72 ff., 80
– Ausländerstimmrecht 217
– Konferenzen 69
– Konkordate 68
Kantone und Gemeinden
– Aufgabenverteilung 80

– Kompetenzen 73, 75, 77
Kantonsparlament .... 18, 66 f.
Kantonsreferendum 65
Kantonsregierung, Regierungsrat ... 18, 50,
 66 f., 96, 118, 204
Karriere als Politiker 136
Kasachstan-Affäre 52
Kirchgemeinde 34
Klassenrat 207
Klimawandel 134
Kommission .... 48, 58, 61, 107 f.,
 119, 154 f., 220
Kommunikation 146
– gute 147
– Krisenkommunikation .... 192 ff.
Kommunikationskanäle 152
– moderne 203
Kommunikationskompetenz 130
Kommunikationskonzept 148
Kompromiss .... 48 ff., 124
Konferenz der Kantone (KdK) 69
Konkordanz .... 15, 17, 48 f., 259
Krieg 134
Krisenfall, Fehler im 196
Krisenkommunikation .... 192 ff.
Krisenkonzept 194

L

Legislative 50, 259
Leserbrief 170
Leukerbad 124
Lohn, Honorar 25, 32, 35, 45, 98, 121
Luzerner Gemeindeführungsmodell ... 87 ff.

M

Medien .... 156 ff.
– attraktiv für 164

– sich gegen negative Berichte wehren ... 170
Medieneinladung 163
Medienkonferenz 162
Medienmitteilung 162, 165
Medienschaffende, Umgang mit 168
Medientraining 161, 189
Menschen 166
Militär, Miliz 16
Milizamt, Milizsystem .... 15, 23, 29, 32 f.,
58 ff., 67, 86, 114, 118 ff.,
133 ff., 136 f., 200 f., 260
Milizpolitiker 58, 134
– Berufsbild 122
Mobilgeräte 173

N

Nachrichtenwert 164
Nationalrat 65, 118, 204
Negative Berichte,
  sich wehren gegen 170, 177
Negativkampagne 190
Neue Europäische Bewegung Schweiz
  (Nebs) 53
Neuenburg, Kanton 218
Neuer Finanzausgleich (NFA) 68
Newsletter 153

O

Ombudsleute 171
Operation Libero .... 27, 202 f.
Operatives Modell .... 90 ff.

P

Parteien .... 15 f., 26, 51, 53, 142,
205, 225 ff.
– Jungpartei 211
– und Social Media .... 182 ff.

Parteilose .... 26, 140 ff.
Pedersen-Index 16
Pensum als Gemeinderatsmitglied .... 87 ff.,
93, 125, 136, 200
Personalmanagement .... 20 f.
Persönliche Beziehungen 162
Persönlicher Auftritt 160
Persönlichkeit 186
Persönlichkeitsrechte, Verletzung 171
Plakat 153
Politische, soziale Bewegung 27, 142, 179
Politkarriere 136
Pressekonferenz 152
Pressemitteilung 152
Presserat 171
Professionalisierung, Professionalität 32,
43, 62, 76, 93, 133 f., 186, 200

R

Radio und Fernsehen .... 158 f.
Referendum .... 51 f., 55 ff., 106, 261
Referendum und Initiative, nötige
  Unterschriften 56
Regierungsrat, Kantonsregierung 18, 50,
66 f., 96, 118, 204
Responsive Design 173
Ressorteinteilung im Gemeinderat 128
Ressortsystem .... 95 f.
Richtigstellung 170
Romoos 92

S

Schülerrat 207
Schulgemeinde 34
Schulwesen im Gemeinderat 132
Shitstorm 193
Social Media .... 153, 172 f.

268

Solothurn, Stadt 76
Souverän 100
Sozial-/Gesundheitsressort im
　Gemeinderat 132
Soziale, politische
　Bewegung 27, 142,179
SP .... 27, 183, 187, 191, 204, 246 ff.
Städte .... 53 f., 59, 78, 90, 105
Ständemehr 56, 261
Ständerat .... 18, 50, 69 f., 118, 204
Steuern, Steuerwesen ..... 17, 64, 71, 72 f.,
　　　　　　　　　　　　76, 100, 103, 217
Strafanzeige 171
Subsidiaritätsprinzip 64
SVP .... 181, 183, 187, 190, 204, 250 ff.

T

Teilzeitpensum 15, 23, 87, 134
Telegen 160
Tonaufnahmen 159
Tripartite Agglomerationskonferenz 78
Twitter 172, 174, 182, 202

U

UBI, Unabhängige Beschwerdeinstanz
　für Radio und Fernsehen 171
Umgang mit Medienschaffenden 168

V

Verein .... 28, 50, 102, 211 f.
Verkehrsverbände 53
Verletzung der Persönlichkeitsrechte 171
Vermarktung politischer Ämter 200
Vernehmlassung 49
Verwaltung .... 32 f., 48, 58 ff., 62 f., 65,
　76, 86 ff., 119 f., 126, 131, 133, 137 ff.
Volksrechte .... 15, 17, 55 ff., 66

W

Waadt 218
Wachseldorn 15
Wahlen 15, 21, 24, 33, 42, 66,
　　　　　　　　　　　104 ff., 118 ff., 140 f.
Wahlkampagne 186
Wahlkampf ....180 ff.
– Budget 187
– Eckpunkte 188
– Trends 180
Website 153, 172
Weiterbildung, Ausbildung .... 81 f.,
　　　　　　　　120 ff., 130, 137 ff., 201, 206
WhatsApp 184, 202
Wirkung, persönliche 160
Wirtschaft .... 29, 60 f., 79, 115,
　　　　　　　　　　　　　124 f., 131, 201
Wirtschaftsverbände 51

Y/Z

Youtube 174, 185
Zeitungen, Zeitschriften .... 156 ff.
Zofingen 140
Zusammenarbeit,
　interkommunale 36, 77, 109
Zuspitzung 181
Zweckverbände 36, 109
– und Demokratie 112
Zweikammersystem 69

Ratgeber, auf die Sie sich verlassen können

Beobachter EDITION

Reden wie ein Profi

Selbstsicher reden und souverän auftreten. Im Ratgeber verrät Kommunikationsprofi Patrick Rohr, wie jeder Auftritt vor Publikum gelingt und welche rhetorischen Kniffe garantiert funktionieren. Mit praktischen Hilfestellungen gegen Nervosität und Insidertipps für Reden in allen Lebenslagen.

240 Seiten, broschiert
ISBN 978-3-03875-000-0

Erfolgreich präsent in den Medien

Dieses Buch bietet wertvolles Wissen rund um die Medienarbeit. Der Experte Patrick Rohr vermittelt all seine Kommunikationstricks mit handfesten Beispielen. Sorgfältige Vorbereitung, präzise Formulierungen, knifflige Interviews – kein Problem mehr mit diesem Ratgeber.

226 Seiten, gebunden
ISBN 978-3-85569-464-8

So meistern Sie jedes Gespräch

Keine Angst vor heiklen Diskussionen oder schwierigen Verhandlungen: Patrick Rohr hat für jeden Fall das passende Rezept parat. Der Kommunikationsprofi weiss, wie man Vertrauen aufbaut, souverän kommuniziert und Botschaften auf den Punkt bringt.

242 Seiten, gebunden
ISBN 978-3-85569-466-2

Die E-Books des Beobachters: einfach, schnell, online. www.beobachter.ch/ebooks